한말숙 문학선집

3

수필선집

새와 개와 사람과

은행나무

차례

수필선집을 내면서　7

1부 2022년의 추석의 달

2022년의 추석의 달　11

가상 유언장 소동　17

그리운 천경자 선생님　21

공수래공수거(空手來空手去)　28

기억의 심연(記憶의 深淵)　33

좌절할 때는 높고 넓은 하늘을 보라　39

물 한 모금　42

박완서와 나의 60년의 우정　51

별들이 쏟아지는 침실과 알프스 산 속 기차의 침실　57

북한의 잣　65

사자(死者)의 편지　69

새와 개와 사람과　75

야채(野菜) 아저씨　82

연 월 일 적어 두기　87

잊을 수 없는 최 일병　91

철의 장막 저편에서 온 편지 한 장　95

페인트칠 노인의 유작　103

혜경궁 홍씨 역을 맡아보고　109

이어령 선생 일주기에 – 쓰고 쓰고, 말하고 또 말하고　113

2부 사랑할 때와 헤어질 때

13세 때 문학이라는 신천지를 보다 **119**

따뜻했던 문단, 1950년대 **130**

유럽의 그때와 오늘 **136**

파업 중의 파리 **145**

음악의 집 퀴크호븐 하우스 **148**

잊지 못할 니스의 밤 **153**

명작을 남긴 문인들에게 **163**

테러와 여왕의 담화 **166**

박 의사 형제와 우리 가족 **169**

소설 〈신과의 약속〉과 독자의 사연 **173**

나의 중학 입시 **178**

나의 아버지 **181**

나의 어머니 **185**

아버지의 기도 **189**

프라하에서 온 크리스털 부엉이 가족 **192**

내키지 않던 만남, 의외의 선물 **198**

노력과 운명 **203**

여유와 휴식 **208**

인생은 만남의 연속 **212**

나의 자녀 교육 **215**

남편의 암 수술과 꿈 **225**

사랑할 때와 헤어질 때   230

나의 삶, 나의 문학   238

1995년, 프랑스 한국문학 포럼 참석기   245
- 아름다운 이방의 작가가 되어

나의 대학 시절   260

베이징에서의 나흘   270

용서와 망각   274

잊혀지지 않는 나의 신문 칼럼   278

위수령(衛戍令) (1971년 10월 25일, 「중앙일보」)

법관과 지체장애 (1982년 8월 27일, 「조선일보」)
- 장애인 임용 탈락에 말한다

변명하지 않는 사나이의 죽음 (1980년 11월 22일, 「조선일보」)

수필선집을 내면서

내 문학 69년의 흔적을 찾아서, 1권은 단편선집 《신화의 단애》, 2권은 장편 《아름다운 영가》, 마지막으로 3권째는 수필선집 《새와 개와 사람과》로 했다.

수필집은 1부는 〈2022년의 추석의 달〉, 2부는 〈사랑할 때와 헤어질 때〉로 나누었다. 1부는 2009년부터 2024년까지 쓴 것이고, 2부는 1957년 등단 이래 2008년까지 써서 출간한 것 중에서 골라낸 것들이다. 다분히 자서전 같은 수필들이다.

분량이 많아서 책 한 권에 다 넣을 수 없어서 수록되지 않은 작품들도 도서관에는 이미 있다. 결코 고아가 된 것은 아니다. 내 건강이 계속 좋거나 의욕이 생기면 여기에 수록되지 않은 작품들을 모아서 또 낼 수도 있을 것이다. 지금도 단편 한 편은 구상이 다 된 것도 있고, 수필은 계속 쓸 것 같다. 할 일이 있어서 다행이라고 생각한다. 쓰고 싶으면 쓰고, 싫으면 안 쓴다. 이 무한한 자유의 직업을 갖는 문인은 참 행복한 사람들이다.

4월부터 8월 중순까지 원고 정리하느라고 고생 막심이었다. 특히 시력이 문제였는데, 만 94세의 눈을 혹사해서 늘 미안했다.

이 선집 3권을 내는데 수고해 주신 은행나무출판사에 깊이 감사한다.

2025년 9월
한말숙

1부

2022년의 추석의 달

2022년의 추석의 달

　금년의 추석의 달은 몇십 년 만에 보는 슈퍼문(super moon)이고, 이렇게 큰 달은 2060년에나 볼 거라 해서, 추석날 저녁부터 아래층 이층을 오르내리며 슈퍼문을 기다렸다. 왜냐하면 2060년에는 나는 죽어서 지구에는 없고 볼래야 절대로 볼 수 없을 테니까. 그래서 살아 있는 지금 이 순간에 보고 싶은 것이다. 인생은 순간의 연속이니까, 순간이라는 것이 얼마나 소중한 것인가 하고 새삼 생각도 했다. 그 슈퍼문을 고개가 아프도록 밤새워 본들, 내가 죽고 나면 기억도 못할 텐데 자조도 하면서. 그런데 하늘이 흐려서 결국 그 슈퍼문은 보지 못하고 말았다. 나 혼자서 법석을 떤 것이다. 그동안도 보름달은 추석이 아니라도 매월 음력 15일 밤이면 하늘에 떴을 텐데 말이다.
　어릴 때 동네 조무래기 친구들과 뜻도 모르며 오로지 신나서 골목을 휘저으며 소리쳐 불러댔던 동요가 무려 80여 년 만에 떠오르기도 했다.

달아 달아 밝은 달아, 이태백이 놀던 달아
저기 저기 저 달 속에, 계수나무 박혔으니
금도끼로 찍어내고, 옥도끼로 다듬어서
초가삼간 집을 짓고, 양친 부모 모셔다가
천년만년 살고지고, 천년만년 살고지고

혹시나 하고 인터넷에 찾아보니까, 옥도끼로 찍어내고 금도끼로 다듬어서, 라고 되어 있었다. 계수나무를 옥으로 찍어낸다고? 초가삼간 소박한 집을 금도끼로 다듬는다고? 그건 아닌 것 같다. 내 기억 속의 가사가 옳다고 생각한다. 하기야 도끼야 금이든 옥이든 상관없고, 얼마나 시적이며 효심 어린 동요인가.
 연애해서 결혼 후, 몇 번이나 부모님을 절절히 생각했을까. 전혀 기억에 없다. 아버지는 내가 대학 2학년 때인 부산 피난 시절(1950-53)에 돌아가셨고, 어머니는 서울 환도 후 내가 29살 때 돌아가셨다. 나는 막내로 태어나서 부모님이 일찍 타계하셔서 미처 효도할 시간이 없었지 않았나 싶다. 효도도 못 했지만 이렇다 할 불효한 적도 기억에 없다. 내가 세상을 떠날 날이 얼마 남지 않은 지금에 와서 부모님 생각을 절실히 하니 이제야 철이 나는 모양이다. 해 다 저물어 가는 이때에 철이 난다.
 부모님은 우리 형제들에게는 종교였었다. 안에서나 밖에서나 인자하시고 후덕한 분이셨다. 아버지는 무조건 자식들을 사랑하셨다. 어머니는 예의범절에 어긋나면 즉석에서 고쳐주셨다. 예를 들면 어른 앞에서 다리를 뻗고 앉으면 안 된다, 의자에 앉아서도 어른 앞이면 다리를 꼬고 앉으면 안 된다, 어른이 말할 때 끝까지 들어야지 도중에 끼어들면 안 된다, 문짝을 소리 내며 닫으면 안 된다, 식사 때 고기는 남아서 버리더라도 밥은 한 톨도 남기면 안 된다, 농부들의 노고를 잊으면 안 된다 등등. 우리 형제들은 부모를 경애했다. 부모님 말씀에 무조건 따랐다. 집안은 늘 평화롭고 자유로웠다.

"감사합니다. 아버지, 어머니!"

부모님은 지금 어딘가에서 전혀 다른 사람으로 태어나 사시면서 나를 보살펴 주시는 게 아닐는지. 그래서 불교의 연기설(緣起說)도 일리가 있지 않을까 싶다. 살아오는 동안 아무런 대가도 바라지 않고 나를 열심히 도와준 사람도 있었고, 일면식도 없는 먼 나라에 사는 외국인이 나를 크게 도와주기도 했다. 너무도 고마운 일이다. 이런 것을 우연이라고만 할 수 있을까.

달아 달아 밝은 달아…… 이 동요를 부를 때 이태백(李太白, 701-762)이 당나라의 시인이고, 달밤에 뱃놀이하는 중에 강물에 비친 훤히 밝은 둥근 달을 건지려다 그만 물에 빠져서 죽었다는 얘기도 전혀 알 리가 없었다. 내가 커서 영시를 배울 때 영국의 낭만주의 시인, 퍼시 비시 셸리(Percy Bysshe Shelley, 1792-1822)가 달밤에 베니스의 호수에서 곤돌라를 타고 노는데, 호수에 비친 달을 주우려다가 익사해 버렸다는 얘기를 들었다. 동서양의 유명한 시인의 사인(死因)이 둥근 달 때문인 것도 흥미로운 일이다. 달을 읊은 시도 많다.

'달하 높이 곰 돋아샤…… 달아 높이 높이 떠서 내 남편 가는 길을 밝게 비추어다오'(백제 때, 「정읍사」, 작자 미상).

擧頭望明月 底頭思故鄕
'고개를 들어 밝은 달을 보고, 고개를 숙여 고향 생각을 하네'
(당나라 이태백)

'청산리 벽계수야 수이 감을 자랑 마라
일도창해하면 다시 오기 힘드나니
명월이 만공산(滿空山)하니 쉬어 간들 어떠리'
(조선 중기 여성시인 명월 황진이(明月 黃眞伊, 1506-1567)의 시)

밤하늘의 달이 바다에 비치면 사람에게 강력한 무언가를 준다는 것을 나도 경험한 적이 있다. 1983년 5월에 프랑스에 갔었다. 프랑스의 여러 곳을 보고 다니는데, 어느 날 저녁에 옛 백작이었던 귀족이 자기가 살던 성의 일부를 식당으로 만들어서 영업을 하는 데에 갔었다. 그 나이 든 귀족이 직접 음식을 날랐다. 맛있는 음식을 먹고 식당과 이어진 테라스로 갔는데, 내가 앉은 의자 바로 앞 절벽 아래 지중해의 잔잔한 물결 위에 둥근 달이 교교히 비추고 있었다. 숨죽인 듯 고요한 밤에 어디선가 개구리가 몇 번 울고 그쳤다. 깊어 가는 정적 속에서 비단결 같은 잔잔한 물결은 달빛을 받아서 금가루를 뿌린 듯 반짝였다. 너무나 아름다워서 나는 순간 그 속으로 뛰어들고 싶은 강렬한 충동을 느꼈다. 나는 아무래도 그 아름다움에 빠져 죽을 것만 같았다. 아직은 죽기는 싫으니까 누군가가 나를 건져만 준다면 하는 미련을 떨치지 못한 채 한동안 앉아 있었다.

또 한번은 캐나다의 꽃섬(Flower Pot Island)을 둘러보고 토버모리(Tobermory)에서 토론토로 가는 페리에 탔던 때다. 하필 밤이었다. 갑판에 나가서 보니까, 시커먼 깊은 바다 같이 넓은 호수가 크게 출렁거리는데, 하늘에서 만월이 훤히 비추며 파도와 함께 출렁거리며 부서지고 있었다. 순간 그 시커멓고 깊은 바다 같은 호수가 나를 세게 잡아당기는 것 같은 공포를 느꼈다. 어찌나 무서운지 나는 벌벌 떨며 객실로 들어가 버렸다.

비단결같이 잔잔하고 아름답던 지중해의 파도건, 토론토의 시커먼 높은 파도건, 한밤중 달빛이 바다에 비치면 내가 알 수 없는 어떤 강렬한 인력(引力)이 작용하는 것일까.

밤하늘에 뜬 둥근 달을 보며 무언가를 기원하고 싶을 때도 있는가 하면, 왠지 그 달이 한없이 외로워 보여서, "달아, 너도 외로우냐? 나도 그렇다. 어디 우리 한번 함께 활짝 웃어나 보자"라고 말할 때도 있었다. 이렇듯 고요한 밤 높은 하늘에 홀로 떠 있는 둥근 달은 보는 이의 마음을 반사해 주기도 하며, 기쁠 때나 외로울 때 말벗이 되어 주기도 한다.

그런데 이 글을 쓰는 중에 뉴스에서 달이 사과처럼 빨개지는 장면이 나왔다. 그리고 며칠 가지 않아서 우주선이 달의 뒷면을 찍어 보냈는데, 달의 전면보다 더욱더 헤아릴 수 없이 많은 분화구가 징그럽게 다닥다닥 붙어 있었다. 완전 환멸이었다. 그러나 그래도 내 눈으로 보는 달은 역시 내가 보아 온 그 달이었다.

절세의 미녀 크레오파트라도 그 아름다운 육체 속에 아름답지 않은 오장 육부를 가지고 있었지. 미모에다가 뛰어난 지략으로 대 로마제국의 줄리어스 시저며 안토니우스의 마음을 사로잡은 그녀의 두개골 안의 뇌의 모습은 말할 필요도 없겠다.

앞으로 일 세기 안에 달의 그 많은 분화구를 사람이 가서 불도저로 밀어붙여서 아파트를 지어서 사람이 살도록 하게 될지 누가 알랴. 앞으로 몇천 년 지나면 물 위에 금가루를 뿌린 듯 비치던 달이 캄캄한 밤하늘에 가득 금가루를 뿌릴지, 아니면 빨간 가루를 뿌릴지도 모르겠다.

하지만 달은 몇천 년 후에도 외로울 때 벗이 되어 주기도 하고, 사람의 기도를 말없이 들어주기도 하고, 잔잔한 바다 물결에 금가루를 뿌린 듯 아름답게 비칠지도 모른다. 지금처럼, 그냥 그대로.

2022년 12월

가상 유언장 소동

너희 네 형제는 태어나면서부터 엄마의 힘 안 빌리고 잘 성장해서 오늘에 이르렀다. 고맙다. 내 인생이 행복했다면 나의 부모 형제, 출가해서는 너희들의 조부모님과 고모님 댁 일가족 그리고 무엇보다도 너희들의 아빠와 너희들 같은 효자들과의 만남 때문일 것이다. 언제나 즐겁게 일하며 남에게 베풀며 살아라.

1) 수의는 엄마가 준비해 둔 것을 입혀라. 만일 미처 엄마가 준비를 못 했으면 연옥색 나이트가운(면 100%), 흰 레이스 달린 나이트 캡, 손발도 같은 레이스로 싸라. 외할머니도 그렇게 하셨다.

2) 장례식은 병원 영안실, 가족장으로 검소하게, 아빠의 음악을 아주 작게 들리게 해라. 찬송가, 독경 다 필요 없고, 영정 앞에는 헌화한 꽃만 놓아라. 절할 때는 재래식으로 해라.

3) 아빠도 너희들도 검정 양복에 하얀 종이꽃 리본만 가슴에 달아라. 손자 손녀들도 같다.

4) 엄마의 친구 선후배들이 오실지 모르나 부의금과 꽃은 절대 사절해라. 조문객의 방명록만 준비해 두어라. 장례식이 끝난 후 그분들께 감사장을 보내라.

5) 화장해서 재를 엄마가 아끼는 정원의 주목 밑에 뿌려라. 이것이 불법이면 할아버지와 할머니의 묘소로 올라가는 산 중허리쯤에 뿌려라. 그 역시 불법이면 돌 상자에 분골을 담아서 묻고, 묘비는 내가 그려서 보여 준 대로 야트막하게 네모 모양으로 단단한 돌로 만들어라. 비싼 대리석 같은 것은 쓰지 마라. 묘비명은 "평생 감사하며 살다가, 한 점 미련 없이 생을 마치다. 황병기의 처, 황, 너희들 사 남매의 이름을 적고 ······의 어머니, 친손 외손들의 이름 다음에 ······의 할머니 한 말 숙" 그렇게 적어라. 사위들 며느리들의 이름도 새겨라. (할아버지 비석 참조)

6) 나의 기일에는 재래식 제사는 지내지 마라. 너희가 편한 곳에서 각기 내 사진을 내놓고 회상하든가, 아니면 그 기회에 다 같이 모여서 식사를 하든가 해라. 성묘는 일 년에 한 번 추석 무렵에 하고, 차례는 지내지 마라. 성묘 때는 음식은 가져가지 마라. 양력 연초에 사진에 절만 하고, 음식은 따로 차리지 마라.

7) 너희 아빠의 재혼은 안 된다. 아빠는 손이 안 가는 분이시니까 너희들 중 여건이 맞는 애가 아빠 가까이에서 살면 된다.

8) 나의 유산과 유품은 평소 말했던 대로 해라.

2003년

위 가상 유언장은 「한국문인」이라는 문학 잡지사에서 원고

청탁을 했길래 평소에 생각하던 것을 써서 보내고, 남편의 연주 때문에 뉴질랜드와 호주에 갔었다. 뉴질랜드에서 연주회를 마친 다음날 장고 반주자인 김 교수가 서울에 전화를 하고 오더니 "사모님이 쓰신 유언장 때문에 지금 야단났다고 해요", "예? 유언장? 참 내가 썼었지, 그럴 리가 있나요, 그게 무어라고?" 하며 나는 그냥 흘려 버렸었다.

  귀국하니까 그 글이 신문마다 나고 TV 뉴스 시간에 앵커가 읽기도 해서 정말 어이가 없었다. 몇몇 여성지에서 인터뷰도 했다. MBC와 EBS에서도 우리 집에 와서 우리 내외에게 여러 가지 질문을 하며 한 시간짜리를 방영했다. 도대체 왜 그러는가 했더니 '남편의 재혼은 안 된다'는 이 한 줄 때문이었다. 여성들은 대개 그렇게 말하고 싶어도 솔직하게 말을 못 했는데, 내가 확 쏟아내 주어서 속시원하다며 화제가 그렇게 폭발했다는 것이다. 어떻든 내가 쓴 한마디에 그토록 큰 흥미를 보여 준 분들께 고맙게 생각하지 않을 수 없었다.

  그런데 인터뷰할 때마다 내 남편에게 "부인의 유언대로 하실 겁니까?" 하고 묻는데, 남편이 그러겠다고 해주면 내 낯이 설 텐데, 번번이 "그때 가 보아야 알지요" 하며 진담인지 능청을 떠는지 알쏭달쏭한 대답을 해서 나는 속으로 두고 봐! 하고 벼르고 있다가, EBS 때였던가? 나는 미리 기자에게 남편 몰래, '나 같으면 어떻게 할 거냐'고 물어보라고 주문을 했다. 기자는 부탁 받은 대로 나에게 질문을 했다. 나는 절호의 기회라 여기며 "글쎄요. 그때 가 봐야 알겠어요" 했다. 기자는 내 속내도 모르고 또 남편의 표정의 변화도 모르며, 자녀 교육 등 다음 질문을 계속 했다. 촬영팀이 우리 집을 떠나자마자, 남편은 엉뚱한 것을 핑계로 잔뜩 화를 냈다. 나는 속으로 "이제 내 속도 알겠지? 용용!" 했다. 생각하면 남편이라는 족속들은 참으로 이기주의자다. 자기는 재혼을 해도, 처의 재혼은 상상도 할 수 없다 하니…….

2004년

그리운 천경자 선생님

"한 선생! 그것은 내 그림이 아니요, 아니라는데 기라고 우기니 어쩌면 좋소, 잉?"

언제나처럼 선생님의 사투리는 구수하고 느긋했다. 대개의 사람들은 이런 경우 격앙된 말투였을 텐데. 1980년대 중반쯤이라 기억한다.

미인화 하나를 가지고 연일 천경자의 작품이다, 아니다 하고 지상에서 논쟁이 일어나고 있었을 때, 천 선생님이 전화를 주시며 그렇게 한탄하셨다. 미술평론가라는 사람도 선생님의 그림이라고 우기고 있었으니까. 선생님은 얼마나 속상하셨을까? 그때만 해도 지문에 대해서 무식해서, "그림 뒷면이나 어딘가에 지문이 있지 않을까요? 지문을 찾아보라고 하시지요"라는 말을 못 했다. 화가들이 그리는 그림에는 어딘가에 지문이 있을 것 같은데……. 잘 모르겠다. 결국 그 일이 선생님을 고국에서 영원히 떠나게 한 동기가 된 것이 아닐까? 아니 어쩌면 그 사건을 계기로 이전에 아프리카로 가셨던 것처럼, 주위를 정리하고 새로운 창작을 위해 떠나셨을지도 모른다. 그 사건 이후 선생님의 소식은 홀연히 끊어지고 말았다. 들리는 말에는 전화도 받지 않으신다고 했다. 나도 몇 번 국제전화까지 시도해 보았으나 통화를 못 했다. 그 전화번호도 정확한 것인지 의심스럽다. 그리고 아마도 20여 년은 흘러간 것 같다. 나도 내 나름대로 바쁘게 시간을 보내는 동안 선생님을 잊고 있었다. 선생님이 계속 서울에서 사셨다면 만나서 때로는 젊었을 때처럼 자지러지게 웃으며 즐거운 시간을 가질 수 있지 않았을까? 아쉬움이 간절하다.

  선생님을 처음 만난 것은 1957년 명동의 '갈채' 다방에서였다. 내가 문단에 데뷔한 직후였으니까, 계절은 봄이었을 것이다. 선생님을 소개해 주신 분은 손소희 선생님이었다. 큰 키, 큰 눈, 큰 입……. 생김새부터 뚜렷한 개성을 지닌 선생님은 만면에 웃음을 띠며 내 손을 잡으셨다. 선생님은 "한 선생은 꼭 프리지어 같소" 하시며 웃음을 머금고 그 큰 눈으로 나를 한동안 뚫어지게 보셨다.

  박경리 선생님과 나는 천경자 선생님과 자주 만났다. 저녁 식사를 같이 하고는 다시 다방에 가기도 했다. 선생님은 눈이 유난히 크시고, 큰 입을 활짝 벌리고 웃으시는 것이 솔직하고 활달한 성품을 느끼게 하는 매력적인 분이셨다.

  어느날 선생님은 보랏빛 크리스털 외제 목걸이를 내게 주며 말하셨다.

  "당신 닮았어."

선생님은 사람을 보면 금방 꽃이나 나무나 동물 같은 것을 연상하는 것 같았다. 같은 다방에 앉아 있는 어떤 남성을 보고 "저 사람 꼭 토끼 같지 않소, 잉?", "오메, 저 사람 활짝 핀 모란 꽃 같네!" 하시곤 했다.

1958년 무렵부터 문단의 대선배이신 박화성, 최정희 선생님을 비롯해서 여성 문인들이 매달 정기적으로 만나서 식사를 같이 했는데, 선생님도 같은 멤버였다. 자연 천경자 선생님을 자주 뵙게 되고, 언제나 꾸밈없고 정열적인 선생님을 나는 말은 하지 않았으나 참 좋아했다.

어느 날, 저녁 식사를 같이 하고 나서 선생님은 2차 대전 말기에 일본 유학 중 폭격 때문에 하는 수 없이 부관연락선(부산과 일본의 시모노세키를 오갔던 그 당시 유일한 한일 사이의 교통수단)을 타고 귀국 길에 오르시던 때의 얘기를 해주셨다. 그때 만난 남학생과 결혼하셨는데 얼마 못 가서 헤어지셨다고. "그 있지 않소? 젊을 때 연애를 연애하는 것 말이오. 나는 그 사람을 사랑한 것이 아니었어. 바로 연애를 연애한 것이지. 내 나이 그때 21세여, 으앗 하하하."

그때 선생님의 전신에서 발산하고 있는 뜨거운 공기는 강렬한 예술의 미립자를 수도 없이 주위에 내뿜고 있는 듯했다. 선생님은 정말 정열적인 예술가였다.

1966년인가 67년인가 기억이 명확하지 않으나, 선생님이 댁으로 놀러 오지 않겠느냐고 하셔서, 누상동이던가 선생님 댁에 갔었다. 그때 어떤 얘기를 나누었는지 기억에 남지 않으나, 무척 즐거웠고, 대접해 주신 점심도 맛있었다. 헤어질 때는 대문 밖까지 배웅해 주시며 귀한 선물까지 내 손에 쥐어 주셨다.

어느 날, 신문에 쓰신 짤막한 선생님의 글을 읽고 나는 그 글 솜씨에 깜짝 놀랐다. 문장이며 구성이 완벽한 콩트였기 때문이다. 부군과 함께 외출했다가 귀가했는데 땀이 많이 났다. 얼굴을 부군이 손수건으로 닦아 주는데 눈썹 근처는 닦지 않더라는 얘기였다. 선생님은 눈썹이 엷어서 눈썹에 신경을 쓰고 또 늘 눈썹을 그리셨는데 부군이 그것을 알고 눈썹 근처만 닦은 것이다. 아내에 대해서 얼마나 신경을 쓰고 있었으며, 얼마나 사랑하고 있었는가를 그 글을 읽은 독자들은 알 수 있었을 것이다. 그러나 나중에 그 남성에 관해서 내게 자세히 얘기해 주셨다. 선생님은 그 남성 때문에 고뇌가 많으셨다. 나는 선생님의 얘기를 듣고 알지도 본 적도 없는 그 남성에 대해 분개했다.

천경자 선생님은 화가이시나 수필도 많이 또 잘 쓰셔서 화가이며 명수필가이셨다. 70년대 초에 출간한 수필집은 너무나 재미있고 문장력도 놀라웠다. 베스트셀러였다. 수필집에는 어린 남매를 '미도파'와 '쫑쫑이'라는 별명을 붙여서 쓰신 것이 있었다. 유머러스하고 위트도 있는 분이셨다. 그 무렵 선생님은 나에게 좋은 선물을 또 주셨다. 먼저 것처럼 선생님이 그리신 그림이다. 머리에 보랏빛과 흰 꽃을 흐를 듯 얹은 여인. 신비롭고 아름다운 여인이었다. 머리에 꽃을 얹은 선생님의 그림의 첫 번째 것이 아닐까. 시험 삼아 그려보신 게 아닐까. 어느 화랑에서 그것을 사겠다고 끈질기게 나를 따라다녔었다. 어림도 없지.

1975년인 것 같은데 지금의 프레스센터 화랑에서 선생님의 전시회가 있었다. 화제와 인기가 폭발해서 몇 주일을 연장 전시할 정도였다. 전시회 중앙 가장 높은 데에 전시되었던 여러 마리의 금붕어가 살아 움직이는 것 같은 엄청 큰 작품은 몇십 년이 지난 지금도 눈에 선하다. 전시장 입구에 걸려 있던 신비스럽고 행복하게 보이는 분홍 옷을 입고 긴 머리에 꽃을 장식한 소녀의 옆얼굴 작품은 입구부터 사람들의 눈을 사로잡았다. 모두들 나를 닮았다고 하며 나더러 사라고 해서 샀다. 당시 나는 생머리를 길게 하고 있어서 이미지가 비슷했는지. 전시된 작품은 소품이건 대작이건 완전 매진되었다고 하셨다.

그 전시회 다음 해에 선생님은 아프리카로 가겠다고 하셨다. 주위를 정리하고 새출발을 하고 싶다고 하셨다. 그 무렵은 해외에 나가기가 무척 어려웠던 때다. 그래서 여권이 나올까가 걱정이었다. 나는 틀림없이 나올 거라며 용기를 돋워드렸다. 불안해하시는 선생님을 위해 여권과에 함께 갔다. 선생님은 불안해하시며 여권과장을 만날 때 나도 같이 있었으면 하셨다. 마침 비가 오던 날이라 나는 선생님의 우산을 들고 문 앞에 서서 "잘 되실 거예요. 용기 내세요" 하며 선생님 혼자서 과장을 면회하시도록 했다. 그 전해에 나도 여권을 내서 유럽을 다녀온 적이 있었기 때문에 문제가 없을 것 같았다. 결국 선생님은 여권을 받아내셨고, 그리고 해외로 떠나셨다. 그 뒤로 우리는 아프리카의 여인이며 풍경을 선생님의 몇 차례의 전시회에서 많이 보게 되었다.

어느 날 전화를 하셨다.

"한 선생! 내가 오랫동안 연구 끝에 그린 눈을 어떤 사람이 따 갔습니다요. 어쩌면 좋겠오, 잉?"

애써 창작한 것을 도둑맞으신 것이다. 얼마나 화나고 불쾌하셨을까. 창작하는 사람의 분노와 허탈감 같은 것을 나도 충분히 이해할 수 있었다.

선생님은 점점 더 유명해지시고, 그림도 그리기가 무섭게 다 팔리지 않았을까 싶다. 이를테면 부(富)도 쌓으신 것이다. 전시회가 끝나도 그려 달라고 조르는 사람도 부지기수였다고 들었다.

지금 이 글을 쓰다 보니, 옛날의 선생님이 생각나서 몹시 그리워진다. 나는 아무것도 해 드린 것은 없고, 다만 선생님의 솔직하고 정열적이고 정이 넘쳐흐르는 인간성을 좋아했고, 선생님의 작품을 좋아했을 뿐이다. 일본 국전에 입선된, 갓을 쓰고 긴 담뱃대를 들고 있는 한국 할아버지를 그린 작품을 화집에서 보고 그 화재(畵才)에 감탄했었다. 21세에 귀국하셨으니까 그것을 그리신 것은 그 나이보다 어렸을 때였지 않을까?

아프리카에 가시기 전에 그린 꽃과 여인은 신비스러워서 얼른 눈을 뗄 수 없는 것도 있었다.

선생님은 영화도 무척 좋아하셨다. 옛 서양 영화 속의 배우 흉내도 실감 나게 잘 내셨다. 배우의 표정이며 걸음거리를 애기하시다가 의자에서 벌떡 일어서서 직접 다방 안에서 흐느적흐느적 걸어 보이셨다. 우리도 보았던 영화였는데 너무도 흉내를 잘 내셔서 손뼉을 치며 즐거워했다. 사람을 편하고 즐겁게 해주는 분이셨다. 선생님은 나와 같은 시대에 사셨던 잊을 수 없는 뛰어난 인물 중의 한 분이시다.

금년 8월에 뉴욕에서 타계하셨다는 소식과 함께, 사망 미스터리며 유족 간에 일어나는 말썽들을 언론에서 접하니, 새삼 선생님이 생각나고 가슴 아프다.

그리운 천경자 선생님, 저승에서는 편안하고 단란한 가정의 주부로, 또 예술가로 행복하게 사십시오.

2015년 11월 11일 2015년 「문학사상」 12월호

공수래공수거(空手來空手去)

"말숙이지?"
"응, 그래."
"잘 있지?"
"응, 잘 있어, 너는?"
"나도 잘 있어."
30초쯤 침묵.
"어느새 꽃이 다 피었다."
"그래."
30초쯤 다시 침묵.
"넌 혈압 괜찮니? 난 140 되어서 약 먹었다."
140은 약과다 싶으면서 나는 그냥 "잘했다"고 했다. 나는 이쯤에서 일단 수화기를 책상 위에 놓고 다른 일을 한다.
"그럼, 잘 있어, 또 전화한다. 귀찮아도 받아줘. 미안해."
"미안하기는 뭘, 잘 있어."

기숙은 나의 오랜 친구다. 교양 있고 독서를 좋아하고 선량해서 흠잡을 데 없는 보기 드문 여성이다. 40대에 남편이 세상을 떠났으나, 아들 3형제를 키우는 데 별 지장은 없었고, 장성한 아들들은 지극한 효자들이고, 그들이 하는 사업은 번창 일로였다. 그녀의 생활은 호화판이었다. 옷이며 핸드백, 구두, 액세서리 등 값으로 치면 대단했다. 80세가 되며 회사의 회장 자리도 내놓고, 크고 작은 그룹 활동도 그만두고, 강남의 큰 아파트에서 혼자 살고 있었다. 도우미가 아침에 와서 저녁에 퇴근하는데 자주 바뀌는 것 같았다. 아들들은 바빠서 며칠에 한 번 안부 전화가 고작이고, 며느리들과 손자들도 그녀와 가까이 지내지 않는 것 같았다. 손자들이 다 해외 유학 갔으니 며느리들도 해외에 나가 있는 시간이 많을 것이다. 그녀가 늘 만나는 사람은 도우미와 운전기사뿐이다.

아무 탈 없이 살던 그녀에게 작년에 갑자기 문제가 생겼다. 주치의가 온종일 말을 안 하면 나중에는 말을 아예 못 하게 될 수도 있으니까, 하루에 다섯 군데에 전화를 하되, 최소 30분은 해야 한다고 엄중한 충고를 했기 때문이다. 평소 말수가 적은 그녀는 별로 할 말도 없고 쓸데없는 말에 응대해 줄 사람도 흔치 않은데, 억지로 하루에 다섯 명에게 전화를 거는 것은 정말 싫은 일이었을 것이다. 어떻든 그 다섯 명 중의 한 사람으로 내가 걸려든 셈이다.

처음 이주일쯤은 남의 칭찬이나 아무짝에 소용없는 그들의 사돈의 팔촌 소식까지도 서로 전하면서 30분을 채웠으나, 자꾸만 겹치니까 할 말이 없어졌다. 나더러 전화 먼저 걸어 달라고도 하는데, 어쩌다 생각나서 걸면 받지 않는다. 귀가 한쪽이 나빠져서 벨 소리가 잘 안 들린다는 것이다. 휴대전화도 있는데 사용법을 모르니까 그 많은 기능 중에 전화 받는 것이 고작이고, 넓은 집안 어디에 두었는지 찾느라고 돌아다니는 중에 벨 소리는 끊어지기 일쑤일 것이다. 도우미가 해주는 음식이 입에 맞지 않아서 고급 양로원에 갔다가, 그곳 음식에 질리면 다시 집에 왔다가, 또다시 별장에 갔다가 하며 주소 변경이 잦은 편이라, 집 전화로 걸어주기는 더 힘들었다. 차츰 그녀는 내 관심 밖으로 밀려났고 그녀의 전화도 뜸해졌었다.

그런데 어제 돌연 그녀가 전화를 했다. 몇 달 만이던가? 나는 미안하기도 해서 "잘 있었어?" 하고 반겨주었다. 그러자 그녀는 떨리는 목소리로 "옷이 한 벌씩 매일 없어진다. 계속 없어졌던 모양이야, 어떻게 하지?" 했다. 그러면서 "가슴이 펄떡펄떡 뛰고 어지럽고 혈압도 올라" 하며 하소연을 하는 게 아닌가. 나는 무어라고 위로해야 할까 하고 생각하고 있는데, 기숙은 "아들한테 의논했더니 '엄마, 어차피 다 버리고 가실 텐데 뭘 그러세요. 옷 필요하시면 돈 아끼지 마시고 사세요' 하잖아. 기가 막혀!" 하며 흥분하듯 말했다.

"그래, 섭섭했겠지만 우리 나이가 그쯤 되었으니까 어쩌겠어. 아들 말이 맞아. 건강 나빠지면 안 되니까 신경 쓰지 마. 옷이니까 그나마 다행이지" 했다. 그리고 덧붙여 말했다. "어차피 다 두고 갈 것, 처리하기도 힘든데 차라리 없어져서 홀가분하다는 기분으로 있어 봐, 마음 편해질 거다" 했다. 기숙의 볼멘 목소리가 터져 나왔다.

"그렇더라도 지금 당장 살아 있는데 필요하잖아. 이 나이에 무슨 옷을 또 사! 한두 푼짜리도 아니고!"

나는 그녀의 심정을 충분히 이해하고도 남았지만 "그건 그렇지만 그렇다고 너희 집 지붕 무너질 것도 아니잖아. 건강이 제일이다. 진정해" 했다.

옛날 일제강점기 때, 만주에서 엄동설한에 얼어 죽는 사람이 많았다 한다. 누더기가 된 옷을 걸친 사람이 죽어가려 하면, 그 누더기를 벗겨서 입으려는 사람들이 다투며 덤벼든다고 했다. 누더기를 벗기려는 사람에게 죽어 가는 사람이 "제발 숨 끊어지고 나면 가져가게"라고 했다 한다. 숨이 끊어질 때까지는 살아야 하니까 그 누더기가 필요했던 것이다. 기숙이도 죽는 순간까지는 그 비싼 옷들이 필요했던 것이다.

90년대 초에 내가 의자의 천갈이를 했었는데, 기술자하고 같이 온 사장이 명함을 주며 많이 선전해 달라고 했다. 명함의 이름이 한자로 모 재벌 총수 k씨와 같았다. 내가 "이름이 같네요" 하니까 하도 돈벌이가 안 돼서 그렇게 개명해 보았다고 했다. 이름을 바꾸면 부자가 되지 않을까 해서. 나는 "제발 그렇게 되세요" 하고 진심으로 말해주었다.

몇 해 후, 내가 속해 있던 단체가 이미 고인이 된 그 회장의 별장에 초대된 적이 있었다. 기억이 흐리지만 잔디가 깔린 넓은 뜰에 회장이 거처하던 한옥이 한 채 있었다. 들어갈 수 없게 줄이 처진 침실을 밖에서 가까이 볼 수 있었다. 온돌이었던가, 보료가 있고 '空手來空手去(공수래공수거)'라고 굵은 붓글씨로 크고 뚜렷하게 쓴 현판이 걸려 있었다. 하필이면 저 구절인가 싶으며 나는 그 회장이 병상에 누워서 저 구절을 보며 어떤 생각을 하고 있었을까 하고 순간 숙연해졌으나 바로 잊어버렸다. 물론 그 후로도 계속 생각나지도 않았고 생각하지도 않았었다. 그런데 기숙의 아들의 말을 들으면서 그 구절이 새삼스럽게 머릿속에 떠올랐다. 이제 내게도 그 구절이 절실하게 다가오게 된 것이다.

'공수래공수거'. 완전히 옳은 말이다. 빈부귀천을 막론하고 그 어떤 사람의 일생도 다 같이 '공수래공수거'다. 그러나 빈손으로 와서 빈손으로 갈 때까지의 과정은 천차만별이다. 요즈음 금수저를 잡고 태어났다느니 흙수저를 잡고 태어났다느니 하며 수저 탓하는 사람도 있으나, 그것은 남의 탓하기 좋아하는 사람들의 말이라고 생각한다. 왜냐하면 한치 앞도 알지 못하는 게 인생살이이기 때문이다. 잡은 수저가 언제 어떻게 변할지 아무도 모른다.

2020년 5월 「PEN문학」

기억의 심연(記憶의 深淵)

2019년 가을이라고 기억한다. 북한에서 목선을 타고 우리나라 해안에 도착한 젊은이가 둘 있었다. 뉴스가 몇 가지 있었고, 얼마 후 그들을 북한으로 돌려보냈다. 보낼 때 두 사람의 눈을 눈가리개로 가려서 차로 판문점까지 갔다. 눈가리개를 벗기니까 한 청년은 그 자리에서 주저앉았다. 사람은 극심한 충격을 받으면 순간 넋이 나가며 전신의 힘이 빠지니까 주저앉는다고 한다. 바로 앞에 그어진 군사분계선을 한 발짝만 넘으면 북한이다. 그러자 갑자기 내 머릿속에 한 장면이 환히 떠올랐다. 지금부터 무려 80년 전의 장면이었다. 어쩌면 장장 80년간 단 한 번도 생각나지 않았던 일이 눈가리개를 씌운 청년을 보자마자 떠오르다니. 나는 80년간 첩첩이 싸인 기억의 그 캄캄한 바닥 한 구석에서 작게 작게 눌리고 눌렸다가 튀어나온 그 기억에 깜짝 놀랐다.

내가 열 살이었던 초등학교 5학년 겨울방학 때, 어머니하고 서울로 가려고 부산역 플랫폼에서 기차를 기다리고 있었다. 물론 그때는 일제의 강점기 때다. 일본 군복을 입은 마르고 키가 큰 군인이 굵은 밧줄로 두 손목을 뒤로 묶이고, 그 굵은 줄과 연결된 끝을 헌병이 붙들고 뒤에서 걸어가고 있었다. 묶인 군인은 머리부터 목까지 엉기정기 엮은 대나무 바구니 같은 것을 뒤집어쓰고 있었다. 내가 무심코 보니까 그 바구니의 작은 틈새에서 강렬하게 반짝이는 것이 있었다. 바로 묶인 사람의 눈빛이었다. 그 눈빛의 표정은 볼 수 없었다. 물론 바구니로 가려져 있으니 밖에서는 눈이 어떻게 생겼는지 어떤 얼굴인지는 더더욱 알 수 없었다. 어린 나는 죄인이 잡혔나보다 생각하고 이내 잊어버리고 기차에 올랐다. 그리고 80년이 가버렸는데, 북한의 그 두 청년의 눈가리개를 보자마자 갑자기 그때 본 그 바구니 속에서 빛나던 사람의 눈빛이 떠오른 것이다. 그 공포의 일본 헌병도 죄수의 눈은 보이게 한 것이다. 아득히 사라진 기억도 무엇인가가 계기가 되면 이렇게 섬광처럼 떠오르는가 보다. 어떻든 그 두 일본 군인은 그 후 어떻게 되었을까.

작년의 뉴스에서, 대전의 어느 산비탈을 파다가 모두가 놀라서 얼굴을 가린 사건이 있었다. 생매장된 수많은 시체가 나왔기 때문이다. 앉은 채, 선 채, 쓰러진 채, 겹치고 겹친 채. 거기에 임산부도 있더라고 했다. 아마도 6·25 전후일 것 같다고 했다. 임산부, 그렇지! 내 어머니의 친구인 재동 아주머니의 따님이던 연숙 씨일지도 모른다는 생각을 했다. 연숙 씨 일가는 6·25전쟁이 일어났을 때 우리 가족처럼 남쪽으로 피난 가지 못했다. 단 하나밖에 없었던 한강 다리가 폭파되었으니 누군들 무슨 수로 한강을 건널 수 있었겠는가.

연숙 씨는 만삭이어서 친정에 가 있었다. 남편은 조그만 회사에 다니고 있었다.

1950년 6월 28일, 전쟁 발발 사흘 만에 서울은 인민군에 완전 점령됐고, 7월에 들어서니까 노인과 아이들만 빼고, 길 가던 남자라는 남자는 아무 데서나 의용군으로 무작정 잡아갔다. 사람 사냥이 시작된 것이다. 소식을 들은 남자들은 부리나케 집으로 달려가서 먼지투성이인 천장 속이며 숨 막히는 좁은 마루 밑에 장작개비를 쌓아 놓고 숨고, 장작개비 더미 속에도 숨어서, 찌는 더위의 7, 8, 9, 3개월을 9·28 서울 수복 때까지 그렇게 살았다. 남자 사냥꾼들은 나중에는 집집마다 다 뒤졌다. 그때 발각되면 물론 끝이었다.

무작정 잡아가더라도 본인 집에 소재를 알려 주면 그나마 다행이었겠지만, 그러지 않았다. 잡혀갔다는 소문이 돌자 가족들은 모두 자식, 아빠, 오빠, 동생, 남편들을 찾느라고 각 학교로 달려갔다. 남자 사냥꾼들은 잡아 온 남자들을 어른 소년 가릴 것 없이 교정에 몰아넣었다. 교문 밖에는 인민군이 따발총 끝에 시퍼런 장검을 꽂고 서 있어서 아무도 들어가서 가족을 찾을 수 없었다. "날 죽여라!, 날 죽여라!" 하고 소리치며 교정에 미친 듯이 들어가려는 여인들도 있었지만, 인민군과 소위 완장을 두른 남자들이 그냥 두지 않았다. 교정에서는 "엄마! 나 살려 줘!" 하며 목을 놓고 울부짖는 소년들의 목소리며 "누나, 나 살려 줘!", "여보! 나 여기 있어" 하며 모두가 목 타는 소리로 동시에 소리치니까, 누구의 목소리인지 분간할 수조차 없었다. 가족들은 학교 담 위에 올라가서 아무개야, 너 거기 있니? 하고 소리치고, 잡혀간 남자들은 어른이고 소년이고 살려달라고 울부짖고······. 지옥이 설마 이보다는 나으리. 그 교정에서 찾지 못한 사람들은 다른 학교로 뛰어갔다. 설혹 찾았더라도 만날 수는 없었다. 거기서 나오지도, 밖에서 들어갈 수도 없으니까. 당시 새파란 나이 19세, 대학 신입생, 나는 그 현장의 생생한 목격자였고 증인이다.

그렇게 해서 의용군으로 잡혀가서 돌아왔다는 사람을 나는 아직까지 본 적도, 들은 적도 없다. 사람 사냥꾼들은 그 젊은이들을 다 어떻게 했을까? 죄 없이 잡혀간 그들은 다 어떻게 되었을까?

작고하신 소설가 박화성 선생님은 휴전 후 서울 어느 다방에서 그때의 얘기를 하셨다. 아침에 학교에 가 본다고 나간 아들이 끝내 오지 않았다고 했다. 서울대 2학년, 그 아들 얘기를 하시며 주먹으로 가슴을 부서져라 수없이 때리셨다. 내가 선생님의 손목을 몇 번 붙들어드리기도 했다. 선생님의 가슴뼈가 부러질까 해서다. 선생님의 얼굴은 눈물 콧물 범벅이 되어 있었다.

연숙 씨의 남편도 어디서 붙잡혀 갔는지 행방불명이 되었다. 인민위원회 사람들이 남편 대신 만삭의 연숙 씨를 잡아갔다. 그 어머니가 "나를 잡아가요. 그애는 만삭이요" 하고 몸부림을 치시면서 따님을 끌어안았지만, 그 어머니가 무슨 힘으로 그 인민군을 이겨낼 수 있었을까. 끌려가는 따님을 뒤쫓으며 "아이고. 연숙아, 내 딸아!" 하고 트럭에 실려서 떠날 때까지도 울며불며 따님의 이름을 목에서 피가 나도록 불렀다. 그 후로 돌아가실 때까지 그 곱던 음성이 쉬어버려서 원래의 목소리를 잃어버리고 말았다. 재동 아주머니는 없어진 가족을 찾는 사람들과 합심해서 딸을 찾아 나섰다. 큰 집 지하실에 모두 처넣었다는 말을 듣고는 서울 시내의 지하실 있는 데는 다 가 보셨다. 7월, 8월, 찌는 듯한 날씨에 지하실에서 겹겹이 쌓인 시체들에서 나오는 악취도 상관없이, 시체의 얼굴들 하나하나 확인하며 따님을 찾았지만 결국 찾지 못했다. 따님이 살아 있기를 애초 바라지도 않으셨다. 시체라도 찾으면 하는 일념이셨지만 허사였다.

1987년, 서울대 언어학과 3학년 박종철 군의 고문치사 사건이 있었다. 다음 해던가. 그 학과에서 추모 제사를 지낸다는 소식을 들어서 갔었다. 자그마한 밥상에 촛대가 있고, 박군의 사진이 있고, 과일 몇 개가 올려져 있었다. 아버지하고 누님이라고 하던가, 세 분 쯤이 계시고, 추모객들은 추운 오전 시간 이어서인지 보이지 않았다. 나는 이름을 말하고 유족분들께 위로의 말씀도 드리고, 점심 식사를 대접하겠다고 하고, 바로 옆에 있는 언어학과 연구실에 가 보았다. 연구실에는 40대 초반으로 보이는 분이 열심히 노트에 무언가를 쓰고 있었다.

나는 인사를 하고 나서 나도 언어학과 졸업생이라고 했다. 그 사람은 벌떡 일어서서 정중하게 인사를 했다. 나는 "박종철 군 추모 제사가 옆방에서 있는데 안 가십니까?" 했다. 그 사람은 갑자기 표정이 굳어지더니, 고개를 강하게 저으며 "저의 아버지는 6·25 때 납치되셨습니다" 하며 손까지 설레설레 흔들며 돌아앉아버렸다. 다시는 내 쪽으로 고개를 돌리지 않을 것 같았다. 나는 그 방을 나오는데 한숨과 함께 분노가 치밀었다.

"도대체 왜 동족상잔의 전쟁을 일으켰지? 왜? 왜?"

2021년 6월 「PEN문학」

좌절할 때는 높고 넓은 하늘을 보라

 미국 여행 중에 어느 댁에서 나를 저녁 식사에 초대한 적이 있었다. 두어 살 되어 보이는 어린 아들이 비틀비틀 걸어가다가 거실 바닥에 넘어졌는데, 젊은 미국인 엄마는 달려가서 일으켜 세우지 않았다. 아이는 대단한 부상이라도 입은 것처럼 눈물 콧물을 비 오듯 흘리며 울었다. 엄마는 아무 일도 없었다는 듯이 편안한 미소를 지으며 나와 대화를 계속했다. 조금 후에 아이는 고개를 돌려 엄마에게 애원하는 눈빛을 보내며 넘어진 채 슬프게 고개를 숙이고 울었다. 엄마는 요동도 하지 않았다. 아이는 그러다가 원망스런 눈빛으로 엄마를 보았다. 엄마는 여전했다. 체념했는지 아이는 분명 째려보는 눈빛으로 엄마를 한번 흘깃 돌아보고는 일어서서 제 방으로 비틀비틀 걸어가 버렸다.
 "좌절이 있다는 것을 알아야 하기 때문에 어릴 때부터 예방 주사를 놓아 주느라고……. 그러나 시끄럽게 해드려서 죄송합니다."

엄마가 내게 말했다. 나는 그때까지 이런 경우 독립심을 심는 교육이라는 말만 들었지 '좌절'을 알게 하는 거라는 말은 처음이었다. 아이는 낯선 손님 앞에서 넘어져서 체면이 깎인 좌절감, 엄마의 도움을 바랐는데 거절당한 좌절감, 그리고 원망해 보았자 아무 소용도 없다는 좌절감 등 넘어진 약 4, 5분 사이에 세 번의 좌절감을 느낀 끝에 혼자 털고 일어서는 길을 택한 셈이다.

그러고 보니 '젊을 때의 고생은 황금과도 바꿀 수 없다'는 평범한 격언이 우리나라에는 물론 동서고금의 어느 나라에도 있지 않은가. 다만 말귀도 잘 못 알아듣는 어린아이에게 좌절감을 극복할 수 있는 정신력을 길러준다는 것을 내 나이가 상당히 든 후에 들어서인지 나는 혼자서 감탄했다.

삼성전자의 현직 부사장 이모 씨가 출근길에 살던 아파트에서 투신자살했다는 보도는 금년 들어 첫 충격적인 뉴스였다. 나이는 고작 51세, 한창 일도 하고 생을 즐길 수 있는 너무도 찬란한 시기다. 서울대, 카이스트 석사, 스탠포드대 박사, 삼성전자 그룹의 최고의 명예인 삼성 펠로우에도 선정되고, 그의 지인의 말에 의하면 평생 좌절을 몰랐고, 직장에서도 고속 승진, 재산은 70억 원이 넘는 부와 명예를 다 가진 수재다. 작년에 부처가 바뀌어서 스트레스가 쌓이고(유언장에 있었다) 좌절감을 느끼고 우울증도 있었고, 등등이 자살의 원인 같다고 했다.

내가 고인에 대해서 아는 것은 신문에서 읽고 알게 된 것이 전부다. 그의 평소의 성격이며 주위 환경 등은 전혀 모른다. 내가 아는 것만 가지고 생각해 보면 그의 학문이며 직장에 바친 노력이 너무도 아깝다. 따지고 보면 그는 짧은 일생을 한정된 공간에서 공부하고 연구하고, 한정된 공간에서 열심히 일하고, 오로지 한곳만 보고 달린 것이 아닐까?

그런 처지에 놓이면 대개의 사람들은 그 자리가 싫으면 사표 내던지고 훌훌 털고 나와서, 현재 가진 것만 갖고도 평생 느긋하게 세상 구경도 하고, 주위 사람들과도 교류하며 쉬며 놀다가, 우연히 재충전이 되면, 드문드문 대학에서 가르치기도 하고, 혹은 더 연구를 해서 진짜 제2의 큰 도전을 할 수도 있다고 생각하며 좌절을 오히려 기회로 삼을 것이다. 아니 그냥 보통 사람들처럼 넉넉한 돈으로 불우 이웃 돕기도 하고, 넓은 바다를 보며 낚시질도 해보고, 신선한 공기를 마시며 때로 농사일도 해보며 자연과 더불어 즐겁게 살아 보기도 하고, 해외 관광도 할 것이다.

예부터 사노라면 좌절할 때가 더 많은 것이 인생이라 했다. 그리고 돌고 도는 것이 또한 인생이라고도 했다. 어찌 나에게만 태양이 언제나 비춰줄 줄 알았던가. 아침에는 해가 뜨고 저녁에는 해가 지고, 밤이 되면 달이 뜨고 또 밝은 아침은 온다. 이 간단한 원리를 젊은 그 엘리트는 왜 몰랐을까. 그가 스트레스가 쌓이고 울적하고 좌절감이 엄습할 때 한 번이라도 넓고 높은 하늘을 크게 숨을 쉬며 바라보았더라면…… 하는 아쉬움이 그치지 않는다. 세상은 하늘만치 넓고, 기회는 무한한 것인데.

2010년 2월 아산재단 「삶의 향기」

물 한 모금

1950년 6월 25일, 북한군은 38선을 넘어 남한을 기습 침공했다. 이것이 동족상잔인 한국전쟁의 시초다. 아무 준비도 없었던 대한민국은 3일 만에 수도 서울을 빼앗겼다. 6월 28일 낮 12시쯤에는 중앙청에 빨간 기가 게양되면서 서울은 순식간에 공산군 치하에 들어갔다.

28일, 바로 그날 오후 네 시쯤, 군홧발로 적군 네 명이 우리 집의 대문과 현관문을 걷어차고 들어와서, 긴 총에 장착된 시퍼렇게 번쩍거리는 칼끝을 들이대며 쌀 내놓으라고 위협하면서 군홧발 채로 온 집안을 돌아다녔다. 어머니는 뒤주를 가리키며 쌀은 여기에 있다고 하셨다. 도우미였던 태순이가 "우리 먹을 것 좀 남겨주세요"라고 했으나, 그들은 들은 척도 하지 않고 뒤주에 있는 쌀을 한 톨도 남기지 않고 싹싹 다 털어갔다. 조금 후에 우리 골목에 있던 이웃들은 다 똑같이 당했음을 알게 되었다.

서울이 적군에게 점령되던 첫날, 우리 집은 이렇게 시작되었다. 앞으로 3개월간 지옥이 눈앞에 전개되리라고는 상상도 못 하면서, 그날 밤은 무서워서 나도 태순이도 안방에서 어머니와 함께 잤다.

오빠는 부산에서 변호사로 있었고, 아버지는 오빠가 따로 하는 사업을 도와주시느라 일주일 전에 부랴부랴 떠나셔서 안 계셨다. 서울에 계셨으면 그날 밤에 체포되어서 어디론가 끌려가셨을 것이다. 날이 밝자, 의사, 변호사, 학자며 사업가 누구누구 등이 그렇게 되었다는 소문이 파다했다. 내 남편의 아버지는 누군가가 빨리 피하라는 말을 들으시고, 한밤중에 잠옷 바람에 롤렉스 시계(이 시계가 그분을 살렸다. 재미있고 참고되는 스릴러 같은 얘기도 들었다) 하나를 손목에 차고 집을 나가버리셔서 중학교 3학년이었던 자신이 대신 붙들려 가서 종로서에서 3일간을 물만 먹고 갇혀 있었다고 했다. 하루 만에 우리는 공산군이 무엇인지 그 한 자락을 알게 되었다. 나는 앞으로 어떤 일이 있을는지 몹시 불안했다. 학교에 가지 않으니까 온종일 일역으로 된 세계문학을 탐독했다.

29일 새벽부터 인민위원회(동회)에서는 라디오에 확성기를 달고 빨치산의 노래를 귀청이 떨어지도록 틀고, 간간이 선동 재촉하는 억양으로 "무자비하게 무찔러라, 무자비하게 무찔러라"를 다른 군가와 함께 날이 저문 후에도 신나는 듯 반복했다. 또 "누구누구, 자수하면 살려준다"도 되풀이했다.

7월 초부터 며칠간 공산군의 강제 동원령이 내려졌다. 나는 시청 앞에서 한강까지 걸어가서 모래를 퍼 나르는 중노동을 했다. 당시 나는 대학 신입생이었다. 나이 19세.

우리 집에서 시청 앞까지 걷는 데 30분쯤 걸렸던 것 같다. 인민위원장(통장의 명칭이었다)이 어느 집에 어떤 가족이 있는지 샅샅이 알고 있기 때문에, 초인종을 눌러서 누구 아무개 내일 오후 8시까지 동원이라고 고지하면 꼼짝없이 응해야 했다.

저녁을 먹고 부삽을 들고 집을 나섰다. 어머니와 태순이가 걱정스런 낯으로 나를 골목 끝까지 배웅했다. 전날 다녀온 태순이는 코피를 쏟았었다.

7월 중순께는 길 가는 젊은 남자들을 마구잡이로 끌고 가는 인간 사냥이 시작되었다. 그 광경은 지옥이었다. 그 일을 목격한 나는 2021년 「P.E.N.문학」 7월호에 발표한 수필 〈기억의 심연〉에 자세히 써두었다.

어머니는 지하에 숨겨 두었던 쌀로 밥을 해서 반찬과 함께 피난민이 된 지인들에게 융숭하게 대접하셨다. 지금 같은 냉장고가 없던 시대였으니까 겨울에 김장하듯이 여름을 대비해서 대개의 가정에서는 여름 반찬을 준비했었다. 굴비를 많이 말리고 오이지, 장조림, 고기볶음 고추장, 무짠지 등이 있었다. 나는 처음에는 반찬이 늘 같으니까 불만스러웠다.

어머니는 점점 밥을 하루에 한 끼쯤이나 드셨을까. 입맛이 없어서 못 먹겠다고 하셨다. 태순이도 그러는 것 같았다. 지금 생각하니까 밥을 내게 더 오래도록 먹이려고 굶으셨던 것 같다. 눈치 없던 나는 어머니와 태순이의 속을 전혀 몰랐다.

태순이가 시장이 있던 자리에 가 봤으나 먹거리는커녕 그 크던 시장 자체가 없어졌더라고 했다. 나물거리 하나도 사 오지 못한 대신 중앙청 앞에서 인민재판이 있었는데, 사람 열댓 명을 단 위에 세워 놓고 "죽일까?" 하면 "죽여!" 하고 누군가가 소리치면 당장 탕 하고 인민군이 쏘아 죽였는데, 단 위에 서 있던 사람들은 모조리 다 피를 흘리며 죽었다고 하며 무서워서 벌벌 떠는 목격자의 말을 전했다. 그들 중에 해방 후 오페라의 주인공 역을 자주 했던 유명한 소프라노의 부친도 있었다. 천명(天命)인지 그분도 총을 맞고 쓰러졌는데 의식이 회복되어 눈을 떠보니까 팔에 찰과상만 입어서 죽은 사람들 속에 쓰러진 채 있다가, 한밤중이 되어 아무도 없는 틈을 타서 집으로 갔다. 그 소프라노가 내 고교 선배여서 서울 수복 후에 자세히 들었다.

9월이 되니까 하루 세 끼 밥은 두 끼로 되고, 날이 지나면서 밥은 멀건 흰죽이 되었고, 죽은 점점 묽어지다가 나중에는 밀기울이라는 것을 떡처럼 만들어서 먹이셨다. 그것도 날이 갈수록 묽은 물이 되어 갔다. 반찬은 진즉에 다 없어지고, 밀기울 한 순갈 든 물에 간장 한 순갈을 넣어서 수저로 저어가며 먹었다. 장조림이 먹고 싶고 흰 쌀밥에 굴비와 평소 싫어하던 오이지도 먹고 싶었다. 어머니는 9월 28일 서울 수복이 사흘만 늦었으면 우리는 다 굶어 죽었을 거라 하셨다. 쌀이 있는 동안은 나와 같은 반이었던 친구 둘이 밥을 얻어먹으러 오기도 했다. 우리 집뿐 아니라 모두가 같은 날에 쌀을 다 털렸으니까, 서울 시민은 부역한 사람들 외에는 아마도 거의 다 먹을 것이 없었을 것이다. 이런 상황 중에, 인민위원장 집에서 가끔 나는 고기 굽는 냄새는 10미터 밖에서도 맡을 수 있었다. 우리 동네에서 고기 굽는 집은 한 집도 없었으니까, 그 냄새는 유달리 퍼졌을 것이다. 나는 물론 이웃들도 그 집에 대한 증오심은 불같았다. 그뿐 아니고 한 건 올리려고 했던지, 아무 죄도 없는 사람을 내무성(경찰)에 고발하기도 했다. 내무성은 불려 갔다 하면 다시 보기 어렵다 해서 모두들 극심하게 두려워했던 곳이다.

먹을 게 없어서 옷가지며 금반지 등을 들고 시장이나 농가에 가서 보리 한 되 하고 바꿔서 며칠은 아껴가며 연명할 수 있었으나 그것도 길게 가지 못했다고 했다. 어디를 가도 먹을 것이라는 것은 없었다고 했다. 한강을 건너가면 시골 농가에 혹시 먹을 게 있을지 모르나(당시는 한강 남쪽은 온통 논밭이었다고 들었다.) 하나밖에 없던 한강대교가 폭파되었으니 그 한강을 어떻게 건너랴……

어머니는 소문을 들어서 미리 쌀을 많이 지하실에 감춰두셨다고 하셨다.

그러고 보니 북한이 남침할 준비를 미리 하고 있었던 게 아닐까. 왜냐하면 고교 삼학년 때 독서회에 가자고 한 친구가 있었다. 나는 "독서는 집에서 혼자서 하는데?"라고 했더니 이 독서회는 그런 것이 아니고…… 하며 말끝을 흐렸었다. 나에게 아주 친절했던 또 한 친구는 나는 독서회에 가는데 너는 가지 말라고 했었다. 그 독서회라는 것이 비밀리에 공산주의를 선전하는 곳이 아니었을까. 아무리 비밀리에 했어도 말이 새어나가서 돌아다니는 것이 어머니의 귀에도 들어간 것 같다.

부삽을 지팡이 삼아 시청까지 가니까 하늘이 어두워졌다. 광장에는 이미 15, 6세로 보이는 소녀들과 40대로 보이는 여성들이 섞여서 꽉 차 있었다. 300여 명이나 되었을까. 옆으로 열댓 명쯤을 횡대로 세우더니 '앞으로오~~ 갓!' 하고 구령이 떨어졌다. 어떤 부인이 배가 너무 아파서 오늘은 쉬고 내일 가겠다고 하니까 예의 그 총칼을 들이대며 '아프면 죽어!' 하며 당장에 죽일 것 같은 기세였다. 나처럼 모두의 심장이 오그라들었을 것이다. 공포가 극에 달하면 사람은 정신이 나간 허깨비가 되는 것을 그때 나는 실감했다. 아무도 찍소리도 못하고 부삽을 더러는 어깨에 메기도 하고 더러는 지팡이처럼 짚으며 걷기 시작했다. 소근대는 소리조차 없었다. 어두워져 가는 거리를 묵묵히 검은 한 덩어리의 허깨비들이 앞만 보고 걸어갔다. 이윽고 한강의 모래밭에서 섰다.

시청에서 한강까지 아마도 몇 킬로미터는 될 텐데, 어떻게 그 먼 거리를 무거운 부삽을 어깨에 메고 걸었을까. 모두 혼이 나간 허깨비여서가 아니었을까.

허깨비들에게 부과된 과제는 가마니에 모래를 가득 담아서 지정된 장소에 들어다 놓는 것이었다. 여섯 명쯤이 한 조가 되어서 부삽으로 모래를 퍼서 가마니에 넣었다. 가마니가 가득 차면 여섯 명이 함께 들어서 지정된 장소에 끌고 가서 세워 두었다. 모래는 젖어 있어선지 무척 무거웠다. 아무도 말을 하는 사람은 없었다. 그 모래 가마니를 어디에 쓰려는지 알 수 없었다. 한여름이나 밤중에는 조금 추웠다. 내 그룹에서 조금 떨어진 곳에서 갑자기 남자의 큰 말소리가 들렸다.

"잠깐 쉬느라고 가마니 속에 누워 있다고?" 하더니 인민군 둘이 그 가마니를 번쩍 들어서 한강에 내던졌다. 나는 전신이 떨렸다. 모두 아무 소리도 못 하고 모래를 다시 퍼 담기 시작했다.

하늘도 땅도 캄캄한 속에 ---피이이이이이 퍽--- 하는 날카로운 소리와 함께 새파랗고 가느다란 빛 한줄기가 하늘을 찔렀다. 우리 동네 주민들에게는 서울이 적군에게 점령된 후로 밤마다 몇 번씩 듣던 소리였다. 이웃들은 누군가를 밤중에 산으로 끌고 가서 총살하는 소리일 거라고도 했고, 아니 무슨 신호탄일 거라고도 했다. 왜냐하면 그 소리와는 달리 탕 하며 가까운 거리에서 쏘는 총소리도 있었기 때문이다. 탕 하고 나는 짧은 총소리는 사람을 쏘는 총소리일 거라고 해서 들을 때마다 심장이 찔리듯이 아프고 무서웠다.

드디어 돌아간다는 전갈이 왔다. 10명이 횡대로 부삽을 들고 시청을 향해서 묵묵히 걸었다. 피로가 온몸을 엄습했다. 목이 타는 듯 말랐으나 어디서 물 한 모금 얻어 먹을 데는 없었다. 큰길 양쪽에 서 있는 건물이며 작은 집들에서도 불빛 한줄기도 새어 나오지 않았다.

몇 시쯤 되었는지 모르겠으나 밤은 가고 새벽 기운을 느낄 수 있었다. 시청 앞 광장까지 와서 해산 명령이 내려졌다. 모두들 뿔뿔이 그곳을 떠났다. 내 곁에서 내 부삽도 가끔 들어 주던 30대 중반쯤으로 보이는 부인이 "학생 목 마르지?" 하며 물었다. 나는 너무 목이 마르고 어지러워서 대답할 기력도 없어서 고개만 끄덕였다. 그 부인은 내 손을 잡고 끌며 시청 건너편의 골목으로 데리고 갔다. 그 골목은 화교(중국인)들이 중국 요리를 파는 곳으로 알려진 곳인데, 지금의 프라자 호텔 자리일 것이다. 새벽이어서 날이 완전히 밝지 않아서 어느 집도 불이 켜져 있거나 문을 연 집은 없었다. 그 부인은 무턱대고 주먹으로 어느 가게의 덧문을 세게 두드렸다. 바로 유리문 여는 소리가 나고 덧문을 열며 중국인 같은 조금 뚱뚱한 남자가 나타났다. 그 부인은 "이 학생에게 물 한 모금만 주세요"라고 했다.

그 중국인은 아무 말도 하지 않고 안으로 들어갔다. 이윽고 수돗물 소리가 났다. 남자는 짜장면을 담는 사발에 수돗물을 가득 담아서 내게 주었다. 나는 물을 보자마자 말라붙은 쉰 목소리로 "고맙습니다"라는 말 한마디 하고는 벌컥벌컥 다 마셨다. 그 부인은 "학생, 천천히 조금씩 마셔요" 하며 그 그릇을 손으로 받쳐주고 있었다. 물을 다 마시고 나서야 나는 "아주머니는 안 마시세요?" 했다. 나도 부탁해 봐야지 하는데, 그 중국인은 이미 또 다른 그릇에 물을 가득 담아서 들고 있었다. 그 부인도 그 물을 다 마셨다. 우리는 그 중국인에게 허리를 90도 이상으로 굽히며 절을 몇 번이나 했다.

하늘은 조금씩 밝아지기 시작했다. 한 사발의 물이 나를 살려주었다. 나는 알지도 못하는 그 고마운 부인께 역시 90도 이상으로 허리를 굽혀서 "감사합니다. 안녕히 가세요" 하고는 돌아서서 부지런히 우리 집으로 향했다.

집에 와서 마루에 올라서자마자 마룻바닥에 누워버렸다. 목이 타듯이 아프면서 열이 나기 시작했으나, 동네 병원은 서울이 뺏기자마자 문을 닫아 버리고 병원이라는 간판조차 없애 버려서 병원에 갈 수도 없었다.

어머니가 어저께 태순이를 간호하셨을 때처럼 찬물에 담갔던 수건을 내 이마 위에 계속 바꿔가며 얹어 주셨다.

그 화교가 내게 물을 주지 않았다면 나는 아마도 집에 오기 전에 길바닥에 쓰러져 죽었을 것이다. 한 사발의 물이 얼마나 큰 기적이며 하늘 같은 은혜인지를 73년이 지난 지금도 잊지 않고 있다. 물 한 모금을 달라 했는데 묵묵히 한 사발의 물을 주던 그 중국인 아저씨와 그 물을 먹게 해준 그 이름도 성도 모르는 그 부인 역시 잊을 수 있겠는가. 그 두 분은 당시 나보다 훨씬 나이가 위인 분들이었다. 지금쯤 아마도 두 분 다 하늘에 계실 것 같다. 하늘에 계시건 땅에 계시건 두 분 다 언제 어디서나 평안하시고 자손 대대로 홍복을 누리시도록 깊이 깊이 고개 숙여 빈다.

2023년 12월 「예술원지」

박완서와 나의 60년의 우정

완서가 죽고 어언 1년 4개월이 지나버렸다. 세상을 떠났다, 타계했다 또는 유명을 달리했다는 표현은 너무 간접적이다. 순수 우리말로 거두절미하고 있는 그대로 죽었다고 해야 실감이 날 것 같아 그렇게 썼는데, 쓰기는 썼지만 역시 전혀 실감이 나지 않는다.

세상에 이런 일도 있구나. 이런 일이 있는 것이 확실한 현실이다. 내가 지금 이 글을 쓰고 있는 이곳이 설혹 저승이라 할지라도 완서는 또 다른 저승으로 가 버리고 없을 거다. "완서야!"

그녀의 죽음이 이렇게 허망하고 눈물이 절로 흐르는데, 완서가 남편과 아들을 반년 사이 연이어 사별했을 때 그 속이 오죽했을까 싶어 새삼 가슴이 저린다. 그때 그 소식을 듣고 바로 그녀의 집으로 달려갔어야 하지 않았을까? 그런데 나는 완서가 불쌍해서 내 집에서 혼자서 소리 내어 울기만 했으니까. 너무나 후회된다. 다음날 무숙 언니하고 찾아가기는 했지만. 그때의 완서의 모습을 나는 지금도 생생히 기억한다. 그녀가 숨이 막혀서 가슴을 움켜쥐고 방바닥을 뒹굴며 괴로워하던 모습을 보니까 나도 금방 호흡곤란 증세가 왔다. 같은 일을 당했던 무숙 언니도 20년이 지났는데도 함께 신음하고 있었다(무숙 언니의 둘째 아들은 26살 때 미국에서 교통사고로 죽었다). 아마도 힘겨운 일이 많았던 완서의 일생 중에 그 일처럼 아픈 일은 없었을 것이다.

또 한 가지 후회되는 일이 있다. 1992년 나는 18년간 살았던 집을 헐고 그 자리에 신축을 했다. 완서가 이듬해 봄에 신축 축하한다며 우리 집에 왔었다. 오전 11시에 신세계 본점에서 만나서 무엇을 축하 선물로 사줄까 하기에 커피 콩 가는 그라인더를 사달라고 했다. 그 시절만 해도 그라인더는 흔치 않았다. 꽤나 비쌌지만 완서는 망설임 없이 샀다.

식탁에 마주 앉아서 우리는 와인 잔을 쨍그랑 소리 내며 축하한다, 고맙다는 말을 하고 와인을 조금 마시고 바로 젓가락을 들고 밥을 먹으려 하는데, 완서가 화장실이 어디냐고 해서 가르쳐 주니까 걸어가다가 거실 문의 손잡이를 잡은채 파랗게 질리며 바닥으로 쓰러졌다. 나와 도우미는 어찌나 놀랐는지 아줌마는 냉수를 컵에 따라서 달려가고 나는 청심환을 찾아들고 뛰어가서 완서의 머리를 들어 올리며 "완서야, 청심환이다. 먹어, 어서 먹어!" 하며 소리쳤다. 완서는 눈을 감은 채 청심환을 먹기는 먹었다. 몇 분인지 몇 초가 지났는지 금방 정신이 돌아오는 것 같지는 않았다. 나는 온몸이 벌벌 떨리는데, 떨면서도 속으로 '완서야, 죽으려면 너희 집에서 죽어야지……' 하고 생각했었다.

맙소사, 이러고도 내가 그녀의 친구인가? 그때는 나도 당황해서 순간 그 생각밖에 떠오르지 않았었다. 어떻든 완서가 바로 일어나지 않았으면 경찰에 알리고 병원 응급차를 불렀을 것이다. 그 무렵만 해도 119라는 것이 있었던 것 같지 않다. 설혹 있었다 해도 내가 모르고 있었으니까 없는 것이나 매한가지다.

완서는 정신을 차리고 물을 마셨다. 그리고 "괜찮아, 걱정 마" 하며 일어섰다.

그날 아침에 병원에서 채혈을 하느라고 전날 저녁부터 그때까지 물 한 모금도 마시지 않은 위장에 갑자기 술이 들어간 것이 문제였을 거라고 생각했다. 그런데 그렇지 않아도 가끔 그렇게 정신을 순간적으로 잘 잃는다고도 했다. 고혈압에 당뇨에 게다가 그 큰 충격 등이 원인이구나 하고 나는 속으로 생각했었다.

아들을 잃고 나서 완서는 절필할 작정으로 연재하던 것을 중단하고 부산의 수녀원에 잠깐 동안 가 있었다고 하는데, 나는 까맣게 모르고 있었다. 그것도 완서가 말해준 것이 아니고 최근에 얻어 들은 것이었다.

완서가 암 치료하는 중에 그녀의 장녀 원숙이가 말숙 선생님한테는 알릴까 했더니 완서는 손을 설레설레 저으면서 "그만두어라. 그 애는 아픈 것이 무엇인지 이해도 못할 것이다"라고 말했다는 말을 듣고 마음이 착잡했었다. 완서는 나와 그렇게 오래도록 가까운 친구였지만 나를 그렇게 밖에 보고 있지 않았던 모양이다. 그러니까 한동안 은둔해 있으면서도 나에게는 알리지 않았던 것이다. 전화를 해도 없길래 몽골에 또 갔나보다고 생각했었다.

　어느 때, 여러 사람이 모여서 기탄없이 즐겁게 얘기하고 한참을 보내고 있는데, 완서가 내 팔꿈치를 잡아끌어서 조금 떨어진 곳에 데리고 가더니 "너 그렇게 말하면 그 사람의 속이 어떻겠니?" 하며 충고를 해준 적도 몇 번 있었는데, 나는 내가 무슨 주책없는 말을 했는지 도저히 기억해 낼 수가 없었다.

　어느 작고 문인 세미나에서 모든 사람들이 그분의 문학을 추켜세웠는데 내 차례가 왔을 때, 나는 "그분의 문학이 그토록 훌륭한 것이라고들 하시니까 저는 다시 읽어 보아야 하겠습니다. 저는 그렇게 생각하지 않거든요" 하고 솔직히 말했다. 그날 밤 완서가 전화를 걸어 왔다. 완서는 큰 소리로 웃으며 "나도 너와 같은 생각이야. 너 참 통쾌했어. 그런데 유족들이 어떻게 생각했겠니" 하며 걱정스러운 목소리로 말했다. 완서는 언제나 내가 다칠까 봐 걱정하는 말을 했었다. 그런 친구를 아무나 갖겠는가? 내 홍복 중의 하나다.

　완서가 "언제나 말숙이가 있어서 든든하고……"라는 내 인물평을 어디엔가 썼는데, 나는 내가 완서에게 무엇을 도왔는지 전혀 기억이 나지 않는다.

　우리 둘이 참 즐거운 시간을 보낸 적이 있었다. 늘 가까운 일본에라도 같이 여행하자고 말만 했지만, 외국은커녕 국내 여행도 함께 못 갔었는데, 1995년 프랑스문학 포럼 때 프랑스와 벨기에를 같은 비행기를 타고 같은 호텔에서 함께 식사를 하는 나날을 일주간이나 보낸 적이 있었다.

파리(Paris)의 유서 깊은 루테시아(Lutesia) 호텔에서 같이 간단한 아침 식사를 하고 나면 오후에 시작하는 강연이나 단체관광 시간까지는 자유 시간이었다. 호텔에서 5분 거리에 있는 봉마르쉐(Bon Marche) 백화점 구경을 가는 것이 우리 둘의 일과처럼 되어 있었다. 호텔에서 멀리 갈 용기는 없었기 때문에 그곳이 안성맞춤이었다. 그 무렵만 해도 한국의 백화점에는 볼 만한 것이 거의 없었던 때라, 황홀한 모양의 전기 스탠드며 찻잔 등 부엌 그릇들에 감탄했었다. 구경을 하며 돌아다니는데 외투를 파는 가게를 지나게 되었다. 그때가 마침 11월 중순이어서 서울에 가면 바로 겨울이니까 쓸모가 있어서, 나는 그 많은 것 중에서 베이지색의 실용적이고도 우아한 코트를 입고 어울리는지 거울에 비춰보았는데, 완서도 똑같은 것을 옆에 있는 거울 앞에서 입어보고 있었다. 나는 "완서야, 너 사지 마. 우리가 같은 것을 입고 다니면 어떻게 되겠니?" 했더니 "그래 난 안 살게" 하고 간단히 양보를 해주었다. 다음날 벨기에에 가서 강연이 끝나고 시내 관광을 하는 중에, 성당 앞 가게에서 쿠션 커버를 서로 샀는데, 마지막에 딱 두 개가 남았다. 내가 그것도 마저 사려고 하니까 완서는 말없이 그것들을 힘껏 움켜쥐고 놓지 않았다. 나는 전날 진 죄가 있어서 슬그머니 손의 힘을 빼버렸다. 이런 장면도 이제는 아름답고 정겨운 추억이 되었다.

최정희, 박화성을 비롯해서 쟁쟁한 여류문인을 많이 배출해서 유명한 숙명여자고등학교 1학년(당시는 중학이 4년. 고교가 2년제. 고교는 문, 리, 가사과로 나뉘어 진학했다) 문과 학생, 우리 나이

17세 때부터 완서와 나는 자타 공인하는 절친한 친구였고, 서울대도 과는 다르나 함께 입학하고, 입학하자마자 발발한 한국전쟁 당시 인민군에게 점령된 서울의 참상을 같은 하늘 아래서 함께 보고 겪었다. 전쟁 나고 얼마 후에 그녀가 돈암동에서 걸어서 신교동에 있는 나를 찾아왔었다. 신교동은 경무대와 가까웠다. 아마도 두어 시간은 걸었을 게다. 당시는 버스도 전차도 다니지 않았다. 완서는 많이 지쳐 보였다. 식사를 대접했는데, 어디엔가 후에 쓴 것에 말숙 집에 갔더니 장조림도 굴비도 있어서 놀랐다고. 그러니까 그런 반찬이 있었던 걸 보니까 전쟁 나고 며칠도 안 되었을 때 같다. 완서는 내가 걱정되어서 찾아온 거 같다. 고마운 친구다. 나는 적군이 서울을 점령한 날부터 공포에 질려서 완서의 안위를 생각할 정신도 없었다.

완서가 유명해지고 TV에 나와서 자기 얘기를 했는데, 어려서부터 홀어머니 손에서 가난하게 자랐다고 해서 나는 너무나 놀랐다. 전혀 몰랐기 때문이다. 완서는 책을 낼 때마다 엄청 팔렸고 이름도 날렸고 상도 많이 타서 노년에는 부와 명예를 다 가졌었다.

문단 데뷔 연도는 내가 14년은 앞섰지만, 거의 40년을 한 문단에서 지내고, 같이 예술원 회원이었고, 60여 년의 기나긴 세월 내내 변함이 없었던 우리의 깊은 우정은 아마 고금을 통틀어도 드물 것 같다. 그 오랜 세월의 추억의 편린들, 후회되는 일들을 어찌 이 지면에 다 쓸 수 있을까.

2012년 「문학사상」 6월호

별들이 쏟아지는 침실과
알프스 산 속 기차의 침실

　2005년 5월에 미국 샌프란시스코 시에서 가까운 음악대학에서 내 남편 황병기가 한국음악 강의를 마친 후, 그 대학 부총장 관저에서 그를 환영하는 성대한 파티가 열렸다. 그곳 대학 교수들과 한국음악 강의를 들으러 먼 곳에서 온 음악가며 교수들이 참석했다. 우리들은 뷔페를 먹으며 화기애애한 속에서 담화를 나누었다. 일본의 세계적인 피아니스트라는 다까하시(高橋) 아끼 여교수는 연세대에서 1년간 가르쳤다며, 서울에서 온 우리를 무척 반겼다. 그들 중에 부인은 작곡과 교수고 남편은 무용과 교수라는 내외가 있었다. 모임이 끝나자 그 내외는 그날 밤은 호텔에 가지 말고 자기네 집에서 묵으시라고 초청했다. 호텔에 가서 세면도구를 가지고 가겠다고 하니까 그런 것도 다 준비돼 있다고 했다. 우리는 승낙하고 그들의 차를 탔다.
　한참을 가니까 가파른 언덕이 나왔다. 차는 쓴 지 오래된 듯한 녹슨 기차 철로 위를 달리고 있었다. 그 철로는 아득히 멀리 보이는 산의 정상까지 뻗어 있었다. 옛날에는 기차가 그 산의 정상을 넘어서 그 너머에 있는 도시로 갔었다 한다. 철로는 하나밖에 없었다. 산인데도 나무가 보이지 않았고 어떤 집도 없었다. 사람도 보이지 않았다. 오가는 차도 없었다. 땅은 메말라 있었고 흙먼지가 우리가 탄 차의 바퀴 언저리에서 조금 일고 있었다.

그 내외가 하는 말이 그곳은 일 년 내내 비가 오지 않다가 가을이 시작될 무렵에 비가 한동안 오기 때문에 그때는 황병기의 CD를 틀어서 그의 조곡(組曲) '숲'을 듣는다고 했다. '숲' 속에 '비'가 있기 때문이라며. 밖에서는 반가운 비가 내리고 있고 집 안에서 가야금 음악의 '비' 소리를 들으면 너무나 즐겁다고 했다. CD는 한국 유학생이 선물로 주었다고 했다.

드디어 그들의 집 뒤쪽에 차가 섰다. 주변에 어떤 집도 사람도 보이지 않았다. 그 집은 옛날에는 목조의 기차 역사였다고 했다. 기차가 다니지 않게 되니까 역사도 무용지물이 되어서 오랫동안 버려진 것을 사서 주택으로 개조했다고 했다. 그 헌 역사는 아무것도 없이 텅 비어 있었는데, 시계탑에는 오래전에 정지되고 낡고 녹슨 시계만 달려 있었다고. 그 시계만 버리고 높이 솟은 시계탑은 그대로 두었다고 한다. 벽과 지붕을 새 나무로 바꾸고, 역사의 흙바닥도 새 목재로 마루를 깔았다고 했다.

차에서 내려서 그 집 현관으로 걸어서 가는데, 꽤 넓은 땅에 채소밭이 있었다. 집으로 들어가기 전에 수도를 틀어서 그 밭에 부군이 물을 뿌렸다. 그 집 현관문은 집 크기에 비해서 너무도 넓은 여닫이 목재 문이었다. 옛날에는 문짝이 없는 넓은 출입구였다 한다. 기차에서 내린 손님들은 그 문을 나가서 뿔뿔이 흩어져서 자기 집으로 갔을 것이고, 기차를 탈 사람도 문짝 없이 넓은 그 문을 들어와서 기차를 기다렸을 것이다.

저녁 식사는 파티에서 먹은 셈이라 우리는 안 먹겠다고 했다. 그들도 그랬다. 그 부군이 밖으로 나가더니 당근과 토마토를 캐왔다. 부인이 주스를 만들어 주었는데 싱싱해서인지 너무나 맛있었다. 작곡 교수인 부인은 한국음악에 대해서 질문을 하고 노트에 메모하고 있었다. 조금 쉰 후에 부인이 피아노를 쳤다. 그에 맞추어서 그녀의 남편이 발레를 추었다. 피아노며 발레도 대단한 수준이었다. 우리는 한참 동안 박수를 쳤다. 밖에서는 아무 소리도 들리지 않았다. 고요한 산장에 온 것 같았다.

우리 내외는 샤워를 하고 자기로 했다. 침실은 옛날의 그 시계탑을 활용해서 만들었다고 했다. 그런데 침실로 올라가는 사다리가 2미터쯤 되는 것 같은데, 직각으로 곤두서 있었고, 손잡이도 없어서 사다리 칸을 잡고 기어서 올라가게 되어 있었다. 잘못하면 떨어질 텐데 싶어서 사다리 칸을 힘껏 잡고 천천히 올라갔다. 침실이라는 곳을 쳐다보니 캄캄해서 전등 스위치는 어디에 있는지 물으니까 들어가면 저절로 밝아진다고 하며 너무 밝으면 문의 안쪽 아래에 있는 스위치를 누르면 된다고 했다. 우리는 시키는 대로 캄캄한 침실로 올라갔다. 문을 열고 침실에 들어서자마자 앗! 눈이 부셔서 눈을 감지 않을 수 없었다. 넓이가 한 평 반쯤 되고 높이가 1미터 조금 넘을까 할 정도의 작은 방인데, 좁고 얕아서 앉던가 누워야 했다. 천장 전체가 유리인데 그 유리 천장 가득히 별들이 쏟아지고 있었다. 눈이 부셔서 눈을 뜰 수가 없어서 우리는 얼른 스위치를 눌렀다. 그러자 유리를 가리는 암막이 천천히 옆으로 이동해서 아예 캄캄하게 되었다. 눈을 뜰 수 없는 것보다는 캄캄한 쪽이 나아서 캄캄한 속에서 누워 있었는데, 어떻게 생긴 별인지 보고 싶은 호기심도 떨칠 수 없어서 암막을 조금 열었으나 역시 안 되겠지 싶어서 암막을 닫았다. 별들의 밝기는 몇 kw라고나 할까. 한잠을 자고 깨어서 암막을 조금 열고 시계를 보니까 세시 반이었다. 다시 캄캄한 속에서 한잠을 자고 나서 암막을 조금씩 조금씩 끝까지 열었다. 그러자 우리는 새파란 하늘 속에 있었다. 아…… 하는 탄성이 절로 나왔다. 황홀했다.

1974년 11월, 당시는 해외에 나갈 때 일인당 50달러만 허용하던 시절이었다. 아득한 옛날 얘기다. 남편이 독일의 뮌헨에서 공연을 마치고 다음 순서인 이탈리아의 베니스로 가는데, 2개월간 유럽 몇 개국에서 한국음악 공연과 국제음악 세미나 등에서 강의와 연주를 하도록 스케줄을 짜준 초청기관에서 준 것은 비행기표였다. 기원전 한니발 장군이 코끼리를 타고 넘었고, 알렉산더 대왕이며 나폴레옹이 말을 타고 넘었다는 그 알프스를 우리는 기차라도 타고 넘어보고 싶은 충동이 일어서, 공항 대신 기차역으로 갔다. 매표원에게 비행기표하고 기차표를 바꾸고 싶다고 했다. 매표원이 금액 차이가 너무 크고, 시간도 비행기와는 비교할 수도 없는데 하며 의아한 눈빛을 보냈다. 그리고 여기는 기차역이라 비행기표를 기차표로 바꿀 수는 없다고 했다. 우리는 비행기표를 그냥 버리기는 아까웠다. 단 몇 푼이라도 건지고 싶어서 비행기 탈 사람이 있는지 찾아 달라고 부탁했다. 매표원은 난처한 얼굴이었는데, 그래도 비행기표 살 사람이 있는지 알아보기 위해 어딘가에 전화를 하고 있었다. 아마도 공항에 알아보았을 것이다. 조금 후에 한 사람이 비행기표를 구하고 있다고 했다. 우리는 비행기표 두 표 중 한 표는 버리게 되어서 아까웠으나 한 표라도 조금은 건졌으니 다행이라고 생각하고 기차표를 샀다. 내 비행기표는 1971년 10월에 위수령(衛戍令)이 내렸을 때 「중앙일보」에 쓴(1971년 10월 25일자) 내 글을 보고 서울에 있는 루프트한자(Lufthansa, 독일항공사) 직원 일동이 속시원하게 써주어서 고맙다고 하며 내게 세계일주표를 주었던 것이다. 모스크바건 남미건 가고 싶은 데는 다 갈 수 있고, 무기한 표니까 아무 때나 쓰라고 했다. 모스크바? 동서냉전이 극심하던 땐데……. 내 그 글을 읽은 많은 독자들이 같은 말을 하며 전화를 주었었다. 내용은 여당 내 몇 명의 의원들이 의원직을 박탈당하고, 그 의원들이 고초를 당하고 있다는 흉흉한 소문도 돌고 있었고 대학생들이 박 대통령(아마도 3선 출마) 반대 데모도 하고 있던 때여서, 정치가야 어떻게 되거나 말거나 학생들은 단 한 사람도 몽둥이로 때리지 말라는 거였다.

얼마 후에 알프스 산을 넘어가는 기차를 탔다. 안내받은 침실은 2인용인데, 넓은 소파에 앉으니까 등쪽이 홀렁 넘어가며 침대가 되었다. 출입문은 위쪽 반이 유리인데 커튼이 없어서 복도를 지나가는 역무원이 보였으니까 역무원도 실내를 볼 수 있게 되어 있었다. 유럽의 다른 기차는 반드시 커튼이 있고 안에서 잠그는 고리도 있는데. 우리 칸만 그런지. 기차가 움직이기 시작하고 한참 되니까 창밖으로 나무들이 유리창 가까이 스쳐 가는 것이 보여서 알프스다! 하면서 침대에서 반쯤 일어나서 유리창에 얼굴을 바짝 대고 보려니까 역무원이 어디서 나를 보고 있었는지 복도쪽 출입문을 노크하면서 앉으라고 손짓을 하고 있었다. 우리는 그러거나 말거나 창밖을 보았다. 무슨 나무인지 잎이 있는 나무가 눈앞을 스쳐 갔고, 멀리 아래에 칼날을 세운 듯한 뾰족뾰족한 알프스 산들이 빽빽하게 보였다. 산들의 정상은 하얀 눈에 덮여 있었다. 알프스 산은 영화에서도 보았고 소설에서도 읽은 산이다. 역무원이 또 앉으라는 손짓을 했다. 창밖의 그 산을 못 보게 하는 것은 무슨 일인지. 몸이 조금 계속 흔들리고 있으니까 기차가 가고 있는 것은 확실히 알 수 있었다. 얼마 안 가서 조금 어지러웠는데 시간이 갈수록 점점 더 어지러워서 우리는 둘 다 눈을 감고 누울 수밖에 없었다. 그제야 역무원의 뜻을 알았다. 어지러우면 쓰러질 수 있기 때문에 누우라는 것이었다. 하지만 알프스 산 속에 있으면서 알프스를 보지 못한다면 무엇 하러 기차를 타겠나 하는 불만도 생겼다.

그 높고 뾰족한 알프스를 기차가 직선으로 올라가는 게 아니고 빙빙 돌면서 조금씩 올라가니까 어지러운 게 아닐까 짐작도 해보았다. 아니면 고도가 높아선가? 멕시코 관광을 갔던 사람이 혈압이 오르고 어지러워서 호텔에서 누워만 있다가 왔다는 말도 생각났다. 멕시코는 지대가 높아서 혈압이 높은 사람은 흔히 그렇게 된다던가. 다시 허리를 일으켜서 보니까 조금 전에 본 그 산들이 한참 더 멀리 아래에 있었다. 우리가 탄 기차가 꽤 높이 온 것을 알 수 있었다. 그 웅장한 알프스 산들 중 내가 아는 산의 이름은 가장 아름답다는 '융프라우' 뿐인데, 우리 기차는 도대체 어느 알프스 산에 있는지 궁금했으나 역무원에게 물어 볼 수가 없었다. 일어서서 출입문을 열고 역무원을 소리쳐서 부를 수가 없었기 때문이다. 몸도 흔들리고 어지럽기 때문에 일어서면 넘어질 것 같아서다. 우리가 탄 기차는 어느 산을 넘는지 기차를 타기 전에 그 이름을 미리 알아두지 않았던 것이 잘못이었다. 표를 바꾸는 데에만 열중한 탓이지만. 역무원이 다시 또 지나갔다. 승객 중에 너무 어지러워서 문제라도 생길까 해서일까. 아니면 창을 깨고 투신자살할까 해서인지. 어떻든 나는 점점 더 어지러워졌었다. 비로소 나는 한니발 장군이며 나폴레옹도 칼끝처럼 예리하게 솟아 있는 험악한 알프스를 정상까지 올라갔다가 급경사로 말을 타고 내려간 것이 아니고, 산 속에 있는 길을 이렇게 완만한 나선형으로 돌며 찾아서 올라갔다가 다시 완만하게 빙빙 돌며 내려갔을 거라는 생각이 들었다. 부하들도 말을 탄 채 평탄한 길을 찾아내려고 애썼을 것이다. 목숨 걸고 알프스 속을 헤맸던 그 모든 병사들이며 말들도, 또 나폴레옹도 알렉산더 대왕도 그 옛날의 한니발 장군도 이제는 다 죽고 없다. 나폴레옹이 이끄는 그 용맹하기로 이름난 군인들이며 수천 마리의 말들도 낭떠러지로 굴러떨어져서 죽었다고 서양사 시간에 들었었다. 아마도 천지개벽 이래 수천억 년을 한곳에 무리지어 끄떡 없이 버티고 서 있는 그 산맥 속 어딘가에 그 해골들이 묻히고 혹은 굴러다니고 있는 것은 아닐는지.

기차가 조금씩 내려가는 것이 느껴졌다. 심했던 어지럼증도 조금 나아졌다. 우리 둘은 베니스에서 가까운 종착역에서 내렸다. 여전히 어지러웠다. 저녁 7시 무렵인데 하늘은 훤했다. 보고 싶었던 알프스 산 속에 있으면서 정작 산은 보지도 못하고 어지럽기만 했다. 바보 멍텅구리 짓을 한 것 같았다.

2024년 12월 「예술원지」

북한의 잣

4, 5년 전의 일이다. 어느 날 전혀 이름을 듣지 못한 작가가 소설집을 보내왔다. 나는 봉투에 있는 이메일 주소를 확인하고 바로 '책 잘 받았다, 감사하다'고 답장을 썼다. 답장이 바로 왔다. '앗! 답장까지 주시다니 너무나 놀라고 감사하다. 백두산 관광길에 산 북한의 잣을 약소하나마 보내겠다'는 내용이었다. 바로 북한의 잣 500그램이 왔다. 여행길에 산 것을 타인에게 주기는 참 어려운 일이어서 고마웠다. 그 마음을 바로 전했다. 우리 내외는 신기한 마음으로 뜯어 보았다. 그 당시는 북한은 아주 먼 곳이었다. 북한의 잣은 남한 것처럼 갸름하지 않고 둥글었다. 남한 것보다 고소한 맛이 더하고 맛있었다. 이웃들에게까지 조금씩 맛보게 했다. 우리 것보다 고소하다고들 했다. 얼마 후에 남편의 친구에게서 북한의 잣 500그램이 왔다. 역시 백두산 관광길에 샀다며. 이번 것은 먼저 것과는 달리 둥글지가 않고 약간 갸름한데 먼저 것보다 고소하지도 않았다. 같은 북한 것이라도

생산지에 따라서 모양도 맛도 다른 것을 알았다.

조금은 알려진 문인이 저서를 보내왔었다. 나는 평생 그를 몇 번이나 보았을까, 기억할 수도 없는 분이었다. 어떻든 카카오톡으로 '저서 잘 받았다, 고맙다'는 문자를 보냈다. 바로 배 한 상자를 보내왔다. 내가 놀라서 왜 그러느냐고 물었더니, 너무나 고맙고 감격했다는 것이다. 책을 보내고 책이 잘 들어갔는지 궁금한데, 여태까지 아무도 받았다고 말해준 사람이 없었고, 심지어 답답해서 가까운 문인에게 책 받았는가 물었더니 안 받았다고 시치미를 떼더라고. 그러니 대선배께서 답장을 주시니 감격했다는 것이다. 받았으니까 받았다고 알리는 것은 당연한 일인데, 당연 중에서도 지극히 당연한 것이 왜 그토록 별난 일이 되어 버렸는지 모르겠다. 받았으면 받았다고 알려주는 것은 너무도 기초적인 예의며 상식일 텐데 말이다. 사실 몇 마디라도 답장 쓰기는 쉬운 일은 아니다. 왜냐하면 우체국은 먼데, 편지를 써서 봉투를 사서 주소를 적어서 또 확실히 들어가도록 등기로 부쳐야 하기 때문이다. 더구나 이메일이나 휴대전화가 적혀 있지 않으면 출판사에 전화를 해서 그것을 알아내야 하는 수고가 따른다.

1991년 1월이던가, 일본국제교류재단(Japan Foundation)에서 남편 앞으로 초청장이 왔었다. 우리 내외는 15일 동안 일본 어디든 가 보고 싶은 곳은 다 가고, 만나고 싶은 사람은 아무리 고명한 사람이라도 자기들이 알선해서 만날 수 있도록 하겠고, 묵는 호텔도 마음껏 택하고, 항공표며 교통비 일체, 통역도 수행

시키고 하루의 용돈까지, 파격적인 조건이었다. 남편은 방학 동안이 수업에 지장이 없어 좋다고 바로 떠나기로 했다. 마침 서울대 국악과에 60년대에 가야금 전공으로 유학 온 교포 학생이 NHK에서 한국어 강좌도 하고 동시통역도 해서 통역은 필요 없다고 했다. 그 여학생은 옛 스승을 안내하게 되어서 기쁘다며, 가 볼 만한 곳을 미리 스케줄을 짜고 호텔도 최고의 방을 예약해 놓았다. 우리는 북해도에는 가 본 적이 없어서 주로 북해도를 안내해달라고 했다. 눈이 3미터씩이나 쌓이는 길을 택시로 달리는데, 기사가 어찌나 친절하고 예의 바른지 속으로 놀랐다. '땅의 끝'이라는 팻말이 서 있는 '시레토코(知床)'에 갔다가 죽음의 형무소라는 악명 높은 아바시리 형무소가 있는 고장에 들렀다. 관광객도 보이지 않았다. 조금 으스스하고 인가도 드물었다. 이런 곳의 커피숍은 어떨까 싶어서 들어가 보았더니 도쿄의 어느 길가의 커피숍과 다를 바가 없고, 종업원들의 예의 바른 태도도 도쿄와 똑같았다. 전 국민의 기초교육이구나! 하고 나는 바로 짐작했다.

  2천년대 초에 미국의 유치원에 가 보는 기회가 있었다. 선생님이 키가 작은 어린이가 의자 위에 올라서 책장에서 책을 고르는 것을 돕는데, 의자의 등을 책장 쪽으로 바짝 대서 두면 뒤에 두고 오르는 것보다 안전하다는 것을 가르치고 있었다. 그때까지 나도 몰랐던 일이다. 귀가해서 가족들이 그런 경우 어떻게 하는가 관찰했더니, 손에 잡히는 대로 의자의 등의 방향을 고정시키고 있었다. 물론 내가 유치원에서 배운 대로 알려주었다.

선진국이라는 데를 가면 볼펜 하나를 잠시 쓰게 해주어도 감사하다고 인사를 한다. 생큐(thank you)가 너무도 흔한데 어떻든 듣는 쪽은 기분은 좋다. 요즈음 우리 사회에도 감사합니다, 고맙습니다 하는 말이 많이 들린다. 사회가 그만치 밝아졌다. 기초예의며 기초교육이란 별 게 아니다. 너무도 간단하고 쉬운 것이다. 유치원의 원아들도 배울 수 있는 것이다.

2018년 6월 「한국소설」

사자(死者)의 편지

내가 칠순이 되던 해 어느 날 갑자기, 아버지는 63세에, 어머니는 67세에 돌아가셨으니까 나는 두 분보다 이미 몇 년을 더 살았음을 깨달았다. 그러자 조바심이 나면서 줄곧 정리해야지, 빨리 정리해 버려야지 하고 갈 길이 바쁜 사람처럼 벼르면서 어언 10년이 훌쩍 지나가 버렸다.

내 동기동창생 중에는 폐암이라는 진단을 받자 가장 먼저 떠오르는 것이 숱하게 늘어놓은 외상 술값이었다 한다. 그 친구는 수술 받기 전에 그 외상 값을 갚느라고 통장을 다 털었는데, 막상 폐를 열어 보니까 오진이었다고. 그는 돈만 다 없애버렸다고 하며 껄껄 웃고 있었다.

내가 정리한다는 것은 약간의 낭만이 있는 외상 술값이 아니고, 가진 것을 버린다는 육체노동이 수반되는 작업이다. 모두 혹은 숨 끊어지는 순간까지 필수적인 것 외에는 완전히 버려야 하는 것인데, 이것도 있어야 하고 저것도 언젠가는 쓸모가 있을지 모르니까 하며 결국 버리지 못하고 거의 다 그대로 그 자리에 두고 있다. 카펫과 그림과 침구며 찬 그릇을 한 트럭 지방의 어느 시설에 기부한 적이 있고, 때때로 옷가지를 가까운 사람들한테 나누어준 것이 고작이다.

정리한다는 것, 그리 간단한 것이 아니다. 몇십 년 묵고 있는 뒤 광의 것, 부엌 살림, 옷가지, 침구, 책, 장식품 등 계획적으로 한 가지씩 차근차근 정리해 나가야 하고, 무엇보다도 부지런해야 하는데, 당장 살아 있는 지금 해야 할 일조차도 제때에 못해서 쩔쩔매고 있으니까, 게으른 자의 자가 변명이겠지만.

"죽음이 먼저냐? 삶이 먼저냐?" 하고 혼자서 따져 볼 때도 있다. 언젠가 큰딸한테 죽기 전에 다 버려야 하는데 그 일도 여간 부지런해야 되나 보다고 했더니, 정리를 다하고 나면 어미가 죽게 될까 봐, "엄마 치우지 마세요" 하고 비명을 질러서, "엄마 안 죽는다. 걱정 마"라고 했었다.

그렁저렁 그동안 버린 것도 적지 않으나 새로 구입한 옷가지며 그림, 그릇, 자그마한 장식품 등이 또 늘었다. 아직 내가 살고 싶은 의욕이 있다는 증거인 것 같아 물론 후회하지는 않는다. 내일 지구가 멸망한다 해도 나는 오늘 사과나무를 심겠다고 철학자 스피노자는 말했다 하지만, 그 사람만치 위대한 인간이 아니더라도 비록 내일 죽을지 모르나, 어떻든 오늘은 살고 있으니까 살아야 하지 않나 하고 생각하는 것이 보통 사람이 아닐까.

며칠 전, 오래된 농 하나를 정해 놓고 그 안의 것이야말로 다 버리기로 작심을 하고 무조건 속에 있는 것을 일단 거실에 다

펼쳐 놓았는데, 그 속에서 뜻밖에도 착잡한 느낌을 주는 것이 나왔다. 이것을 어떻게 하나……? 한동안 주마등 같은 장면이 머릿속에서 소용돌이를 쳤다. 실크를 겹으로 해서 쪽보를 모은 일종의 타피스트리가 두 개 나온 것이다. 세로 2미터 20센티미터, 가로 1미터 60센티미터. 그 옛날 받아 보았을 때와 색상이 그대로다. 색의 배합과 크고 작은 천의 배합도 상당한 미술품이다. 그 타피스트리와 함께 받았던 편지도 그대로 들어 있는데, 갱지에 연필로 쓴 글씨는 흐려져서 확대경을 대고 겨우 읽을 수 있었다.

편지는 나에게 보내온 것이었다. 내용은 "저는 1945년생의 무명작가입니다. 6년 전부터 쓰러져서 사경을 오락가락하고 있는 중이옵니다. 요즈음은 믿어지지 않을 만큼 평온의 바다에 누워 있는 기분입니다. 그런데 갑자기 쌓여 있는 작품들이 답답해서 친구들에게 나눠주고 있습니다. 문득 언젠가 황병기 선생의 연주 모습을 어느 잡지에서 뵈온 기억이 나서 연주하실 때 배경으로 쓰시면 싶었으나, 부담이 되실까 망설이다가 오늘 기분 좋은 날 결심하고 보내드립니다. 작품은 10년 전에 전시한 것으로 제목은 '페스티벌'입니다. 실크라 한 방울의 물도 떨어지면 번지기 때문에 조심하십시오. 천장이 높은 공간에서 사용하십시오."

글씨도 달필이고 문장도 정확하고 실크는 영어로 써 있다. 취급 방법이며 사용 방법도 자세히 일러주고 있다. 문장 전체에서 상당한 수준의 교육과 교양이 있는 사람임을 짐작할 수 있었다.

그리고 편지는 더 이어졌다. 자기는 TV며 방송을 듣지 않기 때문에 황병기 선생님이 연주하는 것을 본 적은 없으나 음악은 열광적으로 좋아해서 '비단길'을 사서 외국인 친구들에게 많이 선사했다고. 그리고 그녀의 작품을 좋아하는 외국인들이 있어서, 뉴욕에서 몇 번 초대 전시회를 가진 적도 있다고 했다. 편지는 1993. 10. 15. 안 순희 드림. 으로 끝나 있었다.

당시 우리 내외는 그 타피스트리가 연주 배경으로는 전혀 아니라고 생각했으나, 나는 그 편지를 반듯하게 갠 그 타피스트리에 넣어서 장롱 속에 함께 두었다. 물론 바로 감사하다고 남편에게 답장을 쓰게 하고, 그의 CD 하나에 사인을 해서 우송했었다. 모르는 사람이 보내 준 미술품과 정성 어린 편지의 에피소드는 그것으로 완전히 끝나고, 그리고 까맣게 잊어버리고 있었다.

그 후 얼마나 세월이 흘렀을까? 어느 날 경상도 어느 시골의 파출소라고 하며 전화가 왔는데 '안순희'라는 사람을 아느냐고 경찰인 듯한 사람이 물었다. 나는 전혀 모르는 이름이라 모른다고 대답했더니, 그 사람이 길에서 횡사했는데, 달랑 하나 들고 있는 가방 속에 황 선생의 편지와 CD가 들어 있어서 황 선생 전화를 백방으로 추적해서 알아내서 전화를 하는 거라고 했다. 그제서야 나는 그 타피스트리 건이 생각나서 있는 대로 그대로 말하고, 우리 내외는 만난 적도 없고 전혀 모르는 사람이라고 했다. 경찰은 "무연고 시체네" 하면서 전화를 끊었다.

안순희, 그 사람은 어떤 사람이었을까? 분명히 육체가 있는데 왜 무연고일까? 1945년생이라고만 하고, 어디서 미술을 배웠다는 말도 없다. 북한에서 단신 남하한 사람일까? 아니면 고아였을까? 아니면 나혜석처럼 가정도 버리고 미술에 인생을 건 사람일까? 그녀가 해방둥이라니까 나에게 그 편지를 보냈을 때는 나이가 48세, 한창 젊은 때인데, 그때 이미 6년 전부터 쓰러졌다 하니, 40대 초반에 이미 신체에 장애가 생긴 사람이다. 그래서 친구들에게 작품을 나누어주고 있다고 했다. 그렇다면 분명 친구들은 있었을 텐데 죽을 때 달랑 하나 가지고 있었다는 그 손가방 안에 일가친척이며 친구들의 전화번호가 적힌 수첩도 쪽지도 없었단 말인가? 아무것도 없는 가방 속에 왜 하필 내 남편의 CD와 고맙다는 인사장만, 그것도 10년이나 넘게 간직하고 있었을까? 나누어 주는 것을 받기만 하고 어느 누구 한 사람 고맙다는 인사도 답례도 하지 않았는데, 오로지 황병기만이 답례를 한 것이 고마웠을까? 아니면 오랜 투병 끝에 언제 어디서 쓰러진 채 세상을 뜰 줄 몰라서 그나마 유명 인사에게 연락이 닿아서 무명 화가 안순희가 이승에는 없다는 것을 알리고 싶었을까?

　나는 그녀의 처절한 고독감이 가슴에 전해오는 것 같아서 길게 한숨이 나왔다.

　모딜리아니, 반 고흐⋯⋯. 그래도 그들의 예술은 끝없이 빛나고 있다. 하지만 안순희 씨처럼 무명인으로 살다가 무명인으로 노변에서 세상을 뜬 사람도 많을 것이다.

　인생 한번 왔다 가는데 그 짧은 순간이 사람의 수만치나 가지각색이다.

　나는 거의 20년 전에 갱지에 연필로 단정히 쓴 그 글씨가 세월이 지나면 더 흐려져서 읽을 수 없을까 보아 워드로 쳐두었다. 그리고 남편에게 편지함에 넣어 두도록 했다. 그 편지함에는 우리가 오래 간직하고 싶은 국내외에서 온 편지들이 들어 있다. 유명 인사의 것도 꽤 된다.

그리고 그 실크 타피스트리 두 개는 영혼의 존재를 절대로 믿고 있는 친구에게 맡기기로 했다. 그 타피스트리를 벽에 걸고 진혼(鎭魂)의 제(祭)라도 올려달라고 부탁했다. '페스티벌(祝祭)'이 '진혼의 제'가 되는 것이다. 작가가 생전에 이 일을 상상이라도 해보았을까?

또 한 가지, 절대로 버리거나 팔지 말고 그와 비슷한 전시회가 있으면 전시해 달라고 부탁했다.

안순희 화백, 편지와 작품 잘 받았습니다. 감사합니다.

이제 편히 쉬소서.

2011년 1월 「21세기문학」

새와 개와 사람과

내가 사는 동네는 안산 끝자락, 지대가 조금 높고 공기가 맑은 조용한 주택가다. 온종일 아무 소리도 들리지 않는다. 가끔 뒷담 너머로 승용차가 조용히 가는 소리가 전부라 할까. 여름날 오전 중에 마이크로 '꿀 사과가 왔어요. 꿀 수박이 왔어요' 하며 지나가는 과일장수의 트럭도 있으나, 그 역시 금방 가기 때문에 바로 다시 숨죽인 듯 정적으로 돌아간다. 소음이라면 질색인 우리 내외에게는 고마운 동네다.

그런데 봄부터 여름 다 갈 때까지, 새벽에 새 소리는 꽤 들린다. 참새 소리, 까치 소리, 까마귀 소리는 구분하겠는데, 다른 새 소리는 무슨 새인지 알 수 없다. 까치 소리나 조잘대는 참새 소리가 나면 사랑스러워 기분이 좋지만, 늙은 듯한 까마귀 소리는 크고 탁해서 듣기 싫고, 새끼 까마귀 소리는 연연하고 맑으나, 흉조라는 선입감 탓에 노, 소를 막론하고 어떻든 듣기 싫고 또 보기도 싫다. 까마귀들 그렇게 생기고 싶었겠나, 내게 아무 해도

끼치지 않는 걸 하고 생각하니 미안하고 측은해진 것은 불과 2, 3년 전이다.

90년대 초 같은데, 어느 여름 새벽 네 시쯤, 고음의 금속성 취악기 같은 소리가 매일 같은 시간에 들렸다. 멜로디도 없고 쉬지도 않고 같은 음정으로 날카롭게 계속 길게 빼기만 했다. 그 소리 때문에 새벽에 곤한 잠을 잘 수가 없었다. 어느날 시간을 재보니까 20분이었다. 전등을 켜고 침대에서 일어나서 시계를 꺼내는 시간까지 합하면 좀 더 긴 시간이었을지도 모른다. 그 악기 연주가가 연습을 하나보다 싶어서 듣기 싫지만 참았다. 그런데 그 소리가 보름쯤 계속되며 귀를 찢고 뇌까지 뚫으려 하니 도저히 더 이상 참을 수가 없었다. 연습을 하려면 낮에 하던가, 하필 남들 자고 있는 새벽에 무슨 짓이람! 3주일쯤 되던 날, 견디다 못해 파출소에 전화를 해서 그 소리 내는 사람에게 주의를 주어달라고 했더니, 파출소 말이, 여러 사람이 항의하는데 사람이 내는 소리가 아니고 새 소리 같은데 어디서 나는지 파악할 수 없다고 했다. 조류학자는 무슨 새며 어떻게 생겼으며 어떻게 하면 그 새를 쫓아버릴 수 있는지 알지도 모른다는 생각도 했으나, 조류학자를 찾아내는 일도 쉬운 일은 아니었다.

두견새, 뻐꾸기도 한동안은 울었으나, 요즈음은 안 들린다. 그 한 음정의 고음으로 길게만 빼던 지긋지긋하던 소리는 언제부턴가 뚝 멈추었고 다시는 들리지 않았다. 어디론가 가버렸는지. 어디로 갔을까 궁금했으나 금방 잊어 버렸다.

우리 집 남쪽 축대 아래에 대지 300평의 저택이 있는데, 주인이 개를 좋아하는지 밤이면 큰 개 소리와 강아지가 짖는 소리가 났었다. 옛날 초등학교 국어 교과서에 '멍멍 개야 짖지 마라'라는 말이 있는데, 아랫집 개는 절대로 멍멍 하고 짖지 않았다. 컹컹으르르르, 강아지는 캉캉캉 캇칵ㄹㄹㄹ 하는데 그 소리를 들으며 우리 내외는 자다가도 한바탕 웃곤 했었다. 그 집 개 소리에 응답하듯 어딘가 먼 데서 그보다 더 큰 개 소리가 워헝워헝 월 월ㄹㄹㄹㄹ 웡웡……. 금세라도 앞의 두 발을 높이 세우며 예리한 발톱으로 덤빌 듯이 짖었다. 고요한 한밤중, 맑은 공기를 뚫고 울려오는 그 소리는 우렁차고 위엄스럽기도 했다. 어떤 때는 몇 번이나 그렇게 짖었다. 여운도 길었다.

'알았다. 걱정 마라. 내가 여기 있다. 도둑이 얼씬 못할 거다' 하는 것 같았다. 개들은 낮에는 짖지 않는 것을 보면, 밤에는 침입자가 높은 담을 넘지 않아도 길 가는 사람의 발자국 소리만 들어도 경계해서 짖는 것 같다. 개에도 종류가 많아서, 진돗개, 셰퍼드, 불독, 포인터 등 덩치 큰 것부터 시작해서 아주 작은 치와와, 푸들 등 셀 수 없이 많다. 그런데 한국에 있는 개나 미국 등 그 많은 나라에서 사는 개들은, 이를테면 견족(犬族) 아니, 견류(犬類)는 짖는 소리를 들으면 서로 그 뜻을 아는지 궁금하다.

지난 3년간 코로나 펜데믹이 '인류는 하나'라는 것을 분명하게 보여주었지만, 나라마다 언어가 다르니 웬일일까. 인류가 한 종류라면 언어도 같아야 하지 않은가. 견류도 인류처럼 서로 언어가 다를까.

일억 년 전, 아득한 옛날 옛적 인종이 생기기 시작할 때는 소수였을 테니까 언어가 한 가지였을 듯한데, 인류가 널리 퍼지면서 시간도 흐르고 이동도 하는 사이에 언어가 달라졌을 거라 하는데 그렇다 해도 너무나 다르다.

1945년 세계 2차대전 후, 같은 인간이니까 같은 언어를 쓰자며, 영어, 프랑스어, 스페인어 등 몇 개 국어를 섞어서 '에스페란토'라는 신조어를 만들어서 가르치려는 학자도 있었다. 나도 중학교 3학년 때인가 선발되어서 그 강의를 한 시간 들었는데, 그것을 배우느니 차라리 한 나라의 언어라도 제대로 배우는 것이 낫겠다 싶어서 다시는 그 강의를 듣지 않았다. 그 신조어를 쓰자는 시도는 아주 짧은 시간 내에 없어졌다.

아랫집 주인은 견류도 좋아하지만 수목을 좋아해선지, 그 집 앞마당 끝에 한 줄 횡대로 가득 나무를 심고, 마당 가득 잔디도 심어서 여름이면 새벽마다 큰 소리 나는 기계로 잔디를 깎았다. 늦잠꾸러기 우리 내외는 그 소리에 잠이 깨니까 좋아하지 않았다. 그런데 4, 5년 전부터 그 기계 소리가 들리지 않았고, 그 이층 지붕 위 멀리 보이던 크고 많던 나무들도 어느 날부턴가 보이지 않았다. 우리 집 정원사가 저렇게 큰 나무들이 촘촘히 있으면 햇빛도 바람도 통과를 못 해서 나무에게는 나쁠 텐데 하고 걱정할 정도였는데, 그 큰 나무의 뿌리까지 뽑아 없앴고 또 그 집 주인이 돌아갔다고 했다. 그 큰 개며 강아지가 짖는 소리도 없어졌고, 사람 사는 기척도 없어졌다. 아파트는 옆집에 누가 사는지 모른다 하지만, 주택가도 마찬가지여서 아랫집이며 옆집의 소식을 모르고, 서로 얼굴 마주치는 기회도 거의 없다. 모두들 자가용으로 다니는 탓일 것이다. 도우미가 집 밖에 나갔을 때 들어서 아랫집 사정도 알게 되었으니까.

  아랫집 사정이 그렇게 되고 반 년쯤 지나니까 새벽부터 새 소리가 요란해졌다. 하루는 우리 집 뒷마당에서 그 집 뒷마당을 내려다보니까, 마른 잔디와 잡초가 2미터는 될듯한 길이로 그 넓은 뒷마당에 가득 쓰러져 쌓여 있었다. 더러 서 있는 말라 죽기 전의 파란 잡초도 있었는데, 온갖 모양과 빛깔의 작은 새들이 그 마른 잡초더미를 까맣게 덮으며 무언가를 부지런히 쪼아 먹고 있었다. 그러다가 몇 마리가 푸드득 어디론가로 날아가더니, 조금 후에 한 새떼가 날아와서 마른 풀더미 속을 이리저리 후비고 다니며 정신없이 무언가를 쪼아 먹기 시작했다. 아마도 친구들을 데리고 온 모양이었다. 실컷 먹었는지 참새 댓 마리가 그 집 지붕에 날아와서 우리 집을 쳐다보며 앉더니, 부리를 서로의 새털에 비비고, 키스를 하는지 부리를 맞대고 비비기도 하며 짹짹거렸다. 까치며 무슨 샌지 모르나 오색찬란한 빛깔의 깃털을 가진 아름다운 새도 만족한 모습으로 지붕 위에 앉았다가 우리 집 베란다 난간에 날아와서 잠시 걷기도 했다. 새들은 계속 짹짹 혹은 아주 예쁜 소리도 냈다. 이런 광경이 봄부터 여름 내내 이어졌다. 새들도 저희끼리는 말을 하는 게 분명한 것 같다. 내가 못 알아들을 뿐이다. 그런데 저렇게 많은 종류의 새들이 같은 조류(鳥類)니까 말이 통하는지 역시 알 수가 없다. 개나 새나 나와 가까이 수십 년을 같이 살면서도, 그들의 말을 못 알아들으며 산다는 것이 새삼 미안하고 답답하다.

사람은 나라만 달라도 언어가 통하지 않고, 같은 나라에서도 지방이 다르면 단어나 억양이 달라서 얼른 못 알아듣고, 같은 나라의 언어도 시간이 흐르며 달라진다.

오래된 의문이지만 창조주가 왜 인류의 언어를 저렇듯 서로 못 알아듣도록 만들었을까. 인류의 언어가 같다면 인류는 좀 더 살기 편했을 게 아닐까.

언어가 달라서 끔찍한 일도 일어나기도 했다. 2000년대 초였던가, 일본의 중학생이 미국에 유학갔었는데, 친구가 초대를 해서 친구집 마당에 들어서서 현관 쪽으로 걸어갔다. 그런데 현관문을 열고 미국인 주인이 'freeze! (서!)' 하고 소리쳤다. (freeze란 언다는 뜻이지 '서!'라니. '멈춰 서!'라면 stop!이지, 내가 아는 영어에서는.) 소년은 freeze의 뜻을 몰랐을 테니까 안으로 들어가면 초대된 친구들이 있으려니 했는지 계속 앞으로 걸어갔다. 미국인은 침입자인 줄 알았는지 그 소년을 총으로 쏘아 죽였다. 쏘기 전에 경찰을 부르는 것이 순서가 아니었을까. 태평양 건너 아득히 먼 곳의 일을 뉴스로 들은 나도 가슴이 아팠으니, 그 소년의 부모 형제는 오죽했을까. 이 일로 미일 간에 한동안 외교 마찰이 있었다고 들었다. 하기야 그 미국인 집 주인도 그 소년을 대담하고 위험한 침입자로 알고 겁에 질렸었는지도 모른다.

그 소년이 영어가 능숙했다면 "실례했습니다. 집들이 비슷해서 나를 초대해 준 친구 집인 줄 알았어요"라든가 무슨 말이라도 해서, 그 미국인의 오해를 풀 수 있었던 게 아닌가. 오로지 언어가 달라서 생긴 비극이다.

이제 여름이 가고 가을도 저물어서 추워지니까, 찍찍거리며 귀여운 몸짓을 하던 그 많던 새들은 소리도 없이 어디론가 가고 보이지 않는다. 그들은 내년 봄에는 또 올 것이다.

하지만 밤중에 우리 내외를 웃게 했던 캉캉캉 캇칵ㄹㄹㄹ 하고 짖던 그 강아지는 어디서 또 그렇게 짖고 있을까.

그 소리를 들으며 함께 웃던, 지금은 세상을 떠나고 없는 남편이 새삼 그립다.

2021년 11월 「예술원 회보」

야채(野菜) 아저씨

10여 년 지기이던 야채 트럭 아저씨가 일을 그만둔 지 한 달이 지났다. 이따금 시력이 나빠서 그만두어야 할 것 같다는 푸념을 했었지만, 무 자르듯 어느 날부터 딱 오지 않으니까 여간 아쉽지 않다. 가끔 폐지 수거해가는 아저씨한테 매일 같이 쌓이는 신문이며 우편물을 실어다 주기도 하고, 마당의 돌을 옮길 때는 정원 아저씨를 잠시 도와주기도 했었다.

그 트럭 아저씨는 내가 필요한 야채나 과일을 하루 전에 주문해 두면, 거의 반드시 갖다주었다. 거의라고 했는데 왜냐하면 일 년에 몇 번은 너무 비싸서 혹은 물건이 좋지 않아서라는 이유로 가져오지 못한 때도 있기 때문이다. 나는 하는 수 없이 그 날은 백화점까지 운전해서 나가야 했다.

우리 집은 롯데와 신세계 백화점 본점까지 막히지 않으면 차로 대개 10분쯤이면 갈 수 있는 거리에 있으나, 계획에 없던 외출을 하는 것은 성가셔서 싫다. 아저씨가 초인종을 눌러서 대문을 열어주면 현관이나 다용도실에 야채를 갖다 놓아 주기 때문에 도우미가 안 오는 날은 더욱 좋았다.

아저씨는 퓨전은 가지고 다니지 않는다. 파프리카나 레터스나 브로콜리 같은 서양 야채는 취급 안 한다. 그냥 예부터 먹어오던 배추, 무, 상추, 파, 마늘, 오이, 부추, 고추, 호박, 가지, 시금치…… 같은 것뿐이고, 수요자가 적다는 이유로 우엉이나 연근이나 산마는 부탁을 해도 안 가져오기 때문에 아예 두 번 다시 부탁도 하지 않았다. 과일도 사과, 배, 감, 복숭아, 귤, 수박, 참외 등이다. 얼마 전부터 팩에 든 키위나 방울토마토, 양송이버섯을 추가하기는 했다. 이런 것들은 포장은 백화점 것과 같은데 값은 거의 반값이다. 철저히 야채와 과일만 팔기 때문에 물론 두부며 콩나물, 계란 같은 냉장을 요하는 것은 그 트럭에는 없다.

10여 년, 언제나 반갑고 웃는 낯으로 대하는 지기이지만 나는 그의 성도 이름도 모르고, 그도 나를 그냥 '사모님'이라고 호칭했다. "어느 회장님 사모님이 주문한 것인데 하나만 드릴 게요" 하며 물건을 보자 계획에도 없던 요리를 하고 싶어져서 떼를 쓰면 그는 그렇게 말하며 나를 달랬다. 이 야채 아저씨는 팔러 다닌다는 것보다는 주문 배달을 하는 비중이 더 컸던 것 같다. 그래서 오전 중에 트럭은 거의 비어 버리니까 장사는 잘되는 게 아닐까. 한 달 수입이 얼마나 되는가 물으니까, 대체로 얼마라고 하며 마누라와 둘이서 살 만하다고 하며 웃었다.

수입은 내가 생각했던 것보다 훨씬 좋은 듯했다. 일남일녀가 다 결혼하고, 둘이 다 부모에게 손 안 내밀고 살아서 좋다고. 아저씨 얼굴의 주름살로 미루어 70은 되어 보여서 어느 날 물어보았더니 67세라고 했다. "아이구 한창이시네요!" 나는 진정으로 부러워하며 말했다.

우리 동네에는 이런 트럭이 두 대가 다닌다. 이 아저씨는 다른 트럭처럼 '야채, 과일, 생선이 왔어요오오' 하고 녹음 방송을 하지 않는데, 방송하는 아저씨보다는 한눈에 선량해 보이고 또 꿋꿋한 무엇인가가 느껴져서 단골로 삼았다. 규격을 갖춘 영수증은 아니나 갱지나 값싼 노트 같은 것을 찢어서 반드시 무엇은 얼마고 무엇은 얼마라는 것을 연필로 적어서 주었다. 분명한 성격임을 알 수 있었다. 대개는 내외가 같이 다녔다. 그 모습도 보기 좋았다.

금년 봄 어느 날이던가, 아저씨가 "이제 이 일은 진짜 접습니다"라고 말했다. 시력이 갈 데까지 갔다고, 침침해서 운전을 하기가 겁난다고 했다. "물론 그러실 테지요. 그런데 백내장 같으면 수술만 하면 그만인데, 수술하셨어요?" "백내장은 벌써 했지요. 녹내장이에요. 내주 월요일에 예약이 있는데…… 걱정이에요. 의사의 말보다는 제 눈이 가장 정확하지요. 새벽 네 시에 나가는데 요즈음은 아직 깜깜하거든요. 잘 안 보이지요." "하이 빔을 켜시지요. 상대방에게는 실례지만." "그러지 않아도 그렇게 하고 다니지요." 언제나 명랑한 그는 그때도 웃는 낯이었다. 나는 잠시 생각하다가 "아저씨 눈 영양제는 잡수세요?" 하고 물었다. "좋다는 것은 다 먹어 보았지만 별 효과가 없나 봐요." 나는 내가 먹고 있는 휫쉬 오일을 병째로 주면서 유효기간을 보여주며 "아직 3개월은 더 먹을 수 있어요. 미젠데 아들이 보내 준 거예요." 아저씨는 펄쩍 뛰면서 "사모님이 드셔야지……." "나는 또 있어요, 제발 도움이 되었으면 좋겠어요." 했었다.

"여름에는 그만두어야 하는데 단골들이 너무 붙들어서 딱 그만둘 수도 없고……" 했었다.

눈이 잘 안 보이는데 트럭을 운전하는 것은 위험천만이다. 내게는 너무도 아쉬운 일이지만 놓아 줄 수밖에 없었다. 아마도 그 아저씨의 단골들은 모두가 내 마음 같았으리라.

9월 초 어느 날 아저씨가 하직 인사를 하느라고 왔었다.

아저씨는 우리 집에서 6, 7백미터 떨어진 곳에 쌈박한 디자인으로 새로 지어진 빌라가 있는데 그 3층에서 산다고 했다. 성실하고 근면하게 살아온 사람이니까 편안하게 여생을 보냈으면 좋겠다.

그 아저씨가 소개해 준 전파사의 젊은 사장은 언제든 전화로 부르면 오토바이로 눈 깜짝할 사이에 날아와서 끊어진 전구도 갈아 주고 요모조모로 전기와 연관이 있는 것은 무엇이든 손을 대주었었는데, 얼마 전 멀리 이사를 가버렸다. 그는 "사모님은 예쁜 것을 좋아하시니까" 하며 스위치 박스 하나에도 신경을 써 주었었다.

전파사 가까이에 가게가 있는 수도 아저씨는 오랫동안 손댈 일이 없어서 보지 못했는데, 작년에 세상을 떴다는 소식을 들었다. 음성이 유달리 컸고, 표정은 밝고 선량함의 극치였다고 할까. "수고비는?" 하고 물으면 그 큰 목소리로 "이깟 것 가지고 수고비는 무슨? 알아서 주세요" 하는 사람이었다. 우리 집까지 오가는 데만도 20분은 너끈히 걸렸을 텐데. 내가 지금의 집터에 이사 온 지가 40년 가까우니까 그 아저씨를 처음 만난 햇수도 그쯤 될 것이다. 나와 함께 늙어가던 셈인데……. 선량하고 성실하고 유능한 기술자였다.

나를 도와주던 고마운 사람들이 한 사람씩 내 눈앞에서 사라져 간다. 언젠가는 또 다른 새로운 사람들을 만나게 되겠지만, 지금, 갑자기 한없이 쓸쓸하다.

「예술원 회보」

연 월 일 적어 두기

〈별빛 속의 계절〉은 1956년 내가 25세 때 처음으로 쓴 단편 소설이다. 그해 여름에 써서 「현대문학」에 보냈더니, 12월호에 김동리 선생님이 제1회 추천작으로 발표하셨다. 올해가 2017년이니까 61년 전의 일이다.

그 단편을 지금 읽어보니까, 어휘며 표현 방법도 지금과는 다른 것이 꽤 있다. 앞으로 몇십 년 지나면 더 달라질 것 같다. 화폐 단위도 당시는 '원'이 아니고 '환'이었다.

소설 속의 배경은 피난 시절의 부산이다. 막걸리값이 얼마고 빈대떡값이 얼마라고 나오는데, 장소에 따라 값이 다르겠으나 확실한 것을 알고 싶어서, 친구들에게 물어보았더니, 당시의 물가를 기억하는 사람은 단 한 사람도 없었다. 나도 물론 전혀 기억이 안 난다. 1950년부터 53년까지가 피난 시절이었으니까 지금으로부터 65년 전의 일이다. 사소한 음식값 같은 것을 기억 못 하는 것이 오히려 당연하다고 생각했다. 그래도 궁금증이 가시지 않아서 그 시절의 음식값이며 교통비 등 혹시 경제연구소 같은 데서는 알고 있으려나 하고 전화를 해보니까 기록이 없어서 모르겠다고 했다.

두 번째 추천작이었던 〈신화의 단애〉에 등록금 얘기가 나와서, 50년대의 등록금이 얼마였나 또 궁금해서, 내 출신교에 전화를 해보았더니, 총동창회며 자료실이며 여러 부서의 전화번호를 가르쳐 주어서, 일일이 연락해 보았으나 아무데서도 모른다고 하고, 어느 부서에서는 1965년 이전의 기록은 없어서 모르겠다고 하며, 혹시 그 방면의 박물관 같은 데에 있지 않을까 했다. 50년대가 박물관의 골동품이라고? 맙소사!

내친김에 혹시나 하고 50년대의 공공요금인 버스값이며 기차표값이 얼마였나 한국은행에 문의해 보았다. 역시 모른다는 대답이었다. 이런 기관들에 기록이 없으면 어디에 있을 수 있을까? 호텔의 숙박료가 얼마였는지 하숙값이 얼마였는지는 더더욱 알 리가 없다. 다만 장소와 때에 따라 지금도 값이 다르니까, 당시도 그랬으려니 하고 생각하기로 했다.

5, 60년대에 내 작품이 실렸던 잡지사며 출판사들도 「현대문학」 외에는 거의 오래전에 없어졌다, 내 단편 소설 〈광대 김선생〉이 어디에 실렸었나를 알아내는 데에는 3, 4일이나 걸렸다. 여러 잡지사며 도서관에 문의했었다. 결국 국립중앙도서관에서 '육민사'라는 출판사에서 출간한 신작 15인집에 몇 년 몇 월에 게재되었다는 것을 알려 주었다. 역시 국립도서관이구나! 싶었다. 어떻든 60년 전이라는 게 얼마나 오래된 시간인가를 실

감했다.

 그 많은 잡지를 집에다 싸 놓을 수도 없어서, 내 것만 오려 놓았었는데, 그러려면 잡지나 출판사의 이름과 몇 년도 몇 월이라고 귀퉁이에라도 몇 자 적어 두었다면, 내 작품을 정리하는 데 많은 시간을 낭비하며 고생하지 않아도 되었을 게 아닌가.

 내 생일 때마다 아이들이 생일 축하모임을 마련하고 축하 카드를 준다. 아이들의 글이라 하도 소중해서 한 장도 빼놓지 않고 오래전부터 모아 두는데, 내용은 거의 비슷하다. 그런데 쓴 날짜는 적혀 있으나 연도를 안 적어서, 그것이 어느 해인지 알 수가 없다. 가장 어린 손녀가 두세 살 무렵에 쓴 듯한 서투른 한글과 영문을 보고 대개 짐작하기는 하지만, 아이들에게 반드시 몇 년 몇 월 며칠이라고 써 두도록 말해 두었다. 친구들은 그것 알아서 무엇 하느냐고 묻는다. 먼 훗날 저희들이 쓴 것을 보고 추억에 담도록 하고 싶어서 그런다고 대답한다. 어릴 때 자기가 어떤 생각을 했었나, 필체며 내용은 어땠었나, 또 어디에서 가족모임을 가졌던가, 무엇을 먹었던가, 이미 작고하신 조부모며 지금은 당시의 조부모의 연세에 든 부모는 그때는 얼마나 젊으셨던가, 가족들은 어떤 옷을 입고 있었던가, 모두 어떤 얘기를 했었던가, 할머니의 생신 축하 케이크는 어떤 모양이었었나 생각날 것이고, 할머니 할아버지가 활짝 웃으며 케이크를 자르던 모습 등등 기억을 더듬으며 화기애애했던 지난날을 회상하게 되어서 행복한 시간을 가질 수 있을 것이 아닌가.

 사진에도 연 월 일과 장소를 적어 두지 않은 것이 있다. 사진

속의 배경을 보며 여기가 어디였던가, 입고 있는 옷을 보고 어느 계절인가는 대개 짐작할 수 있는 것도 있으나, 전혀 생각나지 않는 것도 있다. 별로 힘 드는 일도 아니었을 텐데, 간단하게 몇 년 몇 월 며칠과 장소를 적어 두었다면, 내가 몇 살 때 어느 나라 어느 곳의 어느 음식점에서 무엇을 맛있게 먹고 또 주위 환경은 얼마나 아름다웠던가, 그리고 나는 그때 어떤 생각을 하고 있었던가를 기억에 좀 더 생생하게 떠올릴 수 있지 않을까. 새삼 젊었을 때를 추억하며 한동안 행복감에 젖어 있을 수 있을 게 아닌가.

  기록해 두는 것은 여러 모로 좋은 일이다.

2017년 3월

잊을 수 없는 최 일병

1958년이던가 59년이던가, 내가 57년에 데뷔했으니까. 나의 데뷔 이전은 아니고 5.16 이후도 아니니까 58년 아니면 59년이 맞는 것 같다.

문단에 일대 사건이 일어났었다. 원로작가 최정희, 박화성 선생님을 선두로 문인들은 명동 다방에 모여서 최 일병 구명장에 도장을 찍고, 분개해서 제각기 최 일병이 죽인 세 상사를 힐난하며, 더러는 최 일병과 그 어머니가 불쌍해서 울기도 했었다. 연판장 몇 장은 열열한 소원들의 도장이 빨갛게 뒤덮일 지경이었다. 그것은 국방장관을 위시해서 힘 있는 자리에 있는 인사들에게 최 일병의 구명을 호소하는 문인들의 뜨겁고도 애절한 탄원서이기도 했다. 어떤 이는 모두 다 함께 몰려가자고 했으나, 역시 대표 몇 명이 가는 것으로 결론을 내렸다.

일은 다름 아니고, 서울대 지리학과에 다니다가 입대한 최 일병의 얘기다.

최 일병은 홀어머니가 바느질 삯 등으로 학업을 계속 시킨 외아들이었다. 효자고 전도유망한 학생이었다. 최 일병에게는 애인이 있었다.

최 일병이 군생활을 하는 동안 애인은 자주 편지를 보냈다. 힘든 군생활을 하는 애인에게 위로하고 힘내게 하고 싶은 마음이 간절했을 것이다. 그 편지는 아마도 최 일병에게는 구원의 소리였을 것이다. 순결한 청춘에게 연애편지는 거의 종교와도 같은 신성한 것이다. 그 편지를 상사 3명이 번번이 미리 뜯어보고 소리 내어 읽고 비웃고 비하하고……. 참다못한 그는 어느 날 상사들을 쏴 죽이기로 결심했다. 그리고 단행했다.

최 일병은 군사재판에 회부되고 사형 언도를 받았다. 문인들은 결연히 일어나서 그의 구명 운동에 나섰던 것이다.

그 무렵은 우리나라의 GNP는 70달러 정도였다. 가난해도 이만저만이 아니었다. 그러니 군생활의 수준은 짐작하기도 끔찍한 것이었다. 상사들 중에 무식한 사람일수록 대학생 졸병에 심하게 구는 사람이 있었다. 단체 기합은 일상사고 개인에게도 구타 모욕을 일삼았다. 최 일병이 죽인 상사들도 아마도 그런 종류의 사람이었을 것이다.

내가 아는 남학생들 중에 그 무렵에 군대에 갔던 친구들의 말을 빌리면 일단 배가 고파서 못 견뎠다고 했다. 잡곡밥과 콩나물국이라도 배불리 못 먹는 것이 문제였다 한다. 어쩌다가 하얀 쌀밥이 나와서 반가워서 먹을라치면 하얀 쌀벌레로 뒤덮여 있더라고.

전쟁 직후였으니까 일반 사람들도 굶주리는 사람들이 허다했을 때다. 지금은 GNP 3천달러 시대니까 70달러 시대를 현재의 젊은이들은 도저히 상상하기 어려울 것이다.

그 가난과 최 일병을 따로 떼어서 생각할 수 없는 것은 지금은 군에서 그런 현상은 거의 없기 때문이다. 연애편지를 뜯어보고 소리 내어 읽고 비웃고, 비하하는 상사가 있다는 말은 거의 들어 보지 못했다. 있어서 비록 쏘아 죽였다 하더라도 지금은 정상참작이 있을 것이라 생각한다. 그 시대는 군에서 인권 운운할 염도 못 냈던 때다.

최 일병은 어느 날 오후 두 시에 처형되었다. 60여 년이 지났어도 내가 알지도 못하는 최 일병의 처형 시간까지 기억하는 것을 보면, 당시 얼마나 내 가슴이 아팠는가 알 만하다. 게다가 그가 처형되는 그 시간에 그의 어머니는 한강에 투신자살했다.

가난한 홀어머니와 가난한 그 외아들은 그렇게 처절한 인생을 동시에 마쳤다. 그들의 운명은 어찌 그렇게도 비운이었을까. 전생에 무슨 인연이 있었던가.

그 고약한 상사 셋만 없었어도 최 일병은 지금쯤 어엿한 학자로 그리고 효도하는 대견한 아들로 또 단란한 가정의 가장이 되어 여생을 행복하게 보내고 있었을지도 모른다.

애인이었던 그 여성은 그 후 어떻게 지내왔을까?

당시 분노한 문인들은 최 일병만 생각했었지 죽은 세 상사들은 머릿속에 없었다.

며칠 전 내 남성 동창(서울대는 남녀공학이었다)들을 만났을 때 아직도 가슴에 남아 있는 최 일병의 얘기를 했더니 "그런 일뿐인 줄 알아요? 저만 인간인가?" 하며 모두 불만스런 낯으로 입을 다물었다. 그제서야, 아차! 최 일병도 조금만 참았으면 하는 생각이 들고, 그제서야 죽은 세 상사에게도 가족이 있었을 텐데 얼마나 비통했을까 하는 생각이 들었다. 그들의 목숨 역시 최 일병과 똑같이 소중하다. 당시에는 왜 그 사람들 쪽에 잠시라도 서 보지 못했을까? 그들의 행동은 힐난 받아 마땅하고도 남지만, 그렇다고 과연 죽여도 좋을 죄였을까? 절대로 아니다.

역시 최 일병은 참고 견뎠어야 했다는 생각이 든다. 찰나의 오판으로……. 너무도 안타깝다. 인생은 찰나의 연속이고 그 찰나는 무서울 만치 소중한 시간이다.

'저만 인간인가?' 하던, 친구들의 말이 귓전을 맴돈다. 최빈국의 군대에는 인권 같은 것도 없는지.

2012년 9월 「예술원 회보」

철의 장막 저편에서 온 편지 한 장

우리나라의 현대 소설이나 시 중에는 해외에 알려져서 현지에서 베스트셀러도 되고, 무슨 상도 탈 만한 작품이 수두룩하다고 생각한다. 한국문학번역원에서 열심히 작업하고 있으니까 (2023년 12월 현재 2천여 권) 그 중의 어느 것이 히트할 수도 있을 것이다. 약관 53세의 한강 씨가 맨부커 상을 타서 나라에 기쁨을 주었는데, 금년에 메디치 상을 타서 또 한 번 우리 문학의 쾌거를 이루었다. 등단 67주년을 맞는 老 작가인 나로서는 한강 씨가 그냥 고맙고 사랑스러울 따름이다. 게다가 나는 맨부커 상이며 메디치 상 같은 것이 있는지조차 모르고 있었던 터다. 한강 씨 외에도 누구 누구의 소설이며 누구 누구의 시 등이 해외에서 높이 평가받고 있다고 들었다. 일본에서 베스트셀러에 들어 있는 한국 여성작가가 있음은 내 장편 〈아름다운 영가〉를 일역한 일본인 친구에게서 직접 들어서 알고 있다. 말인즉 일본의 남편들이 아직도 아내를 존중하지 않는데, 그 소설이 한국의 남편들을 그와 같게 썼기 때문이라는 것이다. 아마도 남녀 불평등을 통쾌하게 고발한 소설인 것 같다.

저녁 하늘에 별이 하나씩 반짝이며 여기저기에 나타나는 반갑고 예쁜 모습을 보는 것 같다. 우리 문학 번역 해외 진출 1세대라고 일부에서 불리고 있는 나로서는 그 방면에도 참 좋은 세상이 온 것 같아 기쁘다.

80년대부터 90년대까지는 국가적으로 민관 합심해서 어느 작가를 막대한 나랏돈을 들여서 밀기도 했고, 열의가 지나쳐서 번역도 안 된 작품을 런던, 파리, 뉴욕에서 절찬리에 판매 중이라고 신문에 2단이든가 엄청난 크기의 광고까지 나오기도 했었다. 또 어느 외국 사기꾼이 출판사라고 사칭해서 그 소설을 번역 출판하는 비용으로 한꺼번에 엄청 큰 나랏돈을 뜯어 가기도 했다. 그런가 하면 어느 작가는 끌어 내리고, 기를 쓰고 막아서고 했었다. 노벨문학상이 뭐라고? 2017-18년에 그 심사위원 반이 잘리기도 했다. 이유인즉 성 상납, 뇌물 수뢰, 현찰 수수 등이 발각됐다고. 우리나라 언론에서도 보도했었다 (2018년 5월 5일자 조선일보 등). 2000년대 초에 어느 분이 '그곳도 사람 사는 데다' 해서 그게 무슨 뜻인지 나는 전혀 몰랐었다. 17년 지나서 그게 그 소리였구나 하고 혼자서 짐작했다.

번역되는 작품도 팔자인지 나라 밖에서 자꾸만 잡아당기니까 자연 해외에서 번역된 책이 나올 수밖에.

영국의 키간 폴(Keagan pole) 출판사 사장은 통역을 대동해서 우리 집을 찾아와서 내 장편 〈아름다운 영가〉를 출판하겠다고 했다. 저녁을 대접하겠다며 내가 좋아하는 프랑스식 식당에 초대했다. 런던에 오면 진짜로 잘하는 프랑스 요리를 대접하겠다고도 했다, 파리의 필립 피키에(Philip Picquier) 출판사 대표는 나를 신라 호텔 한식당에 초대해서 역시 내 그 장편을 프랑스어로 출간하겠다고 했다. 이탈리아 밀라노에 있는 오바라 오(O barra O) 출판사 사장 마우리찌오 가티(Maurizzio Gatti) 사장은 계약금 천 달러를 내게 보내주었다. 팩스로 의사를 서로 알렸었다. 키간 폴과 필립 피키에는 진흥원에서 내 것은 지원 안 한다고 해서 결국 포기했다. 스페인의 트로타(Trotta) 출판사는 프랑스어 판을 낸 파리의 라르마땅(L'Harmattan) 출판사 사장에게 프랑스어 번역본을 스페인어로 번역 출간해도 되는지 내게 물어봐 달라고 했다 해서, 내가 좋다고 답장을 썼었다. 그런데 2개월이 지나도 계약하자는 말이 없어서 어떻게 됐는지 알아보니까, 한국에 출판 지원금을 신청했더니, 그것 말고 이것을 하라 해서 다른 사람의 작품을 하게 됐다 해서 어이가 없었다. 대개 번역은 됐어도, 해외에서 출판사를 구하기는 여간 어려운 것이 아니어서 그것이 큰 문제라 하는데, 이 경우는 내 것 내겠다는 출판사를 옳다구나 하고 가로챈 것이다. 나는 오냐, 잘해 봐라 하고 웃고 넘겨버렸다.

  90년대만 해도 한국이 세계에 알려지지 않아서, 해외 출판사들은 한국문학을 출간하는데 많이 망설이고 있어서, 우리나라에서 출판비 일부 지원을 해준다면 해볼까 했을 것이다. 말하자면 모험을 하는 것일 게다. 출판사는 다른 기업과 마찬가지로

돈을 벌려는 장사니까.

어느 나라 문학이던 세계에 알려지려면 국제 공통 언어로 번역이 되고 현지에서 일단 출간이 돼야 할 것이다.

우리나라 문인 중에는 자기 문학이 그렇게 되기를 간절히 바라는 사람이 있는가 하면, 아예 번역이라는 것에 관심이 없는 분들도 많은 것 같다. 10년 전에 나보다 한참 후배인 김호운 씨 소설을 읽고, 이것 번역해서 출간되면 아마도 해외에서 많은 독자들이 있을 것 같아서, 당장 잘 알지도 못하는 본인에게 전화해서 그렇게 해보라고 했다. 그 작가는 고맙다는 말만 하고 별 관심이 없는 것 같았다. 일 년 전에 다시 물어보았을 때도 같은 상태였다. 그 소설은 '스웨덴에서 온 달라호스트'다. 벌목꾼들이 자기네가 깊은 산에서 잘라 온 큰 통나무에 혼이 있다고 생각하고, 그 나무 일부분을 잘라내서 목각 말을 만든다는 대목에 가슴이 뭉클했다. 스웨덴의 벌목꾼들의 마음이라, 최소 그 나라에서는 자기 나라 얘기를 타국인이 쓴 것에 흥미를 가질 것 같았다. 대개 무전여행이나 해외 여행을 하면 사진과 함께 여행기를 재미있게 써서, 그곳을 가 보지 않은 독자도 마치 직접 관광하고 있는 것 같은 즐거움을 주지만, 이 작가는 무전여행을 하면서 그곳을 배경으로 또 그곳의 상황을 모티브로 해서 여러 편의 단편을 써서 단편집도 냈다. 〈사라에보의 장미〉는 그 나라의 혼란한 정치 때문에 남편이 끌려가서 행방불명이 된 어느 부인의 정신 이상이 된 상황을 썼는데, 우리도 6·25 때 겪어본 일이라 예사롭게 읽어 버릴 소설이 아니었다. 김호운 작가는 무언가를 보면 바로 소설이 되는 특별한 재능이 있는 독특한 작가 같다. 나는 내 육감을 살리기 위해서라도 끝내 그 소설이 번역되어 현지 출간되기를 기대하고 있는데, 진작 본인은 무관심이다. 내 4년 후배인 여성 작가 S씨(2014년에 사망)가 모교의 자신의 출신과에 20억 원을 기부하며 자기의 작품을 프랑스어로 번역하라는 조건을 단(본인이 내게 직접 말했다) 것과는 대조적이다.

금년에 아동문학 〈코코코 나라〉 한 편을 읽고 바로 이것은 글로벌(global)이다! 고 직감했다. 어느 코끼리 나라는 거짓말을 할수록 코가 길어지며 길어질수록 사회에서 출세하고 권력도 갖게 되고 돈도 생긴다는 얘기다. 나는 나보다 30년이나 어린 그 아동문학가 김율희 씨에게 바로 전화해서 번역되도록 해보라고 했다. 하루빨리 해외에서 출간되어서 세계적인 베스트셀러가 되기를 바라고 있다. 현재 40대의 작가 중에 정용준이라는 작가가 있다. 〈사라지는 것들〉을 읽고 깜짝 놀랐다. 어머니가 아들에게 때때로 자살하겠다는 편지를 보낸다. 독자는 왜 그럴까 하고 소설을 따라간다. 끝이 될 쯤에서 독자는 그 이유를 짐작하게 된다. 소설을 쓰는 기교가 천부적인 것 같다. 이 작가는 앞으로 세계적 문학 반열에 들어갈 거라 믿는다. 물론 나와는 일면식도 없는 작가다. 매일같이 쏟아져나오는 책들 중에 더 나를 감동에 몰아넣을 작품이 있을 것이다. 때문에 우연히 내 손에 들어와서 나를 감동시키는 것도 우연이라면 우연이다. 문학은 물론 모든 예술은 대하는 사람의 잣대에 따라 평가가 천지 차로 달라진다. 반 고흐의 그림만 봐도 그렇지 않은가.

영국의 J. K. 롤링이 쓴《해리포터의 모험》같은 10년에 걸친 연작 아동문학이나 소설이 우리나라에서는 나오지 않을 거라고 단념할 이유는 없다. 내가 죽은 후에라도 한국문학은 계속할 테니까 어느 때이든 세계적 베스트셀러 작가가 나올 것이다.《해리포터의 모험》은 전 세계적으로 4억 5천만 부(2011년 현재)가 팔리고 영화도 되어서, 가난했던 저자는 일약 천억대의 갑부가 되고, 국가에 세금도 엄청 낸다고 하니까 애국자가 따로 없고, 자선사업에도 열심이라고 하니 부러운 일이다.

2000년 초에 미국에 갔을 때에, 네 살 된 내 손주가 이 책에 열광하는 것을 보고, 나도 몇 페이지 읽어 보았는데, 나는 재미가 없어 더는 안 읽었다. 우연히 만난 이탈리아 베니스 대학의 루쏘 교수의 어린 아들도 열광하고 있다며 주로 전 세계의 아동들이 열광하는 것 같다고 했었다.

롤링 외에도 세계적으로 큰 명성과 돈방석에 앉은 헤밍웨이는 세계를 돌아다닐 때 맨손으로 갔다 한다. 왜냐하면 목적지의 비행장에 내리면 출판사에서 막대한 인세를 들고 나오기 때문이라 했다. 꿈같은 얘기다.

인생살이 모든 것이 우연의 연속이지만 번역도 내게 있어서는 우연의 연속이었다. 내 단편 〈장마〉(1959년 「사상계」)가 뉴욕의 반탐북스(Bantam Books)사에서 낸 세계명작선집(anthology)에 들어간 것은 서울사대 영문학과 김동성 교수 덕이다. 정말 우연이다. 김 교수는 전혀 모르는 분이었다. 60년 5월 어느 날 김 교수가 전화를 하시며 계약서에 사인을 받아야 하니까 만나

자고 하셨다. 1953년 7월에 한국전쟁은 휴전이 되고 7년이 지났는데도 서울의 꽃이라는 명동에는 인민군이 퇴각하며 불을 질러서 타다 남은 건물들이 여기저기에 여전히 있었던 때였고, 내 등단 3년째였다. (57년 4월, 「현대문학」). 한국에도 출판사가 드문 때였으니까, 자그마치 뉴욕에서? 너무 놀라고 기뻤지만 믿지 못했다. 계약서에 사인하고 나서야 겨우 실감했었다. 64년에 〈광대 김선생〉(1962, 육민사 '신작 15인 선집')을 러트(Rutt) 신부라는 분이 영역해서 「Korea Jurnal」 영문 잡지에 실어서 내게 보내와서 번역된 것을 알았다. 74년에 「Korea Herald」의 문화부장 이경식 씨가 〈장마〉(long Rain)를 영역해서 「Korea Times」의 영역 상을 탔고, 81년에 내 단편 〈어떤 죽음〉(a Certain Death, 1957, 「현대문학」 11월호)을 영역해서 역시 그 상을 탔다. 어느 독일인이 영역된 그 작품을 극찬하며 더 많은 한국문학이 번역되기 바란다는 의견을 「Korea Times」에 기고했다. 저작권 같은 것은 알지도 못했던 시대라 본인에게 허락 없이 번역을 했었다. 〈장마〉(Flood)는 영역 외에, 프랑스어, 독일어, 스웨덴어 등 여러 나라어로 번역되었다. 반탐북스(Bantam Books) 출판사의 앤솔로지 덕일 것이다.

1985년이던가 어느 날, 누런 색의 큰 봉투의 우편물이 왔다. 보낸 사람은 폴란드 바르샤바 대학 조선어과 교수 할리나 오가레크 최(Halina Ogarek Choi)였다. 동서 대립이 극심하던 때여서 동구권의 나라에서 온 편지여서 의아하고 걱정스러웠다. 혹시나 중앙정보부에서 잠깐 보자고 하지나 않을까 해서다. 봉투는

컸는데 풀칠하는 데가 반쯤 열려 있었다. 어느 쪽에서든 검열한 흔적이 확실했다. 우표에 찍힌 스탬프의 날짜를 보니까 발송일은 한 달 전이었다.

편지에는 선생님의 장편 〈아름다운 영가〉를 폴란드어로 번역할 수 있도록 허락해 주십시요. 였다. 물론 정확한 한글이었다. 나는 바로 허락한다고 써서 보냈다. 아마도 한 달은 걸릴 거라고 생각도 했고 혹시 우리나라 모 기관에서 찢어버리지 않을까 하는 의심도 했었다. 그런데 딱 한 달 만에 허락서 잘 받았다, 고맙다는 답장이 왔다. 이 편지 한 장이 1993년 영역된 장편 〈아름다운 영가〉(Hymn of the Spirit)가 노벨문학상 한국 후보로 국제 P.E.N. 한국본부에서 추천된 계기가 되지 않았을까. 서구권에 이어 동구권에서 번역 출간된 유일의 한국문학이었다.

2023년

페인트칠 노인의 유작

　1991년에 17년 동안 살던 가옥을 부수고 신축을 했는데, 건물 벽을 벽돌이나 석재를 쓰지 말고 백색 칠을 하자고 설계를 맡은 건축가가 제안을 해서, 공기 나쁜 서울에서 하얀 집을 어떻게 깨끗하게 유지할까 싶어서 나는 반대했다. 그러나 건축가는 "베니스나 지중해의 흰 집들도 먼 데서 보면 깨끗해 보여도 가까이서 보면 그렇지도 않아요. 그리고 더러워진 흰 벽도 매력이 있습니다. 늘 깨끗하게 유지하시려면 4, 5년 만에 한 번 다시 칠하면 됩니다"고 했다.
　우리 내외는 점점 그의 말에 빨려 들어가며, 우리가 본 베니스의 하얀 집들이며, 유럽 숲속의 아름다웠던 하얀 벽에 빨간 지붕, 파란 지붕의 집들을 상기하면서, "좋습니다. 한번 하얀 집에서 살아 보지요!" 해서 드디어 안팎이 하얀 집을 지었다.
　새하얀 벽에 빨간 지붕의 우리 집은 과연 아름다웠다. 게다가 건축비가 30평짜리 아파트보다 싸게 먹혔으니까 웬 떡이냐! 하며 좋아했다.

　우리 집을 찾아오는 손님들은 위치를 자세히 가르쳐 줄 필요도 없었다고들 했다. 한눈에 우리 집인 줄 알았다고 했다. 그것이 이 동네에서는 유일한 하얀 집 덕이었다. 지중해 해변가의 별장 같다느니, 언덕 위의 하얀 집이라는 천경자 화백의 수필에 나오는 집 같다, 당신네 집다웠다…… 등등. 찾아오는 사람마다 찬양 일색이었다.

　그런데 2년이 지나니까 길 쪽의 집 뒤 벽과 담이 더러워지기 시작했다. "아니, 4, 5년 만에 한 번 칠하면 된다고 했는데 2년 만에 벌써 칠을 해야 하니 큰일났어" 하며 나는 떠들어댔으나, 남편은 "아직 멀었어" 하며 내 말은 들은 척도 하지 않았다. 하기는 집안은 신축 때와 다름없이 천장이며 벽이 새하얗고, 외벽도 동, 남, 서의 3면은 그런대로 괜찮았다. 건축가는 차가 다니는 집의 북쪽은 미처 생각하지 못했던 모양이었다.

　3년이 지나니까 북쪽 벽은 군데군데에 회색 얼룩이 지기 시작하고, 꽤 긴 하얀 담은 더 심했다. 건축가는 좀 더러워져도 매력이 있다고 했으나 나는 참을 수가 없었다.

　하는 수 없이 4, 5년 만이 아니라 2년이나 앞당긴 3년 만에 다시 칠하기로 하고 페인트 가게와 의논을 했더니 담과 벽은 수성, 난간은 금속성의 칠을 하는데 그 값이 뜻밖이었다. 놀라는 나에게 가게의 사장은 "건평을 생각하셔야지요. 제가 최하로 견적을 내본 거예요" 하며 되레 나를 이상한 사람 보듯이 했다. 다른 가게의 사장을 불러서 견적을 내보라고 했더니 그 사장은 먼저 사장보다 훨씬 더 비싸게 불렀다. 이유는 칠한 위에 덧칠을 하는 것이 아니고 먼저 것을 벗겨내고 칠을 하니까 인건비가 더 든다는 것이다.

"아, 이런 집에서 사시려면 그 정도는 각오하셔야지요. 저 아래 온통 유리로 된 집 있지요? 그 집은 두 달에 한 번씩 유리를 닦아야 하는데, 인건비만 매번 삼백만 원이 든답니다. 지금이니까 그렇지요. 앞으로는 인건비가 점점 더 오를 거니까 돈 마아니(많이) 나갈 겁니다" 하고 가버렸다. 두 달에 한 번씩 유리를 닦는 데에만 삼백만 원? 맙소사! 수도세는 또 얼마나 나갈까? 남의 집 걱정을 하는 게 아니라 나에게는 그 유리 집이 꽤 큰 위안이 되는 것이었다.

칠 가게 몇 군데를 더 알아보다가, 가장 싼 가게에 일을 맡겼다. 여섯 명이 닷새 동안 걸려서 작업을 했는데, 집이 신축 때처럼 하얗고 아름다워져서 기분은 좋았으나, 일하는 사람들에게 아침에는 커피 한잔에 빵 하나씩, 점심 대접, 오후 세 시쯤에는 새참이라고 해서 맥주에다 돼지고기구이 서비스, 그리고 얼음물을 온종일 제공하고 보니까 칠값의 10프로나 예산 외의 돈이 나갔다. 일하는 사람들은 칠 냄새가 독해서 술을 마셔야 덜 어지럽다고 했다. 칠하지 않는 나도 온종일 어지러우니까 직접 칠하는 사람들은 오죽하랴 싶었다. 서비스하는 도우미와 나의 수고도 예삿일이 아니었다.

그 후로는 3년마다 한 번씩 새 칠을 하는데, 나이 들어가는 도우미가 힘이 들어서 서비스는 못 하겠다고 했다. 도우미의 기세는 아예 우리 집에 사표를 내겠다고 말할 것 같아서, 칠을 못할 망정 10년 넘게 있는 도우미를 놓쳐서는 안 되겠기에 사장과 의논해서 다섯 번째 칠할 때부터는 먹고 마시는 것은 일체 "노 터치하겠다"고 잘라 말했다.

금년에는 그동안 덧칠만 한 탓에 크랙이 흉하게 나타나서, 칠가게가 아니라 전문회사에 맡겼다. 신축한 지 어언 20년이 되었으니까 재건축을 할 각오였다. 그간에 칠하느라고 들어간 돈을 생각하면 억울하지만 아파트 값과는 비교도 안 되니까 잊어버리기로 했다.

일이 시작되자 외벽을 계단식으로 발판을 두르고 7, 8명이 순서 있게 일을 진행하는데, 어느 큰 건물의 리모델링을 하는 모양새였다. 건장한 젊은이들 중에 한 사람만이 노인이었다. 75세라고 하는데 허리가 약간 굽었으나 얼굴에 굵은 주름은 없었다. 젊었을 때는 잘생겼다는 말을 들었을 것 같았다. 입은 옷도 깨끗하고 백발이 섞인 머리도 깔끔하게 손질되어 있었다. 막일을 할 사람 같아 보이지는 않았다. 그 노인은 가장 손이 가는 1층 거실 베란다의 칠을 맡고 있었다. 지하층에 있는 작은 마당이 보이도록 폭 약 일미터의 베란다는 시멘트 바닥이 아니고 세로 9센티미터 가로 3센티미터 깊이 4센티미터의 네모진 구멍이 천백 개가 있는 쇠붙이였다. 꼬부리고 앉아서 아래만 보고 섬세하게 칠을 해야 하니까 가장 힘든 일이었다. 젊은 사람들은 쉬운 것을 하게 하고 노인에게 힘든 일을 시키는 것에 울분 같은 것이 치밀어서 감독자에게 항의했더니, 노인이니까 높은 발판 위에 올라가라 할 수 없고, 그 사람이 꼼꼼하게 일을 잘해서 시켰다고 했다. 노인도 자기는 잔손 가는 일이 재미있다고 해서 나도 더 이상 간섭하지 않았으나, 그 노인에게만은 냉커피며 얼음물을 대접했다.

노인은 가난한 집안에 태어나서 중학교를 중퇴하고부터 칠일을 했다 한다. 어쩐지 붓 놀리는 손이 전문가다웠다. 저 붓으로 페인트칠 대신 화폭에 그림을 그렸다면 대단한 화백이 되었을지도 모를 것을……. "할아버지, 가끔 일어나셔서 허리 운동을 하세요" 하는 내 말에 "점심 때 어차피 일어나야 할 텐데요, 뭘" 하며 노인은 한눈도 팔지 않았다. "자식 놈들이 일 그만하라고 잡고 늘어지는데, 육신이 멀쩡한데 어떻게 놀며 밥을 먹습니까?" 나는 그 말에 노인을 다시 보았다. 내가 받은 명함에는 강남에서 칠 가게를 갖고 있는 사장이었다. 일을 하지 않아도 충분한 재력은 있을 것이었다. 게다가 아들 하나는 은행원, 하나는 큰 업체의 홍보팀장이고, 딸은 내외가 다 초등학교의 교사라 했다. 놀며 밥을 먹을 순 없다는 확실한 인생관이 있는 사람이니까 그만한 성공은 당연하다고 생각했다. "자녀들을 참 잘 기르셨네요" 하니까 "무식한 놈이 뭘 잘 길렀겠습니까. 그냥 이런 말은 몇 번 해주었지요. 일해서 밥 먹어라. 절대로 세 치 혀 놀려서 사람 속일 생각 마라. 절대로 도박하지 마라". 나는 그의 말에 또 한 번 놀라며 되도록 그의 가게를 선전해 줘야 하겠다고 마음먹었다.

노인의 일은 이틀 걸려서 끝났다. 이틀째 올 때에 나에게 따끈따끈한 인절미 한 판을 건네주며 떡집 앞을 지나는데 하도 맛있게 보여서 사왔노라고 했다. "제가 대접해야 하는데 거꾸로 됐어요." 나는 당황했으나 고맙게 받았다. 해 질 무렵 노인은 일이 끝났으니까 간다고 인사를 하며 또 칠할 데가 있으면 불러달라고 했다. "그럼요." 하고 나는 약속하듯이 말했다.

열흘쯤 지났을까? 마침 내 친구가 한옥을 사서 리모델링을 한다고 하기에 그를 소개하려고 전화를 했더니 "최 사장님요? 돌아가셨어요." 하는 게 아닌가. 나는 펄쩍 뛰다시피 놀라며 "예? 며칠 전에 우리 집 일을 하셨는데?" "2, 3일 감기 몸살 앓으시다가 급성 폐렴으로 갑자기……" 나는 "알았어요, 알았어요." 하고 전화를 끊었다. '저 힘든 일을 안 했다면 그 사람은 죽지 않았을지도 몰라.' 나는 왠지 죄책감이 들어서 그의 페인트 인생의 마지막 작품을 새삼 가까이에서 경건한 마음으로 들여다보았다. '일해서 밥 먹어라. 절대로 세 치 혀 놀려서 남 속이지 마라. 절대로 도박하지 마라.' 그의 말들이 새하얗게 칠해진 아름다운 베란다의 구석구석까지 아로새겨져 있는 것 같았다. 나는 참 위대한 사람을 만났었구나 하는 생각이 들었다.

2011년 10월 「예술원 회보」

혜경궁 홍씨 역을 맡아보고

　국립국악원의 대표 브랜드인 '태평서곡 왕조의 꿈'의 연말 공연에 혜경궁 홍씨 역을 맡아달라는 제의를 받은 것은 작년 12월 초순이었다. 그런 공연이 있는지도 몰랐지만 내가 공연 무대에 선다는 것은 상상도 해본 적이 없는 일이었다. 도대체 그것이 무엇인가를 물었더니, 정조대왕이 1795년 어머니인 혜경궁 홍씨의 회갑을 축하한 의궤를 재현한 것인데, 해외에서도 공연했었고 해마다 연말이면 정기적으로 공연을 한다고 했다. 그 당시는 정조대왕이 아버지인 사도세자의 능이 있는 수원까지 가서 8일간 1,800명을 동원해서 연 성대한 잔치였는데 무대 공연을 위해서 80분으로 줄였다고.
　80분? 공연 내내 무대에 앉아 있어야 한다고? 나는 일단 무조건 거절했다. 고혈압인데 80분 동안 계속 긴장하고 있으면 어떤 일이 일어날지 모르기 때문이다. 행여 남에게 폐가 되는 일이 일어날까 해서 단체 여행조차 사절한 지도 오래된 처지다.

그런데 다음날 컨디션이 좋았던지 슬그머니 해볼까? 하는 호기심이 동해서 국악원에 전화해서 하겠다고 했다. 국악원에서 바로 공연을 녹화한 CD를 보내 주었다. 화려한 궁정 의상과 유장한 아악이 내 눈을 사로잡았다. 혜경궁 홍씨, 즉 자궁(慈宮)전하의 대사는 주상이 "어마마마의 만수무강을 비옵니다"고 하면 "고맙소, 주상", 또 경축연 시작을 알리는 "오늘의 이 경사를 전하와 더불어 만백성과 함께하겠노라"의 딱 두 마디 뿐이다. 치매가 아닌 이상 그 두 마디쯤 외우지 못할까 하고 어느 정도 자신감이 생겼는데, 문제는 자궁마마의 머리에 얹는 대수(큰 머리)의 무게였다. 그 무게가 얼마나 되는지 국악원에 전화로 물어보았더니 얼마 안 될 거라는 대답이었다.

무게를 어떻게 받아들이는가는 개인의 체력이며 건강 상태에 따라 다르기 때문에 팔팔한 젊은 사람에게는 별 게 아니겠지만 나에게는 큰 관심사다. 내가 견디기 힘겨운 무게라면 한시바삐 못한다고 알려야 할 급한 일이었다. 나는 국악원에 저울이 없는가? 정확히 무게를 알아야 하겠다고 다그치며 e-mail을 보냈다. 귀로 듣는 것보다는 문자로 보는 것이 더 정확해서다. 얼마 후, 대수의 무게는 1.984킬로그램이라는 답장이 왔다. 약 2킬로그램이다. 그리고 80분 내내 머리에 얹고 있는 것이 아니고, 시작하고 약 10분쯤 후에는 내려놓고 족두리만 얹고 있다가 공연 마지막에 다시 얹으면 되고, 좌우 상궁 역이 부축하기 때문에 별문제는 없을 것이라는 답장이 왔다.

나는 바로 1킬로그램으로 포장되어 있는 쌀을 두 개 머리에었고 10분을 버텨 보았다. 무겁지도 않고 염려했던 현기증도 없어서 안심했다.

다음 일은 대사 외우기인데 "만백성과 함께하겠노라"가 자꾸만 하겠소로 입에서 나오는 데에는 스스로 어이가 없었다. 하기는 평생 써본 일이 없는 18세기의, 더구나 왕비마마가 쓰던 말이니 당연하다. "하겠노라"를 무대에 오를 때까지 아마도 수십 번을 입에 뺄 때까지 되뇌어 보았을 것이다. 나도 모르는 사이 여러 사람과 함께하는 무대를 망칠까 염려하는 단체의식이 마음속 깊이 자리 잡고 있었던 것 같다.

오래전《한중록》을 읽으며 파란 많은 일생을 보낸 저자의 심정을 나는 충분히 느낄 수 있었기 때문에, 무대에서 이미 200여 년 전에 세상을 뜬 혜경궁 홍씨가 되어 보려고 애썼다.

《한중록》에 혜경궁 홍씨는 지나온 일을 쓰지 않으면 죽을 것 같다고 쓴 것을 기억한다. 세자이던 남편이 부왕의 명으로 생떼 같은 젊은 육체로 굶어 죽는 것을 28세 때 보았고, 정적에 둘러싸인 흉흉한 궁중에서 아들이 임금이 되어 그녀의 회갑연을 그토록 성대하게 베풀었을 때, 그녀의 심정은 오죽 착잡했을까.

나는 20대 때 문인극에 한 번 출연한 적이 있지만 무대다운 무대에 선 것은 이번이 처음이다. 그것도 78세에.

분장실에서 생전 처음 해보는 짙은 화장을 할 때부터 의상실에서 왕비의 옷을 입을 때며, 공연하는 동안도 줄곧 귀찮게 따라다니며 KBS가 찍어 둔 덕분에 공연 후 동영상으로 나를 볼 수 있게 되어 좋았다.

음악이며 무용도 80분이라는 긴 시간을 느낄 수 없을 만치 좋았다. 궁정의상의 아름다움은 절찬 감이다. 우리의 조상들은 원색만으로 어찌 그토록 고상하고 세련되게 배색을 할 수 있었을까? 한 가지 부언한다면, 학춤의 의상을 환상적으로 해서 성스럽고 환상적인 춤이 될 수는 없었을까?

아악은 언제 들어도 끝없이 우주를 향해 나아가는 유장하고 당당한 소리다.

참 좋은 경험을 했다.

2011년 2월

이어령 선생 일주기에
- 쓰고 쓰고, 말하고 또 말하고

　이어령 선생은 서울대학교 문리과(文理科)대학의 내 2년 후배다. 학창 시절 백철 교수의 특강을 들으러 갔을 때 한번 보았다. 내 전공은 언어학이고 이 선생은 국문학이었다. 문과생이 이공계를, 이과생이 인문계를 마음껏 청강할 수 있는 대학이 서울대 문리과대학이었다. 전공과 상관없이 듣고 싶은 강의를 골라서 들을 수 있었다. 이 선생은 교수의 조교였는지 수업이 끝나자 학생들에게 이광수의 소설《단종애사》를 읽고 감상문을 다음 시간까지 써오도록 말하는데, 해맑은 얼굴에 중 키, 씩씩하게 보였다. 53년 서울 수복 후였으니까 54년일 게다. 57년에 내 등단작〈신화의 단애〉가「현대문학」지에 발표되자 바로 김동리 선생과 이 선생이 실존주의다, 아니다 하고 2주간이나 지상 토론을 하는 통에, 3년 만에 이 선생을 지상에서 만난 셈이다. 두 분이 다 핵심을 놓치고 있어서 재미있었다. 90년대 강원대학의 유인순 교수는 30년대에 이상은 〈날개〉를 썼고, 50년대에 한말숙은 〈신화의 단애〉를 썼다고 했다.(한양어문학총서 [1] '1950년대 한국문학 연구'. 1996)

대학을 갓 나온 애숭이 평론가 이어령이 문단의 대가 김동리를 대항하면서 일약 유명세를 탔다고들 쑤군대기도 했다.

다음 해에 발표한 〈노파와 고양이〉를 이 선생이 평한 것을 보고 깜짝 놀랐다. 마지막 부분은 '라 콤파르시타'를 듣는 것 같다고 해서다. 소설을 읽으며 음악이 들린다니……. 보통 감각의 소유자가 아니지 않는가. 그 후로 그가 어딘가에서 강의를 한다기에 가보았는데, 그 박식과 달변에 또 한 번 놀랐다. 두 시간을 줄기차게 떠드는데 음성도 변하지 않았다. 학생 때 인상에 남았던 씩씩함이 그대로였다. 이 선생은 지성 감성을 두루 갖춘 사람이고, 어느 때에 어디서 보아도 씩씩했다. 나에게는 이 선생의 '트레이드 마크'는 씩씩함이다. 80대에 뇌 수술을 한 후 예술원에서 만났을 때 모발이 덜 자라선지 캡을 쓰고 있었고 조금 수척해 보였다. 안쓰러워서 괜찮으냐고 물었더니 괜찮다고 역시 씩씩하게 대답했다. 사랑하고 자랑스러워하던 따님이 50대에 세상을 떠났을 때도, 꺾이지 않고 오히려 신앙에 몰입해서 강연하러 해외에 까지 힘차게 돌아다닌 것으로 알고 있다. 이 선생이 풀 죽거나 울적한 적이 있었을까? 힘들 때는 오히려 더 강해지고 적극적으로 더 큰 희망적인 것을 찾아낸 것 같다. 저서도 많고 말도 많이 했다. 다방면으로 박식한 까닭에 말이 술술 나오니까, 전문가의 입장으로는 틀린 데도 있다는 지적도 있었다.

모임에서는 혼자만 떠들고 남의 의견을 들으려 하지 않아서 손절하는 인사들도 있었다. 그 많은 말 중에 임종이 가까워 올 무렵, '아픈 것을 느끼면 살아 있다는 것을 알 수 있다'는 말. 천금 같은 말이 아닌가. 이어령 선생, 고맙습니다.

2022년 11월 이어령 선생 1주기 추모 문집

2부

사랑할 때와 헤어질 때

13세 때 문학이라는 신천지를 보다

 금년 봄에 골다공증 검사를 했더니 평균보다 13프로 정도 강하다는 좋은 결과가 나왔다. 50대부터 골다공증 약을 먹고 있는 친구들을 생각하니까, 한 가지 약은 안 먹어도 되는 셈이니. 검사 결과를 들으며 기분이 좋았다. 나는 10년 전부터 고혈압과 고지혈증 약을 먹고 있고 또 녹내장 안약을 쓰고 있으니까 더 이상의 약은 싫다.
 집으로 돌아오는 길에 생각해 보니 골다공증이 없는 것은 어릴 때부터 식욕이 왕성해서 잘 먹은 덕이 아닐까 하는 생각이 들었다. 내가 기억을 못하는 것을 보니, 아마도 서너 살 때의 일인 성싶다. 언니들이 네가 그랬단다 하며 흉이라면 흉이고 귀여워서 하는 말이라면 또 그렇게 해석할 수 있겠는데, 어느 비가 몹시 오는 날 식탁에 생선이 없었다. 생선 장수가 비 때문에 우리 집에 들르지 못한 것이다. 나는 생선을 구워 와야지 밥 먹겠다고 떼를 썼다. "쇠고기가 있으니까 오늘은 고기반찬만 먹자,

어, 맛있다. 오늘 고기는 유달리 잘 구워졌네" 하고 식구들이 달래며 얼렁뚱땅 나의 생선에의 집착을 잊게 하느라고 그럴싸하게 말을 했는데도, 어린 것이 어른들의 꾀에 넘어가지 않고, 어떻든 생선도 있어야만 먹겠다고 우겨대더니, 생선 장수가 안 왔으면 연못의 잉어를 잡아 오면 될 게 아니냐고 발버둥을 쳤다는 말을 자주 들었었다. "어이구우 욕심쟁이, 네가 어릴 때도 그랬어" 하면서 자라면서 내가 욕심쟁이 기질을 발휘할 때면 으레 정숙(큰 언니)과 무숙(둘째, 작가) 언니가 사랑스런 눈으로 나를 흘겨보며 말했었다. 쇠고기와 생선이 하루 세 끼 꼭 있어야 밥을 먹었다 한다. 식욕이 없고 늘 병약한 언니들은 식욕 왕성한 욕심쟁이인 내가 오히려 부럽고 귀엽게 보였던 것 같다. 덕분인지 나는 튼튼해서 언니들처럼 보약은 안 먹었으니까 경제적으로 보면 내가 아버지께는 훨씬 효녀였던 게 아닌가. 언니들은 걸핏하면 폐렴에 걸려서 병원에 입원하고, 중이염 수술은 물론이고 뇌막염 수술도 했다. 일제시대 때니까 페니실린도 없었을 시대고, 의학도 요즈음만 못했을 때다. 오죽 부모님 속을 태웠을까.

우리 형제는 오빠가 맏자식이고, 위 두 언니들이 연년생이고, 그 후 10년 만에 나보다 네 살 위인 묘숙 언니가 태어나고, 나는 막내인데 1931년 12월 27일 아버지가 사천 군수 시절 군수 관사에서 태어났다.

나는 잠이 많고, 순한 아이라 집 안팎에서 귀여움을 많이 받았었는데, 어느 날 무엇 때문인지 화가 났다고 하면서 마당의 연못가에 서서 "나 빠져 죽을 테다" 하고 공갈을 쳐서 식구들은 물론이고 하인들까지 총동원해서 한바탕 소동이 벌어졌다 하는데, 물론 나는 기억이 없다. 순하다고 깔보지 마라 하고 은근히 경고 겸 협박을 했는지 모른다. 그때 온 가족이 식은땀을 흘렸었는데, 가족들에게 가장 고약한 짓으로 기억되는 것은 다음과 같은 사건이다.

내 기억에 확실치 않은 것을 보니 아마도 네댓 살 때 일일 것이다. 묘숙 언니가 폐렴으로 꽤 길게 입원을 하는 통에, 어머니도 간호하시느라고 밤낮으로 병원에 가 계셨다. 언니에게만 마음을 쓰시는 어머니가 미웠던지, 신년 맞이하느라고 비단 보료를 새로 갈아 놓았는데, 내가 "나 새 보료에다 오줌 싼다" 하고 식구들한테 이를테면 미리 경고를 몇 번 했다. 가족들은 누구도 설마…… 했다 한다. 경고를 했는데도 어머니가 병원에서 안 오시니까 정말로 새 비단 보료에 오줌을 쌌다 한다. 어머니가 아시고 진짜로 노발대발하셔서 나를 때리시려고 회초리를 드셨는데, 아버지가 나를 재빨리 안고 피하시는 바람에 나는 일생에 단 한 번 매 맞을 기회를 놓친 셈이다.

오빠는 중학교를 졸업하며 바로 도쿄의 고등학교에 유학 가서 졸업하고 또 바로 도쿄제국대학 법과에 입학하고, 재학 중 고시 패스 하고, 판사로 임관될 때까지 방학 때 외에는 집에 없었고, 위 두 언니들은 20세와 21세 때 결혼해서 서울에서 살았기 때문에, 내가 소학교(초등학교)에 입학했을 때는 집에 있는 아이들은 묘숙 언니와 나뿐이었다.

나는 공부라는 것을 열심히 한 적도 없었고, 식구들이나 담임

선생님한테 공부하라는 말을 들은 적이 없었다. 수업 시간에 선생님만 잘 쳐다보고 있었다. 그래도 시험을 잘 못 본 적은 별로 없었고, 늘 우등생이었던 것도 묘한 일이다.

학교의 선생님들이 거의가 다 일본인이었는데도, 학생들을 때리는 것을 본 기억이 없다. 나의 담임은 물론이고 모두가 학생들을 사랑했다.

나는 유달리 철도 안 나고, 머리 회전도 둔해서인지, 왜 집에서는 우리 말을 하고 학교에서는 일본 말을 하는지 궁금하게 생각하지도 않았다. 항일 투쟁 하시다가 유럽 어느 땅에서 운명하셨는지 모르는 백부의 얘기도 해방이 되어서야 구체적으로 알았다. 내가 집 밖에 나가서 행여 떠들까 해서 나에게는 쉬쉬했다 한다. 내가 알았다면, 나는 밖에 나가서 떠들고 다녔을지 모른다. 그리고 아마도 일본인 담임선생님에게도 이렇게 말했을 것이다. "일본 놈들이 우리나라를 몽땅 먹어버려서 우리는 일본 놈들의 노예처럼 살고 있는 거래요. 내 큰아버지가 일본 놈들하고 싸우시다가 구라파로 달아나셨는데 일본 헌병이 암살했데요. 일본 놈, 나쁜 놈이지요?" 일본인 담임선생님은 무어라고 답변했을까? 그리고 내 아버지는 무사하셨을까? 뭐니뭐니 해도, 내가 일제 식민지에서 살고 있다는 것조차 인식하지 못하는 지능지수의 아이였으니까 더 이상의 설명이 필요하지 않을 것 같다.

집에는 일본의 백수사(白水社)에서 간행한 세계문학 전집이 있었고, 아름다운 하늘색 바탕에 금빛 장식으로 장정된 셰익스피어 전집, 플루타르크 영웅전, 웨일즈의 세계문화사 대계, 희랍

로마 신화, 아라비안 나이트 등 수없이 많은 문학 서적 외에 문화사며 세계사, 철학, 법률 책 등 한마디로 책이 많은 집이었는데, 나는 그 많은 책들에 전혀 흥미가 가지 않아서 책장에서 한 권이라도 뽑아보려는 흥미도 없었다. 그리고 식구 중 그 누구도 나더러 책을 읽으라고 말하는 사람도 없었고, 나는 아름다운 그림 위에 일본어로 이야기가 써 있는 동화나 동요를 읽었다. 거기에 써 있는 글자보다는 그림 보기를 더 즐겼다. 책 읽기 보다는 집 안팎을 친구들과 몰려다니며 뛰어노는 것에 더 골몰했었다.

교정에서 남학생이 여학생에게 무릎 뒤를 눌러서 쓰러뜨리는 장난을 쳤을 때 숨이 차서 헐떡이면서도 운동장을 몇 바퀴 돌면서 기어코 그 학생을 잡아서 교무실에 가서 선생님께 일러바쳐서, 친구들이 좋아라 발을 구르며 환성을 지르기도 했다. 친구들에게는 인기가 있었으나, 남학생들 중에는 불만분자도 있었던지, 초등학교 졸업식 때 뒤에서 쪽지가 와서 받아 보니까 "키미, 쿄 코로수조!(너 오늘 죽일 테다)"고 쓰여 있었다. 식이 끝나고 교문을 나설 때는 등 뒤가 오싹오싹했다.

숨바꼭질, 술래잡기, 고무줄 넘기, 공치기……. 놀이는 매일 해도 물리지도 않았다. 뛰어놀고 나서는 그 여남은 되는 친구들을 집에 데리고 와서 저녁 식사를 함께했으니, 어머니며 하인들은 얼마나 힘들었을까? 하루 이틀도 아니고.

나의 부모를 추억할 때 대뜸 떠오르는 것은 '언제나 베푸시던 분'이다. 우리 집 뒤채에 B대목 일가족이 살았었는데, 대목 아저씨는 우리 집의 문짝을 손봐주고, 못질할 데가 있으면 못질도 하고 대패질도 하고 나무 판을 톱으로 자르기도 했는데, 나는 소학교 입학 전에 그 집 아이들하고 잘 놀았다. 내가 고등과 학생 때 비로소 그들이 누구였는가 알게 되었는데 B대목은 무슨 죄를 지었는지는 몰라도 출소자였는데 오갈 데가 없는 그 가족을 아버지가 뒤채에서 살도록 했다고 들었다. 그 온화한 눈빛이며 성실하게 온종일 내외가 일을 하던 것을 생각하면 도저히 그런 곳에 가야 할 사람 같지 않았다. 우리가 이사 온 후로는 그 가족과 헤어졌다.

잊을 수 없는 도우미가 있다. '남옥'이다. 남옥이는 20세가 넘은 것으로 기억한다. 내가 초등학교를 졸업할 때까지 아버지나 어머니가 사 주시는 것 외에는 절대로 먹어서는 안 되는 것으로 되어 있었다. 더구나 길거리에서 과자 등을 사 먹는다든가, 허락된 간식거리라도 길거리에서 다니며 먹는다는 것은 상상도 할 수 없었다. 이점, 엄한 가정교육이었다.

어느 일요일, S라는 친구가 우리 집에 놀러 왔는데, 나는 마침 공책을 사러 가느라고 어머니에게서 십전을 받아 가지고 나가려는 중이었다. 내가 중학교에 입학한 후에 알았는데, S는 중학교 진학을 못할 만치 가정형편이 어려웠다. 나는 애당초에 누구의 집이 부자인지 가난한지에 관해서는 전혀 관심이 없는 선천적인 소질을 가지고 태어난 것 같다. 지금 이 나이에도 그러니 하물며 천진난만한 어릴 때에야……. 그 후 무려 60여 년이 지난 2004년 가을에 내 남편의 베를린 연주회 때 S의 손녀라는 여대생이 나를 찾아와서 무턱대고 손을 잡고 흐느껴 울어서 몹시 당황한 적이 있었는데, 차차 사연을 듣고 보니 그 여대생이 S의 손녀인데, 할머니한테서 내 얘기를 많이 들었다 하며, 핸드폰으로 베를린에서 먼 곳에 있는 S와 통화를 하도록 해주었다. 전화는 통했으나, 60여 년 만이니 나는 S에게 무슨 말을 해야 할지 모르겠고, 그 사이 그 친구를 너무도 완전히 잊고 있었기 때문에 당황하기도 했었다. 그 손녀가 흐느껴 우는 것을 보고, 내 옆 자리에서 처음부터 지켜보시던, 당시 우리 대사관의 공사였던 김영희 여사가 "할머니의 친구를 보고 우는 그 젊은이가 한 선생의 얘기를 늘 한다는 그 친구분보다 더 훌륭해 보인다. 요즘 젊은이 같지 않다"고 하셨다.

S는 예쁘게 생겼고, 공부도 잘했었다. 같은 반이었는데도 언제나 말괄량이인 나를 어른스럽게 돌보아 준 것 같다. 그녀는 나의 유년 시절에 가장 가까이 지낸 친구 중의 한 사람일 것이다.

그 S하고 나는 집 밖으로 나와서 문방구를 향해 가야 했었는데, 약간의 호기심이 동한 나는 시장 구경을 가보자고 S에게 졸라서, 생전에 가본 일도 없는 시장이란 데를 S의 안내로 따라갔었다. 시장에 들어가기 전에 길가에 무척 많이 늙은 할머니가 머리에 더러운 수건을 매고 앉아서 바구니에 가득 구운 고구마를 팔고 있었다. 순간 나는 그 노인이 어찌나 불쌍했던지 "할머니 고구마 살 게요." 하며 10전을 주었더니 그 많은 고구마를 큰 신문지 봉지에 다 싸서 주었다. "아이구, 이걸 다 어떻게 하니?" S는 먹는 수밖에 없다고 하며 나를 시장의 골목으로 데리고 갔다. 둘이서 길바닥에 쭈그리고 앉아서 먹으려고 하는데 "작은 아씨! 이게 무슨 짓이에요!" 하며 난데없이 남옥이가 나타나서 소리를 빽 질렀다. 나는 고구마를 다 버리고 줄행랑을 쳐서 일단 숨어 있다가, 남옥이가 보이지 않자, 후! 하고 한숨을 내쉬며 살았다는 듯이 시장을 빠져나왔다. 공책(노트)을 안 샀으니 어머니께 돈을 잃어버렸다고 거짓말을 해볼까, 아니 거짓말은 절대 하면 안 되지……. 전전긍긍하면서 S와는 헤어져서 혼자서 집에 가서 대문을 두드렸더니, 하필이면 그 무서운 오빠가 손수 문을 열러 나왔을까! 문을 열자마자 "요 녀석! 가이구이(買食, 일본어, 길에서 사서 먹는 짓)를 해?" 벼락 소리보다 더 큰 소리가 머리 위에서 떨어졌다. 오빠는 동경제대 법과를 졸업하며 고시 패스하고 또 무슨 시험을 쳤는데 성적이 너무 우수해서 (2등을 한 일본인보다 10점이 위였다고) 하는 수 없이 조선인이지만 일등을 주었고, 부산지방법원의 판사로 임관되었다고 신문에도 나고, 식구들은 말할 나위도 없고, 조선인의 자랑이다는 등 주위 사람들이 우러러보는 것 같았기 때문에, 나도 은근히 그를 존경하고 있었던 터다. 게다가 오빠는 외아들인 데다가 하인들이 있는데도 부모님 침실의 군불을 손수 때고 출근한다 해서, 그처럼 전도유망한 청년이 다시없는 효자라는 평판까지 붙어서 대단한 총각으로 명성이 자자했었다. 오빠에게 붙어 있는 평판은 그 외에도 중 고등학생 때에는 뛰어난 수재이며, 승마와 야구선수였고, 대학생 때는 바이올린도 열심히 하는 일본에서도 보기 드문 재사(才士) 등이 있었다.

'아뿔사! 남옥이가 먼저 와서 일러바쳤구나!' 나는 남옥이가 미워서 '두고 보자!' 하고 속으로 이를 갈며 "샀지만, 먹지는 않았어!" 하고 그 귀하고 외경스런 오빠를 똑바로 쳐다보며 대답했다. 내 마음대로 먹을 것을 '산 것은 나쁘지만' 먹지는 않았다고, 즉, '사고' 또 '먹고'의 이중으로 나쁜 짓은 안 했다고 자아 변명을 당당히 했다. 어떻든 죄를 지었으니까 절체절명의 심경이었다. 내 말을 듣자, 오빠는 나를 안아서 어린아이 어르듯이 높이 올리며 귀여운 듯이 웃으며 흔들었다. 어른들의 말로는 아이들이 사서 먹는 것에는 건강을 해치는 것이 있을 수 있기 때문에 절대로 못 하게 금지한다는 것이었다. 하기는 지금도 위생적으로 문제가 많은데 하물며 그 옛날에야……

어릴 때의 친구 S를 기억할 때는 꼭 이 군고구마 건과 남옥이가 따라다닌다. 나는 무척 제멋대로였지만, 가칙(家則)을 위반하는 행위는 별로 안 했다.

막내여선지 온 가족의 무조건적인 사랑과 보살핌을 받으며 자랐다.

아버지의 직장 관계로 나는 초등 1학년 때부터 지금의 '경남여중' 1학년 1학기 때까지 부산에서 자라다가, 2학기부터 본가가 있는 서울로 이사 와서 숙명여고에 전학했다.

2학년 1학기 여름 방학 때 8.15 해방을 맞았는데, 해방이 되어서 일본식 학교 공부는 필요 없게 되었다고 생각하고, 약간의 숙제도 할 생각을 안 하고, 집에서 축음기나 틀어서 음악 듣고, 낮잠 자고 하는 것이 일과였다. 어느 날 사랑방 책장에 가득 찬 각양각색의 책의 등에 씌어진 제목을 읽어가며 구경하고 있었

는데, 그 중에서 가장 아름답고 화려한 똑같은 크기의 책이 이
십여 권 있어서, 그 중에서 역사 시간에 들어서 알고 있던 '줄리
어스 시저'를 꺼내 들었다. 표지는 책등과 같은 하늘빛 바탕에
금빛으로 고대 서양 귀족 옷차림을 한 남자가 부각되어 있었다.
나는 문학이라는 말을 들어본 적이 없어서 그것이 역사책인가
했었다. 펼쳐서 읽어 보니, 희곡이었다. 브루투스가 시저를 죽
인 이유를 웅변으로 말하고, 운집한 로마 시민들은 박수갈채를
보내고 있다가, 다음에는 안토니우스가 시저를 찬양하고 브루
투스의 부당함을 노도와 같은 웅변으로 토해내자, 방금 브루투
스 만세를 부르던 그 많은 군중들은 돌변해서 '브루투스를 죽여
라!' '브루투스를 죽여라!' 하고 달아나는 브루투스를 뒤쫓고 있
었다. 13세의 소녀였던 나는 그때 이미 부화뇌동(附和雷同)하는
대중들의 우매함을 생생히 본 것이다. 얼마나 감동하고 놀랐던
지. 이때에 받은 충격으로 나는 지금 이 나이까지도 한데 몰려
서 아우성치는 대중을 상당히 냉철하게 관찰하는 습관이 있다.
문학의 위력이라 할까. 그때 나는 전혀 몰랐던 놀라운 신천지의
굳게 닫혔던 문을 생전 처음으로 열고 들어선 것이었다. 그날부
터 쯔보우치 쇼요(坪內逍遙)가 일본 고문체로 번역한 셰익스피어
전집을 다 읽고, 다음에는 세계문학 전집으로 들어갔다. 그 나
이에 특히 나처럼 유아기를 면치 못한 아이였던 내가 그 엄청난
문학을 백분의 일도 이해 못했겠지만, 어떻든 나는《죄와 벌》에
미쳐 버린 나머지 도스토예프스키의 전집을 아버지께 사 주시
도록 부탁했고,《싯타르타》에 미쳐서 헤세의 전집을 따로 갖게

되었는데, 세계문학 전집에는 한 작가의 작품이 몇 편만 있어서 그 작가의 전집을 따로 읽어야 할 만큼 세계 고전문학에 빠져들어 갔다.

패전으로 일본인 스승들은 다 귀국하고, 우리 말로 수업하는 2학기가 시작되고, 중학 3, 4학년으로 진학해도 나는 호롱불(북한에서 전력을 끊어서 전력 사정이 나빴다) 밑에서 새벽 2, 3시까지 일본어로 번역된 세계문학에 몰입했다.

첫술에 최고의 맛을 본 미각에는 웬만한 음식은 뱉어버리게 마련이다. 음식을 먹다가 맛이 없으면 당장 버리는 것처럼 몇 줄 읽다가 흥미를 느끼지 못하면 안 읽는다. 음악도 그렇다. 예술에 관한 한 괴팍하고 참을성이 없어서, 나도 스스로 반성은 한다.

세계명작문학이 보여준 어마어마한 신천지 덕에 나는 수없이 많은 인간과 인생을 보았고, 동, 서양은 물론이고 아프리카대륙의 높은 산 정상까지 넓은 세상을 보았고, 천지개벽 이래의 인간의 마음과 역사를 보았다. 나도 모르는 사이 그 덕에 소설을 쓰게 된 것은 아닐는지.

따뜻했던 문단, 1950년대

나는 1957년 4월 「현대문학」지에 김동리 선생님이 단편 〈신화의 단애 神話의 斷崖〉를 추천하셔서 등단했다. 올해로부터 꼭 69년 전이다. 「현대문학」 창간 2년 뒤이다. 〈신화의 단애〉가 발표되자 당시 큰 신문이었던 「경향신문」 지상에 김동리 선생님과 이어령 선생이 실존주의문학이다, 아니다, 라는 논쟁을 2주일 동안 벌이는 바람에 더욱 유명세를 탔다.

그 시절에는 여성작가가 손꼽을 정도로 적었고, 문단에서 '현대문학'의 권위는 대단했다. 쟁쟁한 작가들이 그 문예지를 장식하고 있었다. 조연현 선생님은 평론가이며 그 문예지의 주간이셨고, 김동리, 황순원, 오영수 선생님이 소설 부분 추천을 맡고 계셨다. 선생님들은 신인들을 아낌없이 격려해 주셨다.

부산 피난 시절(1950-53) 내가 대학 2학년 때 무숙 언니가 혼자서는 문인들이 모이는 광복동의 금강 다방에 나가지 못해서 나를 꼭 데리고 나갔다. 언니는 나보다 13년 위인 서른네 살이었고, 기성 작가였고, 오 남매의 어머니였는데도 그랬다. 약속이 된 날은 학교가 끝나면 내가 언니 집으로 가서 함께 갔다.

피난 중이어서 거처가 불확실한 문인들이 원고도 전하고 고료도 받는 장소로 그 다방을 택한 모양이었다. 담배 연기가 자욱했고, 갈 곳이 없어서 차 한 잔 시켜놓고 온종일 그 다방에 앉아 있는 문인들이 많았다. 원고를 쓸 만한 집도 별다른 장소도 없어서 거기서 글을 쓰는 사람도 있었다. 인심이 후한 때라 다방 주인이 눈살을 찌푸리지는 않았다. 후에 '밀다원'이라는 다방으로 분산되기도 했는데, 김동리 선생님이 그때의 일들을 단편 〈밀다원 시대〉에 쓰셨다.

선생님 앞에 원고지를 내놓고 긴장하고 앉아 있는 사람들이 눈에 띄어서 언니에게 물어보니까, 선생님에게 추천을 받으려는 사람들이라고 가르쳐주었다. 나는 잡지도 신문도 안 보고 있었기 때문에 추천을 받으면 어디에 실리는지조차도 모르나 어떻든 작가가 되는 거라고 이해했다.

어느 날 밤에 갑자기 머릿속에 소설 같은 것이 떠올라서 단편 두 편을 썼다. 한 편은 지금도 제목을 기억하는데 '무능자'(생활력이 없는 남자의 얘기를 쓴 것 같다)고, 200자 원고용지 60매쯤일 게다. 한 편은 약 40매쯤으로 짧은 것인데 제목을 기억 못 하겠다. 나는 그것을 선생님께 드렸다.

선생님은 사나흘 후에 나를 다른 다방으로 부르시더니 빨간 펜으로 몇 가지 주의할 점을 적어 오셔서 읽으시며 말씀하셨는데, 첫째로 글씨가 난필이고 악필이라는 것, 한자의 약자가 정확하지 않음, 플롯도 탄탄하고 저변에 휴머니즘이 깔려 있어서 좋다. 당장 추천할 수도 있는데 첫 데뷔작은 뛰어나야 여러 면으로 좋기 때문에 한 편을 더 써보라고 권하셨다. 나는 틀렸구나 싶어 그 원고를 집에 오자마자 찢어버리고, 다시는 소설 따위 쓸 생각을 하지 않았다. 인생에는 해볼 만한 일이 무한으로 있는데 안 될 것을 억지로 한다는 것은 '바보'라는 신념을 갖고 있었기 때문이다.

휴전이 되어 환도해서 서울대 문리과대학 3학년 2학기부터 동숭동 본 교사에서 수업을 받고 졸업을 했다. 도심에도 전쟁의 잔해가 그대로 남아 있던 때여서 취업하기가 어려웠다. '졸업 이콜(equal) 무직자 시대'라고 하던 때였다. 아침부터 얽매어서 종일 일해야 하는 고등학교의 전임 교사는 못할 것 같아서, 언어학과 주임 교수이셨던 김선기 교수(당시는 문교부장관)께서 애써 주선해 주신 모 여고의 교사 자리를 사양했다. 그리고 대학 4학년 때부터 틈틈이 국립국악원에 가서 가야금과 고전무용을 배웠다.

1956년 늦봄이든가? 서울대의 후배 한 사람이 김동리 선생님이 "한말숙 씨는 쓰면 잘 쓸 텐데, 놀러만 다니는 것 같아"라고 하셨다는 말을 해서 '그러면 한번 써볼까?' 하고 생각했었으나 마음에 두지는 않았다. 그 무렵 나는 중학생 때부터 읽던 세계문학을 밤새우다시피 하며 재독, 삼독하고 또 가야금도 열심히 연습하고, 남의 눈에 비치는 것처럼 놀고만 있었던 것은 아니다.

그해 여름방학 때, 명동의 한 음악다방에서 이름 모를 심포니를 듣고 있었는데, 갑자기 소설 한 편이 머릿속에서 맴돌아서, 집에 가서 밤사이에 그것을 써 놓고, 아침 해가 떠오를 무렵에 한잠을 잤다. 일어나서 읽어보니까 괜찮았다. 바로 「현대문학」지에 그 단편 〈별빛 속의 계절〉을 우송했다. 그리고 그 일을 까맣게 잊어버리고 있었다.

9월 어느 날, 소설이 추천되어서 11월호(12월호일지?)에 게재된다고 「현대문학」지에서 전화가 왔다. 소설이 활자화된 것을 보고 며칠 후에 김 선생님을 찾아가 뵈었다. 부산 피난 시절에 선생님을 뵙고는 처음인 셈이다. 선생님은 한 편을 더 써야 추천 완료가 되니까 그렇게 하라고 말씀하셨다.

1957년 2월이던가, 또 머릿속에서 소설 한 편이 법석을 쳐서 쓴 것이 〈신화의 단애〉다. 바로 추천 완료 작품이 되어 4월호에 실리고, 많은 주목을 받았다, 다다음 해인 59년에 〈7일 간의 애정〉이라는 제목으로 영화화되었다. 나는 원작료로 200만 환이든가 거액의 돈을 받았는데, 당시 중학 교사 월급의 10년치라고들 했었다. 그것으로 녹음기를 사고 옷 몇 벌을 사니까 돈은 별로 남지도 않았다. 당시는 일제 녹음기가 무척 비싼 물건이었다. 명동의 '갈채' 다방은 원로, 중견, 신인 혹은 작가, 시인 지망생들로 언제나 꽉 차 있었다. 나도 추천 완료된 후로는 원고를 주고 고료도 받고, 문우도 만나느라고 저녁 무렵에 자주 갔었다. 휴전 후 3, 4년밖에 되지 않은 시기여서, 거처도 정착 되지 않은 문인이 많았고, 또한 그때는 집에 전화가 있는 집도 드물었기 때문에, 그 다방은 피난 시절 부산의 '금강' 다방처럼 문인들의 연락처라고 할 수 있었다. 그 다방에는 언제나 화기애애하고 따뜻한 정이 넘쳐흘렀다. 저녁을 먹을 시간이 되면 누군가가 원고료를 받았다느니 지갑에 돈이 좀 있다느니 하면서, 근처의 불고기집에 여러 사람을 데리고 가서 한턱을 냈다. 나도 몇 번이나 따라갔었다. 흥이 나면 자진해서 노래를 부르기도 했는데, 김동리 선생님은 곡조가 전혀 맞지 않은 것을 3절이 있으면 3절까지 4절이 있으면 4절까지 부르시기 때문에, 게다가 그만하라고 여러 사람이 저지해도 막무가내로 계속하시니까, 오영수 선생님은 김 선생님이 노래를 시작하시면 "보래이, 1절만 부탁한데이" 하고 아예 미리 주문을 해서 모두들 박수를 치며 웃기도 했다.

1959년부터 나는 서울대 음악대학에서 강의도 해야 했고, 더구나 결혼한 후에는 '갈채' 다방에 나갈 시간이 없었다. 자연 동리 선생님이며 문우들과도 멀어졌다.

당시 명동은 서울 유일의 번화가였으나, 전쟁의 잔해가 군데군데 남아 있기도 하는 참혹한 전쟁의 기억을 되살려주는 거리이기도 했다. 그 명동에 클래식 음악다방도 있었고 '갈채' 다방도 있었고, 형편은 결코 넉넉지 못했어도 문인들이 모이는 곳에는 예술의 향기와 열의와 따뜻한 우정과 낭만이 있었다.

이미 세상을 떠나신 조연현, 김동리, 오영수, 손소희 선생님, 박경리, 천경자 선생님들. 박재삼, 천상병 시인들, 그리고 무숙 언니. 지금은 저승에서 어떻게 지내고 계실까? 내가 등단한 지 만 69년이 되고 나이도 우리 나이로 95세가 되니까 내가 갈 날도 가까워지는데, 꽃이 피기 시작하는 것을 보며 아련한 그리움으로 그 시절이 가슴에 젖어 온다.

2025년 3월

유럽의 그때와 오늘

 2004년 11월 19일 베를린 한국문화 홍보원에서 내 장편 소설 〈아름다운 영가〉의 낭독회가 있어서, 또 남편(황병기)은 네덜란드와 독일에서 가야금 연주를 위해서, 11월 11일 아시아나항공편으로 암스테르담을 향해 떠났다.
 남편은 지금까지 유럽 각국에서만도 수십 번의 초청을 받아 가야금 연주회를 가졌는데, 1974년 10월이 유럽에서의 최초의 연주였다. 국제현대작곡가협회(ISCM)와 세계비교음악협회 초청으로 네덜란드(이때 윤이상 선생님을 처음 만났다), 독일, 스위스, 오스트리아, 이탈리아 그리고 프랑스에 갔었다.
 나는 1971년 위수령이 내렸을 때 중앙일보에 무서운 세상인 줄도 모르고 곧이곧대로 쓴 글이 독일항공사 루프트한자(Lufthansa) 간부들의 호감을 샀던지, 그 회사에서 세계 일주 무료 항공권을 선사 받았던 것을 묵혀 두었었는데, 그 덕에 남편과 동행하게 된 것이다. 그때는 동구권은 절대로 갈 수 없었으니까 세계 일주 표는 너무도 아까운 것이었다.

 그해는 10월과 11월 두 달간이었으니까 햇수로나 달로 쳐도 둘이 함께 네덜란드에 가는 것은 꼭 30년 만이다. 그 사이 남편도 나도 따로따로 공무로 간 적은 있었다. 어언 30년이라니……. 우리들의 젊었을 때가 엊그제 같기도 하고, 아득한 옛날에 꾼 꿈의 한 장면 같기도 했다. 그때는 우리나라에는 국제선 'KAL'도 '아시아나'도 없었고, 앞으로 우리나라의 국제적 항공사가 탄생하리라는 것은 상상도 하지 못한 시절이었다.

 복잡하고 까다로운 절차를 마치고 겨우 여권을 받아서 출국했는데, 세계 속의 '촌뜨기'였던 우리는 책이나 영화에서 보고 알고 있던 유럽을 직접 보니 하도 놀라워서 한숨만 나왔다. 이준 열사가 애국심에서 자결했을까, 아니면 서구 문명에 압도되어 청년의 감수성으로 비관 자살한 것이 아닐까 하는 의심조차 일 지경이었다.

 남편이 먼저 출국해서(당시는 내외가 동시에 출국할 수 없었다) 자리 잡고 있는 호텔에서 여장을 풀고 시내 구경을 하러 나갔었는데, 속이 훤히 다 보이는 온통 유리로 된 커피숍(그 시절, 이런 건물은 한국에는 없었다)에서 젊은 남녀가 어깨동무를 한 채 다정하게 커피를 마시고 있는 것이 보였다. 국내에서는 커피숍에서 그런 광경을 볼 수도 없었고 상상도 할 수 없는 일이었다. 호기심도 동하고 해외에 나가서 느끼는 해방감도 작동해서 우리도 한번 그렇게 해보자고 하며 안으로 들어가서 커피를 시켰는데, 한 모금 마시자마자 한참 동안 어쩔어쩔해서 혼났던 기억이 난다. 그 커피는 서울에서 흔히 마시던 커피가 아니었던 것이다. 서울에서 묽은 아메리칸 커피만 마시던 '촌뜨기'가 커피에도 여러 종류가 있는 것을 몰랐던 것이다.

우리는 만 30년이 훌쩍 지나간 것에 감회가 없을 수 없었다.

"암스테르담의 그 커피숍은 아직도 있을까?"

"글쎄……?"

우리는 우리가 탑승하고 있는 비행기의 위치며, 고도며, 기내며 기 외의 온도며, 도착지까지 남은 거리며 잔여 시간 등을 보여주는 텔레비전을 보며 비행기도 많이 발전한 것을 실감했다. 30년 전에는 지금과 같은 텔레비전 게시판은 없었다. 지나가는 스튜어디스에게 도착지까지 몇 시간 남았는가 하고 때때로 물어야 했었다.

30년 전, 우리가 파랗게 젊었던 때, 우리는 암스테르담까지 왔는데 그 세계적으로 유명한 음악 홀인 콘세르트헤바우(Concertgebouw)는 꼭 보아야 한다고 마음먹었다. 매표소에 가서 표를 사려고 했더니 봄부터 예약이 완료 되었다는 것이다. 예약이라니? 음악회에 가는데 예약이라는 것도 있는가? 그렇다고 그냥 돌아갈 수는 없었다. 우리는 한국식으로 떼를 썼다.

"우리는 멀리 코리아에서 온 사람인데 내일은 독일로 떠나야 하기 때문에 오늘 보지 못하면 다른 기회가 없다. 그러니까 뒤에 끼워 서서라도 보겠으니까 꼭 넣어 달라."

그런데 매표소의 직원은 코리아가 지구의 어느 구석에 있는지 알지 못하는 것 같았다. 무조건 안 된다는 것이다. 우리는 어떻든 먼 나라 코리아에서 왔다는 말을 되풀이하면서 물고 늘어졌다. 어차피 '촌뜨기'니까 우리식으로 해보기로 작정을 했다.

서울에서 음악회나 연극 같은 것을 관람하는데 예약을 한다거나 자리가 없다는 것은 들어본 적도 없었다. 아니, 자리가 없다는 것은 고사하고 객석보다 무대 위의 인원이 더 많을 지경이었으니까. 우리가 요지부동으로 서 있으니까 매표원은 "예약한 사람 중에 두 사람이 아직 도착하지 않았는데, 음악이 시작할 때까지 안 오면 그 표를 주겠다"고 하면서 우리들을 아래위로 훑어보며 어딘지 난처한 표정을 지었다. 우리가 입고 있는 옷이 문제인 것 같았다. 나는 다갈색 프랑스제 순모 캡을 쓰고 역시 다갈색 세무 7부 코트를 입고 있었고, 남편은 곤색 바바리 코트를 입고 있었다. 거리에서 서양 사람들을 수없이 보았지만 우리의 옷차림이 그들보다 두드러지게 부티 나는 것은 아니라 하더라도 남 보기에 최소한 '촌놈'으로 비치지는 않을 것 같았다. 어떻든 그가 우리를 어떻게 보거나 말거나 우리는 매표소 앞에서 버티고 서 있었다.

한참 있다가 매표원은 표를 두 장 주며 들어가도 된다고 했다. 물론 표값도 받았다. 음악이 막 시작해서 우리는 문을 살며시 밀고 들어가서 뒤에서 서너 줄 앞 끝의 빈자리에 앉았다. 무대에서는 그레고리안 찬트를 남녀 혼성 합창단이 합창을 하고 있었다. 나는 그레고리안 찬트라는 음악이 있다는 것도 처음 알았지만 듣기도 처음이었다. 엄숙한 음악이었다. 일부가 끝나고 청중석에 조명이 들어왔을 때, 내 옆에 앉아 있던 사람들이 우리를 구경거리처럼 보고 있는데 아이구! 그제서야 우리의 옷차림이 그들과는 너무나 다른 것을 알았다. 그들은 남녀 모두가 야회복 성장(盛裝) 차림이었다. 여인들은 어깨도 등도 다 드러낸 옷에 값진 귀걸이며 목걸이를 걸치고 있었다. 그곳은 한국과는 거리가 멀어도 한참 먼 곳이었다.

암스테르담에서 한 시간쯤 기차로 가면 헤이그에 도착한다. 헤이그의 미술관에서 본 렘브란트의 '아버지와 아들'의 눈은 삼십여 년이 지난 지금도 잊을 수 없다. 흑인 노예 아버지와 아들의 눈이 나를 끌어당겨 놓치려고 하지 않았다. 가슴이 저려서 그 앞에서 나는 아마 10분은 더 서 있었을 것이다. 다른 그림을 둘러보고는 다시 가보고, 미술관을 모두 둘러보고 나오다가 되돌아가서 그 부자의 앞에 무엇엔가 홀린 사람처럼 또다시 섰다. 그들의 눈은 300여 년 전의 그들의 서글픈 혼이 지금도 이승을 떠나지 못하고 살아서 내게 무어라고 끝없이 말을 하고 있었다. 그 커피숍에 가서 그때처럼 어깨동무를 하고 둘이서 차를 마셔 보고 싶었으나, 이번에는 암스테르담에서 밤에 연주만 하고 바로 위트레흐트 시로 돌아와야 했기 때문에 시간이 전혀 없었다. 그 노예 부자도 다시 만나보고 싶었으나 역시 헤이그에 갈 시간은 없었다. 언젠가 한가로우면 꼭 다시 한번 가 보아야겠다.

스튜어디스가 음료를 가지고 왔다. 이제는 할머니 할아버지가 된 우리는 샴페인 잔을 들고 쨍그랑 하고 소리를 내어 부딪치며 "좋은 여행 합시다" 하며 웃었다.

기내 텔레비전의 뉴스를 보니 서울에서도 보도되었던 PLO의 아라파트의 건강 상태를 말하고 있었다. 혼수 상태이나…… 그러나…… 라는 희망의 토를 달고 있었다. 그리고 또 어느 감독이 피살되었다는 자막이 밑줄에 흐르고 있었다. 너무 빨리 지나가서 어느 나라의 무슨 감독인지를 알 수 없었다. 어떻든 감독이라 하니까 예술 계통이라고 짐작했다. 예술가까지 그러니 '참, 유럽은 되게 시끄럽구나!' 하고 속에서 저절로 한숨이 흘러나왔다.

암스테르담 비행장에서 곧바로 차로 한 시간쯤 걸리는 위트레흐트 시의 호텔에서 여장을 풀었다. 다음날 우리를 찾아온 네덜란드의 젊은 작곡가가 우리가 묵고 있는 호텔에서 불과 얼마 떨어지지 않는 지점에서 영화감독인 '테오 반 고흐'가 한 이슬람교도에 의해 피살되었다고 했다. 그 감독의 이름이 빈센트 반 고흐가 평생을 의지하고 사랑했던 그의 아우와 똑같아서 그 가계(家系)에 이 무슨 숙명(宿命)인가 싶어 가슴이 감전된 것처럼 찌르르하고 아팠다. 나는 대뜸 "빈센트 반 고흐와 친척인가요?" 하고 물었다. 대답은 전혀 상관이 없는 사람이라고 했다.

피살된 테오 반 고흐 감독은 이슬람교가 여성을 차별하는 다큐멘터리 영화를 만들고 있었다고 한다. 자전거를 타고 가는 그를 총으로 수십 발을 쏘고, 살해하는 이유가 목에 꽂힌 칼에 써 있었다고 했다. 끔찍한 살인이다. 도대체 종교란 무얼까? 신이란 무얼까? 하느님 맙소사!

다음 날 아침 식사 때 아라파트가 사망했다는 소식을 들었다.

우리의 신문이나 텔레비전 뉴스에서 오랫동안 수십 번을 보아온 사람이다. 그 얼굴이 나올 때는 좋건 나쁘건 중동 지방에서 영락없이 무슨 일이 일어나고 있었다. 동서 냉전시대가 끝나면 바로 세계 평화가 오려니 했더니, 세계는 오히려 점점 더 많은 사건에 끝도 없이 얽히고설키고 꼬여만 가고 있는 것 같다.

암스테르담에서 남편의 연주회가 끝난 다음날 새벽에 우리는 독일로 향했다. 암스테르담 비행장에서 삼성의 대형 D.P.D. 텔레비전이 있는 것을 보자 어찌나 기분이 좋은지, 네덜란드 국제 공항에 세계 최첨단의 우리나라 제품이 있다니. 지금으로부터 30년 전에는 온통 일제 Sony 천지였다. 나는 혹시나 '삼성'을 다른 나라의 기업으로 알까 보아 삼성 로고 밑에 '코리아'라고 덧붙이면 안 될까 하는 생각이 들었는데, 이런 쩨쩨하고 궁상맞은 생각도 불과 3, 40년 전만 해도 후진국이며 반만년 가난에 찌들어 왔던 한국이라는 자격지심에서 오는 것이 아닐까 싶어, 얼른 그 생각을 털어버리고 상냥한 독일인 스튜어디스의 안내로 내 자리에 앉았다.

2001년에 구 동구권 몇 개 국에 갔을 때는 한국이 선망의 대상이 되어 있는 것을 직접 보았다. 루마니아의 수도 부카레스트의 거리 하나는 아예 LG의 거리 같았다. 거리 양쪽에 줄지어 꼿꼿이 서 있는 전신주마다 LG의 자그마한 간판이 붙어 있어서 자동차로 지나가는 우리는 마치 LG 간판 의장대의 사열을 보고 있는 것 같았다. 그 회사의 전자제품 서너 개 밖에 산 것이 없는데……. 미안한 기분이었다. 자동차는 온통 우리나라의 대우 차였다.

  1993년, 남편이 중국에서 최초로 개최한 국제 음악제에 연주자로 초청되었는데, 함께 갔던 나는 서울에 돌아왔다가, 다음날 바로 바르샤바에 가서 낭독회와 사인회를 가질 일정이 있기 때문에 베이징에 도착하자마자 중국 항공사에 좌석 확인을 해두었다. 그러나 떠나기 하루 전에 항공사에서 자리가 없어져서 단 하루만 늦추어 달라고 하며 일방적으로 전화를 끊고는 다시는 통화를 할 수가 없었다. 나는 당황해서 중국에 있는 우리나라의 공공기관에 협조를 부탁했으나, 그 사람들도 중국 항공사가 전화를 받지 않기 때문에 애만 태우고 있었다. 나는 발을 동동 구르고 있었다. 그런데 현대상사의 정재관 대표가 불과 한 시간만에 간단히 해결해 주었다. 현대의 위력을 알만했다. 우리 기업이 그렇게 될 때까지 얼마나 슬프고 뼈아픈 개개인의 사연이며 기업의 옳고 그른 역사가 있었는지 우리는 너무도 잘 알고 있다. 그러나 일단 해외에 나가면 우리 기업의 천만 가지 사연은 오로지 세계 속에 당당히 빛나는 한국의 얼굴로 변한다.

  최근에 작고한 세계적 한국학의 대가인 바르샤바 대학의 할리나 오가레크 최(Halina Ogarek Choi) 교수는 당시 김우중 대우 회장이 그 대학의 한국학과에 가서 일본학과와는 비교도 안 될 만큼 빈약한 한국학과를 지원해 주겠다고 해서, 놀랍고 기쁘다고 했다. 그리고 한 기업의 총수가 학문에 그만한 관심을 갖는다는 것은 오랜 문화와 역사를 가진 한국이기 때문이며, 한국학을 하는데 긍지를 갖는다고도 말했었다.

1993년 내 소설이 폴란드어로 출간되어 바르샤바에 초청되어 갔을 때는 200여 명의 독자들과의 대화, 전(공산주의 시절) 인민궁전에서의 사인회, TV와 라디오 출연 등의 행사가 있었는데, 모두 출판사가 주도했고, 한국 대사관은 어디에 있는지도 몰랐고, 대사관의 말단 직원 한 명도 보이지 않았다. 이번 베를린에서의 낭독회 때의 우리 대사관이 보여준 모든 것은 불과 10년 사이 국력이 얼마나 커졌으며 대사관에서 얼마나 우리나라 문화의 선전을 위해 노력하고 있는가를 피부로 느낄 수 있게 했다.

음산한 날씨며 험악한 기운이 감도는 유럽의 하늘 아래에서 한국은 이제 조금 그 빛을 발하기 시작한 것이 아닌가 싶다. 국력이 미약한 시절을 살아 본 사람으로서 그 불빛이 꺼지지 않고 점점 더 크게 밝아지기를 바라는 마음 간절하다.

파업 중의 파리

1974년 가을의 얘기다. '꽃의 파리'니 '사랑의 파리'니 하고 그 많은 세계 명작소설이며 심지어 유학생의 기행문에 까지도 예찬되어 오던 파리로 가는 전날 밤은, 나도 조금은 가슴이 설레는 것 같았다. 라마르틴, 빅토르 위고, 스탕달, 뮛세, 조르즈 상드, 졸라, 플로베르, 보들레르, 베를렌, 말라르메, 카뮈, 사르트르, 장 꼭토……, 문인뿐인가 마담 퀴리도, 또 세잔, 로트렉, 고호, 피카소, 고갱 등의 그 많은 화가며, 이루 헤아릴 수 없는 패션과 향수의 이름들. 그 많은 유명한 박물관과 미술관 같은 역사적 건물이며, 예술인, 학자, 정치인, 심지어 영화에서 본 파리까지도 한꺼번에 머리에 떠올라서 마치 끝없는 밤하늘에 반짝이는 별들을 보는 것 같을 수밖에.

안개 자욱한 환상적인 분위기의 베니스를 떠나 주네브에서 기차를 갈아타려니까 철도 노무자의 총파업으로 파리까지는 기차가 안 간다고 한다. 알프스를 보려고 했었는데 애석하나 파리에는 약속이 되어 있어서, 언제 끝날지 모르는 파업을 기다릴 수 없어서 바로 비행기를 탔다. 한 시간 남짓 지났을까. 마이크에서 파리에 도착했다 해서 내려 보니까, 그 아름답고 능률적이고 세계에서 가장 멋진 비행장이라는 드골 비행장이 아니고, 오르리라는 조그만 시골 비행장이었다. 드골 비행장이 파업이라 변경되었다 한다.

아무튼 가방을 트레일러에 얹고 밀며 세관을 찾으나 보이지 않는다. 입국할 때는 복잡한 수속을 밟아야 하는 우리나라 공항에 습관이 된 나는 기어코 세관을 통과해야 공항을 빠져나갈 수 있는 줄 알고, 아무리 두리번거려도 그 비슷한 데스크도 없었다. 출구라는 표시를 따라가 보니 공항 밖이었다.

도착 시간이 변경되어 마중 나온 사람도 없고 해서 정해진 호텔로 택시를 타고 들어갔다. 알고 보니 편지 왕래는 3개월째 체신 노무자 파업으로 스톱이었고, 전화도 자동으로 되는 것 외에는 외국 통화도 안 된다고 한다. 벨기에까지 가서 편지를 부치고, 가까운 나라까지 가서 국제전화를 한다고 했다. 그 넓은 가로 양쪽에 둑처럼 쓰레기가 즐비하게 쌓여 있는데, 역시 노무자 파업으로 쓰레기를 치우지 않아서 그렇다고 한다. 군에서 일주일에 한 번씩 치운다던가, 그런데도 주모자를 체포한다거나 했다는 말이 없었다. 이상해서 물어보니까, 파업도 자유니까, 라는 지극히 간단하고 평화로운 투의 대답이었다. 자유도 분수가 있지, 국민생활의 일부가 마비되는데……. 그러나 여행자인 이국인은 놀라도, 그 나라 사람들은 전혀 아무렇지도 않은지 파업에 대해서는 말도 없고, 멋진 의복에, 음악과 문학과 예술 얘기에 열을 올리고 있었다.

공항에 세관은 없어도 아랍 게릴라를 미연에 잡는 것은 프랑스 경찰뿐이라고 뽐내는 나라. 과연 외유내강의 대국임을 실감했다. 유행이 파리에서 좌우되어서, 여성의 치마 길이가 짧았다 길어졌다 한다지만, 막상 가보니까 유행을 따르는 사람은 젊은 층이고 거의가 샤넬 라인이었다. 상냥한 매너, 몸가짐, 옷차림, 은은한 화장 등 여인들이 참으로 부드러우면서도 세련되어 보였다. 쓰레기만 없었으면 정말 아름다운 파리였을 것을······.

1975년

음악의 집 퀴크호븐 하우스

1974년은 내가 남편과 함께 처음으로 유럽 여행을 한 해다. 그해 10월과 11월 두 달간 남편은 네덜란드를 시작으로 프랑스, 독일, 오스트리아 빈, 이탈리아의 각지에서 초청을 받아, 가야금 연주와 국악 강의를 했다.

암스테르담에서 자동차로 한 시간쯤 가면 브로이켈른이라는 마을이 나온다. 마을 기차역을 지나서 여러 가지 모양의 보트들이 떠 있는 강가를 지나, 반 고흐의 그림에서 보는 하얀 밧줄이 달린 다리를 몇 개 건너면 퀴크호븐 하우스에 다다른다. 17세기에 세운 건물로, 나폴레옹 침략 때에 일부 파괴되었다가 수리했다는데, 옛 건축의 모습을 그대로 지니고 있다. 옛날에는 이 저택의 대문까지 보트가 다녔다 하나, 지금은 대문 앞에 폭이 10미터쯤 되는 자동차 길이 있다. 대문을 들어서서 정원을 2분쯤 걸으면 주 건물이 있는데, 현관문은 언제나 열려 있다. 이 저택은 세계적 지휘자 에두아르트 반 바이눔이 기부한 것인데, 그 이름을 따서 '에두아르트 바이눔 파운데이션'이라 하고, 세계 각국의 음악 학도들이 얼마만큼의 돈을 내면 실비보다 싸게 자고 먹고, 각국에서 특별 초청으로 오는 음악가들의 강의와 연주도 들을 수 있게 되어 있다.

현관에 들어서면 원편 리빙룸에 언제나 차와 과자가 마련되어 있고, 전축이 있고, 책상에는 디스크와 음악과 네덜란드에 관한 책들이 꽂혀 있다. 텔레비전을 보고 싶은 사람은 텔레비전, 음악을 듣고 싶은 사람은 자기가 좋아하는 디스크를 틀고, 얘기하고 싶은 사람은 안락의자에 앉아서 얘기한다. 그 건너편에 18인용 혹은 12인용 식탁이 네 개가 있는 식당이 있다. 아침 식사는 여덟 시 반, 점심은 열두 시, 저녁은 여섯 시에 먹기 때문에, 이번 심포지엄에 참가한 음악가나 학생들의 얼굴을 여기서 하루에 세 번 보게 되어, 일주일쯤 있으면 그 누구와도 골고루 친해지게 되어 있다. 얘기는 거의가 음악에 관한 것이기 때문에 식사 때도 녹음기를 들고 와서 일체의 대화를 테이프에 담는 열성가도 있었다.

그 주일은 '코리아위크'인데 강사는 베를린 음악대학의 윤이상 교수, 미국 MIT의 도날드 서 교수, 네덜란드의 포스 교수, 그리고 내 남편인 황병기이고, 청중은 동양음악에 대해 조예가 깊고 관심을 가진 각국의 음악 교수와 음악가 그리고 미국, 오스트레일리아, 프랑스, 영국, 헝가리, 독일, 오스트리아, 네덜란드, 이탈리아, 불가리아, 유고슬라비아 등지에서 온 음악도들로 40명쯤이었다. 만오천 평 대지에는 건물이 네 개 있는데, 앞 정원의 둥근 잔디 둘레에 셋, 주 건물에서 5분쯤 호수를 따라 오솔길을 걸으면 현대식 음악당이 나온다. 주 건물 아래층은 식당·부엌·리빙룸, 2층과 3층은 침실인데, 초빙된 강사들이 머무는 곳이고, 동쪽은 재단 사람, 그 서쪽 건물에는 재단에서 선정된 학생들이 머물고, 나머지 학생들은 퀴크호븐 하우스 밖의 호텔이나 모텔에서 머무나, 식사는 퀴크호븐 하우스의 식당에서 할 수 있게 되어 있다. 학생에 대한 이런 대우나 초빙강사의 대우도 우리나라 수준으로는 다만 놀라울 지경이나, 과연 19세기에 오대양을 누비며 부와 문화를 쌓아 올린 네덜란드였다.

음악홀에서 오후 2시 이후와 밤 7시 이후에 각각 강의와 연주가 있다. 그 오솔길에 1미터 높이의 야트막한 가로등이 양쪽에 2미터 간격으로 있는데, 밤이면 18세기의 호롱불 같은 투명유리 등잔에 불이 켜진다. 안개가 자욱이 끼고, 숲이 우거진 이 호롱불 가로등의 오솔길을 호수를 따라 걸어서 음악홀에 오갈 때의 아름다운 정경은 말로 표현할 수 없다.

음악홀은 단층이고, 150명이 앉을 수 있는 넓이고, 무대와 음향 장치, 영상 장치, 그랜드 피아노와 책장이 있고, 흑판과 강의 탁자, 그 외에 의상실, 부엌, 화장실이 있다. 강의는 영어, 독어, 프랑스어인데 독일어와 프랑스어는 영어로 통역된다. 휴식 시간에는 다과를 나누며 환담한다. 한국 음악을 알리고 먼 나라에서 그 많은 여비를 들여서 온 음악도는 물론이거니와, 청중 가운데에는 세계적으로 저명한 음악가며 교수들도 있기 때문에 웬만한 수준의 강의나 연주로는 어려운 일 같았다.

이번 여행에서 나는 내 조국이 얼마나 세계 무대에서 작은 나라인가를 절감했고, 그런 무대에서 어느 대국인과도 대등하게 대할 수 있는 것은 오로지 예술밖에 없다는 사실을 새삼 알게 되었다. 예술 중에서도 음악은 특히 즉석에서 판가름이 나서, 찬사와 존경과 국경을 초월한 환호를 받을 수 있음을 통렬히 느꼈다.

우리는 특별 초빙 음악가의 대접을 받아 이 저택의 주인이 썼다는 이층 방에 들었다. 정남향 방인데, 남쪽 발코니에 서면 정문 밖 큰길 건너에 강이 흐르고, 강 위를 자그마한 예쁜 배들이 오가고 있다. 동쪽 발코니에 서면 파랗게 우거진 숲 사이로 음악홀까지 흐르는 호수가 보이고, 호수 가운데 있는 섬의 울창한 숲에는 비둘기가 떼를 지어 날아들고, 호수에는 거위며 오리가 평화롭게 떠다니는 것이 보인다.

30평이나 됨직한 침실의 가구는 호화로운 19세기식 디자인이고, 20평 남짓 되는 욕실의 유리창은 백 가지 새의 그림이 있는 스테인드글라스고, 욕실은 코발트 블루의 푹신한 양탄자가 깔려 있다. 욕실 한가운데에 욕조가 있는 것이, 어느 값비싼 현대식 호텔에도 없는 사치였다.

침대가 어찌나 넓고 큰지 네덜란드 사람들의 체격을 짐작할 수 있었다. 침대 양쪽 머리맡 탁자 밑에 꽃무늬 장식이 있는 아름다운 도자기의 찜 그릇 같은 것이 있는데 그것이 무엇인지 몰라서 프런트에 물어보니까 옛날에 그것을 변기로 썼다고 한다. 우리나라 옛날의 요강이다. 하지만 어쩌면 그토록 아름다울까.

낮에도 어두운 낭하에는 전기 스탠드가 켜있고, 흑갈색 로즈우드의 육중한 장롱이 있어서 밤에 이 낭하를 혼자 걸으려면, 숱한 서양 소설에서 읽은 유령이 걸어가는 장면이 상기되어 등 뒤가 오싹오싹해졌다.

7개 국어를 모국어처럼 유창하게 하는 피아노 전공인 유고의 여대생이며, 부엌 냉장고에 있는 음료수며 과일은 마음대로 먹는 거라고 가르쳐 주던 지휘 전공의 영국 대학생. 그 인품이며 강의에 뛰어난 솜씨를 가진 월남 태생 소르본대 교수 트란 반 케 박사. 내가 소녀 시절 세계문학을 읽으며 가슴 설레며 상상해 보곤 했던 서양 귀족의 그 아름다운 저택에서 보낸 일주일은, 2개월의 유럽 여행의 즐거웠던 추억의 한 페이지로 길이 잊혀지지 않을 것이다. 우리나라에는 언제나 이런 집이 있게 될런지?

1975년 3월

잊지 못할 니스의 밤

1983년 에어프랑스 항공사가 7월 5일부터 우리의 김포공항에서 바로 프랑스의 샤를 드골 공항에 직행 운항하게 됨을 자축하는 뜻으로 언론계의 열 명과 내가 초청되어, 파리와 남프랑스를 돌아보고 왔다. 그중에 여성 기자도 두 사람이 있었다. 나는 동행하는 언론계의 인사들 중에 안면이 있는 사람은 단 한 사람도 없었다.

열 번이고 백 번이고 가보고 싶은 프랑스나 그런 설렘에 앞서 에어프랑스가 김포에 직행 운항하게 되는 사실로 미루어, 세계에서의 우리나라의 지금의 위치를 새삼 생각해 보지 않을 수 없었다.

5월 21일 오전 아홉 시, 앙드레 아르뉴 한국 총지배인의 정중한 배웅을 받으며, 일행 열 명이 KAL기를 타고 도쿄로 향했다.

도쿄에서 에어프랑스의 일등석으로 갈아탔다. 일등석은 내 비행기 여행에서 처음 경험하는 것이다. 의자가 크고, 약 18시간의 비행 중 계속 음식과 갖가지 술이 나오고, 뜨거운 물수건이며, 소독 수건도 요구하는 대로 나왔다. 평소 입에 대지 않던 샴페인이며 포도주를 피로 푸는 데 좋다기에 조금씩 마셨는데, 그 덕분인지 긴 비행에도 피로를 몰랐다. 30대나 40대에 비행기를 탔을 때는 혹시 사고로 죽게 되지나 않을까 싶어 속도 태웠으나, 이번에는 그런 걱정은 조금도 없었다. 연륜 탓인지, 생과 사를 수용하는 마음가짐이 달라진 탓인지. 아니면 보다 더 내 인생에 자신을 갖게 된 탓일까. 일본인 스튜어디스가 미인인데 뻣뻣하고 고압적이라 불쾌감을 주었다. 내 옆자리의 J일보의 부국장도 동감이라 한다. 한불 직행 에어프랑스에 저런 스튜어디스가 탄다면 최소한 한국인 승객의 반은 놓칠 거라는 염려까지 생길 지경이었다.

일등석은 서양인 2명과 우리 일행을 제외하고는 모두 일본인. 내 앞자리에 앉은 일본인 여자가 30대 초반쯤으로 보이는데, 처음 비행기를 타서 흥분하는지 사람이 워낙 그런지, 웃고 떠드는 것까지는 좋으나, 줄곧 돌아다니며 희희덕거려서, 몇 번이나 맙소사 소리가 나왔다. 인구가 많으면 별의별 사람도 많은 법이지만…….

앵커리지에서 약 40분간 내려서 쉬는데, 면세점에서 아무리 찾아보아도 살 만한 것이 없었다. 이런 현상은 우리 국산품이 얼마나 좋아졌는가를 말하고도 남음이 있지 않는가. 기뻤다.

앵커리지에서 스튜어디스가 바뀌었다. 상냥하고 멋진 프랑스 여인들. 우리 일행의 K양도 S양도 남성 일행도 모두 그 때문에 기분이 좋아졌다. 기내의 식사도 먹을 만했는데, 소스가 특히 그랬다. 창밖을 보니 새벽 같은 은회색 빛 속에 끝도 없이 구름이 바다처럼 펼쳐져 있다. 내가 9년 전에 여기를 지날 때는 가도 가도 불그레한 빛 속에 무엇인지 알 수 없는 검은 물체만 보여서, 천지개벽 때의 세상의 원형을 보는 듯, 어디에선가 "낮과 밤이 있어라!" 하던 신의 소리가 들리는 것 같았다. 그때나 지금이나 다만 대자연의 위력에 고개를 숙일 따름이다.

내 옆자리에 앉은 초면의 S 부국장은 아마 21세기에는 앵커리지에서 잠시 쉬는 게 아니라 토성쯤에서 쉬게 될지도 모른다고 했다. "지금 목성을 지나고 있습니다" 하고 마이크에서 말할 것이라고. 실감이 났다. 여담이지만 나는 그때 "부국장님은 언젠가는 장관이 될 것 같은데요" 하고 내 느낌을 말했더니 그는 말도 안 되는 소리라 하며 펄쩍 뛰었다. "나는 편집국장이 되는 게 최고의 목표"라며. 하지만 내 느낌이 그러니 어쩌나. 10년 후에 내 그 느낌은 적중했다. 정무수석, 장관 등.

상냥한 스튜어디스의 절도 있는 서비스를 받으며 맛있는 샴페인과 포도주를 마시며 내가 좋아하는 그레이프후르츠 주스도 간간이 마시며 또한 옆자리의 S 부국장과 얘기도 나누다 잠시 잠시 잠이 들었다 깨었다 하는 동안 어느 사이 비행기는 드골 공항에 도착했다. 파리 시간으로 오전 여덟 시.

정신이 번쩍 날 만큼 재치 있어 보이는 귀엽게 생긴 까뜨린느 양이 우리를 반갑게 맞이해주었다. 그녀는 유창하고 교양 있는 영어를 썼다. 개선문 가까이에 있는 우리들의 숙소는 메르디

앙 호텔. 로비에 잠시 앉아 있노라면 마이크에서 무슈 무슨 무슨 스키, 무비에 무슨 무슨 에프, 무슈 야마모토 등을 찾는 소리가 들리는데, 동서 진영이 첨예하게 대립하고 있는 때에 자유롭게 드나들 수 있는 파리에 와 있음을 실감했다. 점심은 한국 음식점에서 불고기를 먹고, 시내 관광을 나섰다.

일요일이라 가게는 거의 문을 닫고, 거리에는 황, 흑, 백색인 관광객이 붐비고 있었다. 승용차가 즐비하게 길가에 주차하고 있는 것이 이상하게 보였으나, 주차장 설비가 없는 데다가, 거리의 폭이 워낙 넓으니 사람이건 자동차건 통행에 아무 불편이 없었다. 승용차는 거의가 우리의 포니보다 오히려 작고, 디자인이 깜찍하고 멋있었다. 찌그러진 데가 없는 차는 보기 드물고, 말끔히 세차된 차도 또한 드물었다.

파리의 건물은 거의가 역사를 가지고 있는 것 같다. 자가용차를 타고 골목을 잠시 누벼 보니, 몰리에르가 처음 희곡을 상연한 집, 오스카 와일드가 머물렀던 집 등의 표지판이 달린 건물이 있었다. 〈사람이 싫은 사람〉, 〈옥중기〉 등이 머릿속에 뚜렷이 떠오른다. 화랑도 몇 군데 달리다시피 하며 들렀다.

2차대전 후 상처 깊은 문인들이 자주 모였다는 오듀 마고(동양의 두 현인이라는 뜻)에 들러 차 한잔을 마셨다. 사르트르나 까뮈가 그 주멤버였다 해서 실존주의 문학인들의 카페라고도 들었던 곳. 사르트르가 살던 아파트는 거기서 불과 2분 거리도 되지 않았다. 6·25전쟁 중 나의 대학 시절, 나는 밤새우며 얼마나 까뮈를 읽고, 사르트르를 읽었던가! 그 황량한 마치 신도 인간도 자취를 감추어 버린 듯한 절망의 시기에, 그들의 문학이 없었다면 도대체 어떤 철학을 가지고 나는 살았으며, 무엇을 낙으로 삼으며 살았을까. 그때는 다만 좋아서 읽었던 그들의 문학이, 도스토예프스키 못지않게 나에게 큰 영향을 끼쳤음을 다시금 깨달으며, 붐비는 그 다방 한구석에서 착잡한 심경이 이는 것을 어쩔 수 없었다.

몽마르트르 공동묘지를 차로 지나가며, 그 속에 묻힌 사르트르에게 묵묵히 고개 숙였다. 까뮈의 무덤은 남프랑스에 있다 한다. 언젠가 한번 가봐야지.

파리는 시가 자체가 박물관이고 미술관이다. 그리고 그것은 고색이 짙다. 메트로는 9년 전보다 훨씬 낡고 더러워 보였다. 까뜨린느 양 말에 의하면 새로 만들고 있다 한다. 거리는 동서의 관광객이 붐벼서 휴지가 널려 있고, 청결하지 못했다. 그 청소의 한 방법으로 인도와 차도 사이에 맑은 물이 종일 흐르며, 씻어 내리는 장치가 되어 있었다.

에어프랑스 본사의 16층에서 보니, 멀리 신도시를 만들고 있는 구역의 고층 건물들이 보였다. 어떤 도시며 어떤 건축일까 보고 싶어서, 가 볼 수 없느냐고 하니까 지금 건설 중이니까 완성되면 보라고 했다.

퐁텐블로 성(城)은 아름다웠다, 아름답지 않은 성이 어디 있을까마는, 그 성에서 특히 잊을 수 없는 곳은 나폴레옹이 황제로서 마지막 밤을 자고, 아침에 그 방의 탁자에서 황제 자리를 내놓는 사인을 한 곳이다. 그는 과연 간밤에 잠 잘 수 있었을까?

어떤 심정이었을까? 그 방 앞에 서서 좀처럼 발길이 떨어지지 않았다. 인간의 운명이란 것을 뼈저리게 생각해 보지 않을 수 없었다.

밀레가 살던 집에 갔더니, 조그만 태극기가 벽에 걸려 있어서 반가웠다. 우리나라 사람들이 많이 들르는 곳이라 한다. 화가가 많이 살았다는 바르비종 마을은 지금도 많은 화가들이 살고 있다는데 화랑도 많았다. 어느 전람회에 들렀더니, 그림이 하도 밝고 따뜻해서 여류 화가구나 하고 생각했으나, 65세의 남성 화가라는 데 놀랐다. 한 점 몹시 사고 싶은 게 있었으나…….

파리에서의 이틀째, 유람선을 타고 저녁 식사를 하며 세느 강을 돌아보는데, S 부국장이 반주에 맞추어 리골레토의 〈여인의 마음〉을 불러 백여 명의 관광객이 탄 유람선에 박수갈채와 앙코르가 쏟아졌다. 손님들이 '카루소를 연상케 한다' 혹은 '어느 나라 사람이냐?'고 묻기도 하며, 찬사에 찬사. 우리는 국위를 선양했다 하며 즐거워했다. 짧은 시간이었으나 가본 곳은 모두 뜻깊고 아름다워서 잊을 수가 없다. 더구나 니스와 몬테카를로는 잊을 수 없다.

니스는 세계적으로 이름난 휴양지다. 넓은 잎이 늘어진 열대 식물들이 대뜸 이국 정서를 불러일으킨다. 아직 본격적인 해수욕 시즌이 아닌데도 바다에는 수영하는 사람들의 모습이 보였다. 아예 노브라로 수영하는 여체를 보니 정말 프랑스구나 하고 고개를 끄덕였다. 나는 지중해의 물에 발을 담그며, 그곳 모래사장의 자갈을 몇 개 주웠다. 빨갛고 예쁜 모양도 있고, 백색 혹은 에메랄드 빛의 투명한 것도 있다. 흑백색의 자갈만 있는 우리나라의 것과는 판이하다. 아름다운 해변의 건물들, 아름다운 시가, 아름다운 수목, 아름답고 잔잔한 바다……. 몇 년 전 프랑스에 갔어도 파리에만 들러서 떠나왔던 터라, 내가 니스에 와 있는 것이 꿈 같이 황홀했다. 파리는 하루에도 사계절이 있다는 변덕 날씨였는데, 니스는 오히려 덥고 맑은 햇빛이 늦도록 쬐었다. 몬테카를로의 카지노도 돌아보고, 밤에는 샤토 드 쉐브르 디올에서 맛있는 식사를 했다.

식사 후 테라스에 나갔다. 테라스는 해변의 절벽 위에 있었다. 밤하늘에 둥근 달이 뜨고, 고요한 지중해 물결 위에 달빛이 잔잔히 흐르고 있었다. 개구리 울음소리가 한동안 들리고는 아늑한 정적이 흐르는데, 너무 아름다워 나는 그냥 그대로 빠져 죽고 싶었다. 바다는 죽음을 죽음이 아닌 순수한 아름다움 그 자체로 용해시킬 것 같았다. 그러나 그것은 꿈 같은 생각일 뿐, 현실은 아름다운 밤의 지중해에 몸을 던져 자살할 만큼 아름다움에 도취하고 있을 형편이 아니었다. 남편과 아이들, 그리고 아직도 젊은 나……. 그러나 역시 감미로운 밤의 지중해는 밤이 이슥토록 나를 사로잡고 놓지 않았다. 지중해는 특별히 큰 폭풍우가 아니면 늘 호수처럼 고요하다 한다.

"들려오는 이 모든 것, 보이는 것, 숨 쉬는 이 모든 것, 그대들 모두는 말해 다오, 그들은 사랑하였노라고."

라마르틴의 〈호수〉가 생각나서 라마르틴이 생각난다고 하니까, 까뜨린느 양이 "그것은 호수고, 여기는 바다"라고 한다. 그녀는 라마르틴을 알고 있었다. 나중에 알고 보니, 그녀는 시카고 대학에 유학해서 사회심리학을 전공한 지성인이었다. 에어프랑스에서도 직책이 높은데, 우리의 통역을 위해 특별 임무를 맡은 거라 한다.

봉스며 에즈, 무갱 지방을 차로 돌고, 라망디에라는 유명한 요리점에서 오찬. 그저 그저 아름다운 풍경에 속으로 감탄할 뿐이었다. 푸른 나무숲이며 꽃밭 속에 예쁜 집을 보석처럼 박아 놓은 듯한 풍경이라 할까. 자연미 30퍼센트에 인공미가 70퍼센트라고 프랑스의 풍경을 말할 수 있다면, 우리나라는 자연미 99.99퍼센트에 인공미는 0.01, 아니 전무에 가까운 게 아닐까?

프랑스의 지방은 아름답고 부유해 보였다. 그래서 그 나라가 얼마나 뿌리 있는 부자 나라인가를 인정하지 않을 수 없었다. 오랫동안 봉건 제후가 있었던 탓인지, 지방마다 자랑할 만한 특색이 있었다. 영화제로 유명한 칸느에 들렀다. 아름다운 고층 호텔들이 즐비하고, 세계적 스타들이 드나드니 만큼, 호화로운 쇼핑 거리도 있었다. 멋진 의상이 있기에 가격을 보다가 동그라미가 하도 많아 깜짝 놀랐다.

「라이프」잡지의 사진 기자인 당캉이 피카소 말년의 일상생활을 찍은 사진첩이 생각나서, 칸느 어디쯤에 있을 그의 별장에 가보고 싶다고 했으나, 그곳은 좀 멀어서 우리의 계획에 없다고 한다. 아쉬움을 안고 칸느를 떠났다. 니스 지방 여행에서 잊을 수 없는 것은 샤갈 미술관과 마그 파운데이션의 조각 미술관이다. 샤갈의 원화를 보니 감격해서 사진을 찍으려고 그림 한

귀퉁이에 잔뜩 얼어서 서 있다가 셔터를 누르자 관리인이 안 된다고 손을 흔든다. 그러려면 촬영 금지라고 어디다 써 붙이든지……. 하고 불평했으나, 그 그림들 옆에 어떻게 감히 종이쪽지 한 장을 붙일 수 있겠는가!

조각 박물관은 촬영할 사람은 미리 돈을 내고 들어가게 되어 있었다. 내가 좋아하던 미로의 조각이 많아 즐거웠고, 자코메티의 인물상 옆에서 S양과 K양도 몇 장이나 사진을 찍고 있었다. 그곳도 정말 떠나오기 싫은 곳 중의 하나였다. 라망디에 음식점에서 헝가리 출신인 왕년의 남성 스타 찰스 코빈과 함께 식사를 한 것도 인상적이었다. 내가 바르토크의 바이올린 소나타를 좋아한다니까 어찌나 기뻐하는지, 그의 고향의 작곡가라 더욱 기뻐하는 것 같았다. 헝가리 출생, 국적은 미국, 부인은 브라질 사람, 사는 곳은 프랑스……. 한 발만 나라 밖으로 나가면, 전 세계를 한 고향처럼 그렇게 사는 사람을 많이 볼 수 있다. 피에르 퀴리가 폴란드 여성인 마담 퀴리와 연애 결혼했고, 폴란드의 쇼팽이 프랑스의 작가 조르즈 상드를 사랑했고, 헝가리 사람인 리스트가 파리에서 살았으며, 네덜란드 사람인 고흐, 스페인 사람인 피카소가 프랑스에서 살다 죽은 일 등등, 예술에는 그렇게 국경이 없다.

니스에서의 마지막 밤, 그리고 그 밤이 이번 프랑스 여행의 마지막 밤이었다. 맛있는 프랑스식 생선찌개 부야베스를 먹고 샴페인과 포도주도 즐겁게 마셨다. 옆 테이블의 이탈리아에서 온 손님이 커피잔을 뒤집어 보여주며 한국제라고 한다. 어찌나 기쁜지! 우리나라가 국제 사회에서 조금은 두각을 나타내고 있는 것 같은 든든한 자신감이 솟는 것을 이번 여행에서 느낀 것은 특기할 만한 일이라 생각한다. 5천 년 역사를 지닌 신생 한국이라 할까. 니스의 마지막 밤, 갑자기 아쉬웠다. 호텔에서 짐을 챙겨 놓고 S양과 밤거리에 나갔다. 새벽 두 시, 호텔 바로 앞이 번화한 거리, 그 앞이 지중해 바다다. 거리는 가로등으로 낮처럼 밝고, 불빛 아래 분수며 조각들은 한결 아름다웠다. 거리는 밤중이라 역시 한산했다. 나는 밤의 지중해 물에 발을 담가 보려고 해변으로 내려갔다. 해변가에 가지런히 놓여 있는 의자에 남녀 한 쌍이 껴안고 앉아 있었다. 그 옆을 지나 물가에서 바다와 해안선을 따라 흐르는 시가의 불빛들을 카메라에 담았다. 흘깃 보니 아까 껴안고 있던 남녀의 포즈가 달라졌다. 아이구 저런……. 그러나 왠지 그 모습이 나쁘게 보이지 않았다. '사랑하는 이들이여, 마음도 육체도 남김없이 사랑하라. 시간은 너희를 기다려 주지 않으니…….' 하고 나는 속으로 말했다. 내내 좋은 날씨였는데 우리가 떠나는 아침에 가랑비가 뿌렸다. 이별은 언제나 슬픈 것. 나는 베를렌느의 시 한 구절이 생각났다.

    내 가슴에 고요히 비가 내리네

    거리에 비 내리듯

    사랑도 미움도 없는데

    내 가슴은 슬픔에 젖어 있네

1985년

명작을 남긴 문인들에게

 사람의 한평생은 각기 다른 생김새만치나 천차만별이다. 태어날 때부터 아니 어머니의 뱃속에서부터 고난이 겹겹이 쌓여서 지긋지긋한 한평생을 마치는 사람도 있고, 언제나 즐겁고 신나는 일생인 사람, 그저 그런대로 지내온 한평생인 사람 등. 그 어떤 종류의 인생이던 고금동서를 막론하고 인생은 일장춘몽이라고들 한다. 나도 지나온 생애를 돌이켜보니, 너무나 짧은 시간이었던 것 같아서 인생이란 정말로 일장의 춘몽이라고 생각한다. 이것을 훨씬 일찍 절실히 깨달았었다면, 내 지난 70 평생은 지금과는 상당히 다른 것이 아니었을까 하는 아쉬움이 있다. "깨달았을 때는 이미 늦는다"는 옛말을 알면서도……. 하지만 어쩌랴, 어차피 돌이킬 수 없는 것을 생각한들 무엇 하겠는가.
 발달한 과학 덕에 인간의 생명이 길어진다고 하니까 지금부터라도 미련 남지 않게 살면 되지 않겠나 하는 사람도 있으나, 육체가 젊을 때와는 다르니까 아예 살던 방식대로나 대과 없이 살다가 편한 마음으로 죽기를 바랄 뿐이다.

내 사후 화장(火葬)을 하라는 말을 남편과 자식들한테 해두었다. 일을 당하면 장례를 어떤 식으로 하는가 하고 갈팡질팡하는 예를 보아왔기 때문이다. 화장하라는 말을 해도 가족들은 아무도 귀담아 듣는 시늉도 안 했으나, 유사시 참고로 할 것은 틀림없을 것이다. 화장까지는 유언을 한 셈인데, 그다음 단계로 크지도 않은 내 몸집이니 타서 남은 재가 한 줌이나 될까마는, 그것을 어떻게 처리할 것인가? 자주 건너다니던 한강에 뿌리라 할까, 언젠가 산산이 부서지며 튀어 오르던 태종대의 파도가 아름다워 죽지만 않는다면 빠져 보고 싶었던 그곳에 뿌리라 할까. 또 있다, 그런 유혹을 강렬히 받았던 프랑스 남쪽의 어느 고성의 절벽 아래의 지중해를 말해 둘까……. 죽으면 절차가 또 있다. 마지막 입을 옷도 절차 중의 하나다. 그 디자인도 아직 돼 있지 않고, 장례식에 대해서도 종교가 없으니까 내 식으로 설계를 해야 하겠고……. 거기까지는 내 스스로도 결정을 못 하고 있으니 당장 뚜렷하게 일러둘 수가 없다. 그런저런 생각을 하는 것은 역시 살아온 시간보다는 앞으로 살아 있을 시간이 훨씬 짧은 것을 알고는 있기 때문일 게다.

문학을 좋아하며 일생을 살아온 사람으로서 정말 좋은 세계고전문학을 다 읽지 못하고 세상을 떠나는 것 같아 문득 아쉬움이 느껴진다. 특히 70년대 이후의 작품들은 읽은 것이 거의 드물다. 원어로 읽을 수 없는 것이 그 첫 원인이겠으나, 일본에라도 수소문해서 번역서가 나왔나 알아볼 만치 적극성도 부족했다. 그러나 좋아하는 작품을 읽고 또 읽으며 느끼는 그 감동이라도 가져볼 수 있었던 일생을 감사하게 생각한다.

내가 13세 때에 처음 읽은 셰익스피어의 〈줄리어스 시저〉(이 한 편의 희곡이 나를 문학을 좋아하는 인생으로 이끌었다)에 나오는 안토니우스와 브루투스의 그 도도히 흐르는 강물과 같은 웅변이며, 《죄와 벌》의 라스콜리니코프의 고뇌며, 《부활》의 네홀류도프 백작의 참회, 톨스토이의 《안나 카레니나》, 《쿠오바디스 도미네》의 그 멋진 페트로니우스, 《이방인》의 뫼르소……. 그 수많은 세계문학 속의 인물들이 내 추억속에 되살아난다. 내친김에 세리자와 고지로의 《人間의 運命》을 또 읽기 시작했다. 30년 전에 처음으로 읽으며 손수건이 아닌 세수수건으로 주인공인 고아 모리 지로(森 次郎) 대신에 눈물을 닦으면서 읽었던 것처럼, 지금도 아예 세수수건을 손에 들고. 손수건으로는 흐르는 눈물을 닦기에는 부족하니까.

어떤 명작은 나를 울리고, 어떤 작품은 감동해서 책을 덮은 후에도 얼른 손을 뗄 수 없게 했다. 폐부를 찌를 것 같은 예리한 아이러니로 한바탕 소리 내어 웃기도 했다. 울리고 웃기면서 또 한 감동에 오랫동안 떨게 하면서 명작들은 오랜 세월 나의 혼을 깨끗이 씻어 주었다. 그 명작들은 내게 사람을 알게 하고, 인생과 세상을 알게 하고 그것에 대해 깊이 사색하게도 해주었다. 명작을 남긴 문인들에게 감사한다.

1995년

테러와 여왕의 담화

7월 7일 런던 지하철 테러가 있은 후 엘리자베스 여왕의 담화가 있었다. "…… 우리는 유머를 잊지 말 것이며……."라는 대목을 듣자 '역시 셰익스피어의 나라구나' 하며 나는 혼자서 무릎을 쳤다.

어느 나라던 참사가 있을 때마다 그 나라의 수반들이 대국민 담화를 발표하는 것을 수도 없이 들어 왔다. 그러나 이번처럼 엉뚱하게 문학을 상기하게 하는 담화는 처음이다. 유머는 순간적으로 튀어나오는 재치 있고 익살스럽고 멋있고 상쾌하고 재미있고 때로는 통쾌하고, 혹은 우습고 부드러운 표현이라도 폐부를 찌르기도 한다. 그리고 넉넉한 여유가 있고 또한 독창성을 지닌다. 그래서 언어의 연금술사 혹은 언어의 마술사라고 불리는 셰익스피어가 떠오르게 된 것인지도 모른다.

16세기에 머나먼 영국에서 살다가 세상을 떠난 지 어언 사백 년이나 된 사람의 문학이 내 머리에 오죽 뚜렷하게 각인되었으면 대뜸 그가 떠올랐을까.

　베를린의 그 유명한 브란덴부르크 문(세계 2차대전 후 동·서독을 갈라놓은 문) 근처에 '테오도르 투샤(Theodor Tucher)'라는 문학다방 겸 음식점이 있다. 1층에서도 2층이 보이는 구조다. 주중 어느 요일을 정해 놓고 세계적 저명인사나 문인들의 사인회가 있다 한다. 얼마 전에 미국의 클린턴 대통령도 와서 사인회를 가졌다던가. 그와 염문설이 자자했던 르윈스키는 거절당했다고. 요리도 일품이라 한다. 음산한 겨울날인데도 1, 2층이 초만원인데, 나는 예약한 덕에 겨우 2층에 있는 자리에 앉을 수 있었다. 내 옆 벽은 책이 꽉 차 있는 책장이었다. 책장의 중간쯤에 괴테의 초상화가 걸려 있었다. 나는 아는 사람을 뜻밖의 장소에서 만난 것 같아 깜짝 놀라며 금방 그곳이 친숙하게 느껴졌다. 식사를 하면서 나는 생각하지 않을 수 없었다. 서양 남자의 초상화를 보고 대뜸 괴테를 알아보는 것이 이상한 일이 아닌가? 더구나 그 초상화는 고등학교 시절 그러니까 지금으로부터 약 60년 전에 《젊은 베르테르의 슬픔》, 《파우스트》, 《시와 진실》 등의 책에서 보았을 뿐인데.

　괴테도 200년 전의 독일인이 아닌가. 우리나라에는 이런 문인이 없다.

　금년 10월에 있을 프랑크푸르트 도서전시회에서 우리나라가 주빈국이다. 반갑고 고마운 일이나 오천 년 역사 중 한 번도 우리 문학이 강대국의 경우처럼 국제적으로 알려진 적이 없으니까, 홍보라도 할 수 있는 기회가 되었으면 하고 기대나 해볼까. 2004년에 독일어역 된 내 장편《아름다운 영가(Uber alle Mauern)》가 이미륵의《압록강은 흐른다》를 낸 OCN 출판사에서 출간되었다.

2005년

박 의사 형제와 우리 가족

옛말에 병원과 형무소와는 인연이 멀수록 좋다고 했다. 설명할 여지도 없는 말이다. 그런데 나의 부모 형제며 또 내 아이들은 병원과는 인연이 상당히 가까운 셈이고, 그 인연이 아직까지는 좋은 것이 되어 있다.

아플 때 병원에 가면 일단 안심한다. 큰 종합병원에 가면 더욱 그렇다. 갑자기 무슨 일이 일어나도 거기에는 여러 방면의 전문의며 약이며 의료기기 등이 있기 때문이다. 이를테면 주사 쇼크 같은 것이 일어나더라도 응급치료가 가능할 것이라고 생각하기 때문이다.

위급할 때는 의사는 신이 보낸 신의 사자(使者)처럼 보인다. 병원은 생과 사가 무엇인가를 보여 주기도 하고, 사람과 사람이며, 신과 사람의 신비로운 인연도 생각하게 해주는 곳이다.

내 어머니가 나를 낳으셨을 때 난산이었다고 한다. 박용낙 선생님이 안 계셨더라면 어머니는 그때 이미 세상을 떠나셨을 것이고, 아버지는 40세에 홀아비가 되셨을 것이고, 갓 태어난 나는 말할 것도 없고 우리 5남매는 어미 없는 불쌍한 아이들이 되었을 것이다. 생각만 해도 아찔하다. 그래서 박 선생님은 나의 은인이며 내 부모 형제의 가장 으뜸 되는 은인 중의 한 분이시다. 내과와 부인과 박사이신 선생님은 노후는 미국에서 사시다가 80세가 넘어 돌아가셨다. 내 가족들은 그분이 돌아가실 때까지 전화로 안부도 묻고 미국에 갔을 때는 찾아가 뵙기도 했었다.

1950년 6·25전쟁 때 미처 피난을 못 하셨던 선생님은 종합병원의 원장으로서 밀어닥치는 아군과 인민군의 부상병을 피아 구분 없이 치료하셨다. 의사로서 당연한 일이었으나, 9·28 서울 수복 후 성난 사회 분위기 때문인지 선생님은 투옥되셔서 사형 언도를 받으셨다. 이 소식을 들은 내 오빠는 변호사로서 그 당시 계엄사령부의 중책을 맡고 있었는데, 자신이 신분 보증을 서고 당장에 선생님을 무죄 석방시키고 쌀 한 가마니와 용돈을 보내드려서 위로했었다. 그때는 수복 후인데도 식량난은 쉽게 풀리지 않았다. 나는 대학 신입생으로 그 선생님을 위해 아무것도 할 재주도 수완도 없었다. 오빠는 "이제야 어머니를 살려주신 은혜를 갚았다. 그런 인격자가 하마터면 큰일 날 뻔하셨어" 하며 좋아서 어쩔 줄을 몰라 했었다. 내가 오빠를 훌륭하게 느낀 것은 그때가 처음이었고, 어린아이처럼 기뻐하던 그 얼굴은 지금도 눈에 선하다.

박 선생님은 1·4 후퇴 때 부산으로 피난하셔서 개업하고 계셨다. 내 아버지가 신장염과 고혈압으로 6개월간 편찮으시다가 돌아가셨는데, 선생님은 하루에 두 번씩 하루도 빠지지 않고 왕진 오셔서 직접 주사도 놓아 주시며 극진히 치료해 주셨고, 아버지의 임종도 가족처럼 함께 해주셨다. 아버지가 때로 위독한 상태를 넘기시게 되면 선생님은 "하느님은 모셔 가겠다고 하시는데 나는 못 가시게 붙드니, 내가 저세상으로 가면 하느님께서 야단치실지도 몰라요" 하며 웃으시기도 했다. 신과 싸워서 이겨야 하니 의사가 사람을 살리는 것이 얼마나 어려우면 그런 말씀을 하셨을까. 선생님의 온화한 모습은 지금도 눈에 선하다.

박 선생님의 아우님 박용원 선생님도 후배 의사들이며 환자들이 존경하는 외과 의사셨다. 6·25전쟁 중 무숙 언니가 급성 맹장염에 걸려서 일각을 다투게 되었었다. 박용원 선생님은 당시 모든 남성들처럼 인민군의 눈을 피해서 숨어 계셨었는데, 언니의 소식을 듣고 위험을 무릅쓰고 은신처에서 빠져나오셔서 꺼져 가는 언니의 목숨을 살리셨다. 전기가 없어서 촛불을 키고, 밖에서 불빛이 보이면 들킬까 보아 유리창에 병풍을 두르는 등 방안을 밀폐하다시피 하고 수술을 하셨으니 7월 한여름 더위에 선생님의 노고가 어떠했을까. 전생에 대체 어떤 인연이 있었기에 그 두 의사 형제분은 내 가족에게 그리도 큰 은혜를 베푸셨을까. 그리고 또 오빠는 박용낙 선생님을 사형에서 무죄로 단번에 살려 놓았을까. 오빠가 그 당시 마침 그런 위치에 없었더라면 박 선생님은 어떻게 되셨을까? 사람과 사람의 만남은 그냥 흘려버릴 우연이 아닌 것이 아닐까 하고 두고두고 생각하게 된다. "고맙다, 고맙다" 해도 생명의 은인처럼 고마운 사람은 없다.

1980년

소설 〈신과의 약속〉과 독자의 사연

 1967년, 큰딸이 네 살 때의 여름의 일이다. 그애가 벌써 40세를 넘었으니 어찌 내가 늙지 않을 수 있을까.
 전날 밤 자기 전에 안색이 좋지 않아서 열을 재어보니 미열이 있어서 날이 밝으면 병원에 가볼 생각이었다. 새벽에 배가 아프다고 하며 변을 보았는데 좋지 않아서 열을 재어보니까 38도 5부였다. 소아과와 산부인과 전문병원이었던 제일병원(지금의 삼성제일병원)은 열 시에 시작하기 때문에 주치의인 문영은 박사에게 미리 전화를 하고 아홉 시 반쯤 집에서 출발했다. 차 안에서 혜경은 토하기 시작했다. 전날 먹은 것을 알아보니, 오전에는 밥, 간식으로 우유, 수박, 점심은 국수, 간식으로는 복숭아를 먹였다고 했다. 나쁜 것을 먹은 것 같지 않은데 웬일일까. 온 식구들이 위생에는 각별히 신경을 쓰고 있을 텐데…….
 문 박사는 바로 혜경을 입원시켰다. 식중독이라고 했다. 병원에서는 무슨 이유인지 식중독으로 입원한 환자가 꽉 차 있다고 했다. 수박에 원인이 있지 않을까 하나, 정밀검사를 안 해 보았기 때문에 말할 수는 없다고 했다. 간호원이 의사의 지시에 따라 혜경의 이마에 얼음주머니를 얹고 팔에 링거주사를 꽂았다. 그러나 시간이 갈수록 열은 계속 오르고 있었고, 아이는 인사불성이었다. 오후 세 시쯤이었을까? 혜경은 얼굴이 파래지면서 내내 감고 있던 눈을 뜨더니 동자가 위로 올라갔다. "위를 왜 보니?" 하고 물었더니 아이는 대답이 없었다. 나는 아이가 죽는 줄 알았다. 3층에서 1층의 진료실까지 어떻게 뛰어갔는지 기억할 수가 없다. 그 병원은 휠체어가 다닐 수 있도록 층계가 없어서 층이 달라도 평지처럼 걸을 수 있게 되어 있었다. 그렇기로 그토록 빨리 내려갈 수가 있었을까. 아마도 보이지 않는 신의 손이 나를 1층까지 날려 보내지 않았을까. 문 박사는 다른 환자를 진찰하다 말고 무조건 뛰었다. 병실에 간호원이 대여섯 명 오고 혜경의 목에서 가래를 빼내느라 석션이 왔다. 혜경의 조그만 팔에서 정맥이 보이지 않고, 링거주사 바늘이 찌르면 바로 빠져나왔다. 문 박사는 주사 바늘을 꽂으려고 몇 번이나 이리저리 시도를 했다. 그의 이마에서 땀방울이 줄줄 흘러내리고 있었으나 그것을 닦으려고도 하지 않았다. 아니 땀을 의식하고 있는 것 같지 않았다.

　나는 갑자기 신을 찾았다. 평소에 종교가 없던 나는 두 손을 이마에 모으고 간절히 말했다. 눈물도 저절로 흘러내리고 있었다.

　"마리아, 예수 그리스도, 부처님……. 내 아이를 살려주시면

당신을 믿겠습니다. 급하게 되니까 마리아, 제가 당신을 찾아서 너무 너무 염치없고 죄송하지만, 저 어린 것을 살려주십시오. 태어나서 고작 4년밖에 안 되는 생명입니다. 한 번 그 사랑을 베풀어주십시오. 그러면 저는 천주교를 믿겠습니다."

아니 이러면 마리아의 능력을 시험해 보는 것 같지 않나, 너무 건방져, 안 되지. 다시, "마리아, 살려 주십시오. 저를 용서하고 살려 주십시오" 이런 식으로 예수를 찾았다가 부처를 찾았다가 갈팡질팡했다. 드디어 의사는 성공했다. 그동안 얼마나 긴 시간이 흘렀는지 알 수는 없었다. 시계 같은 것을 볼 겨를이 어디 있었겠는가. 어떻든 나에게는 길고도 긴 시간이었다. 링거병에서 약이 정상적으로 떨어져서 혜경의 정맥으로 들어가기 시작했다. 아이의 낯빛에 혈색이 돌았다. 살아난 것이다. 그제야 보니 문 박사의 와이셔츠가 마치 물에 빠진 듯 땀으로 흠뻑 젖어 있었다.

아이가 완쾌해서 집으로 가는 차 속에서 왠지 뒷덜미를 잡히는 감을 느꼈다. 무엇인가 잊어버린 것처럼. 무얼까? 가방도 있고 핸드백도 있고……. 무얼까? 그렇지, 아이가 회복되어 가는 2, 3일 사이 신에의 그 간절했던 맹서를 나는 까맣게 잊고 있었던 것이다. 어쩌면 그럴 수가 있을까? 나는 어린 목숨을 살리려고 무아지경이 되어 전력을 다했던 문 박사와 간호사들에게 가슴 깊이깊이 감사하느라고 간절히 매달렸던 신을 잊고 있었던 것이다. 의사가 왕진 왔다가 입원실을 나가고 나면, 나는 입원실의 닫힌 문에 대고 혼자서 오래도록 허리를 굽혀 절을 했다. "감사합니다, 선생님, 감사합니다, 문영은 박사님" 하고 속으로 말하며. 그것은 아마 사람을 통해서 신에게 감사를 전하는 것이었는지도 모른다.

나는 한번 고맙게 생각한 사람은 두고두고 잊지 않는다. 아니 내가 죽는 날까지 잊지 않을 뿐더러 자식들에게도 말해 둔다. "내가 죽은 후라도 그분을 나 대신 잘 모셔라" 하고.

나는 사람을 통해서 신의 존재를 느낀다. 더구나 내 아이를 살려 낸 의사는 신의 현신(現身)일 것이다. 사람뿐 아니라 자연 현상을 통해서도 고마운 신의 존재를 느낀 적도 있었다. 나는 7순이 넘은 지금도 구체적인 종교는 없으나 신이라는 것에서 자유롭지 않다.

1968년 「현대문학」 9월호(?)에 발표한 단편 소설 〈신과의 약속〉은 그해 12월에 제1회 한국창작문학상(현 한국일보 문학상)의 수상작으로 결정되고 다음해 1월에 시상식이 있었다. 당시 상금 50만 원은 파격적인 금액이었다. 「주간한국」에 소설의 전문이 실렸다. 그것을 읽은 독자에게서 편지도 여러 통 받았는데 그 중에서 나를 울린 글이 있었다. 즉 자기의 딸도 똑같은 증세였는데 결국 하늘나라로 가버렸다는 것이다. 나는 그분에게 바로 위로하는 답장을 보냈다.

1981년 5월, 「조선일보」에 '극한상황에서 신에의 갈구, 배신하는 인간의 간사함. 땀 흘리는 의사와 간호원을 보고 느낀 신의 존재'라는 표제 아래 〈신과의 약속〉이 다시 소개되었었는데, 그것을 읽고 그때의 그 어머니가 이제는 나를 집으로 찾아와서 만났었다. 십여 년이 지났어도 자식을 잃은 엄마의 통한은 조금도 가시지 않고 있었다. 돈을 벌려고 먹으면 죽을 수도 있는 것을 파는 사람을 어떻게 보아야 할까? 그 얼마 후에 학교의 급식을 먹고 집단 식중독을 일으켰는데, 그중에 국민(초등)학교 3학년 아이가 죽은 일이 있었다. 요즈음도 단체급식 중에는 저질에다가 유효기간이 훨씬 지난 것이 있어 가끔 말썽이다. 제발 다시는 식중독으로 죽을 수도 있는 음식을 사람에게 먹이지 말기를 바란다. 아니, 이런 악덕업자는 준살인자다.

〈신과의 약속〉은 50여 편의 내 작품 중에서 최초로 나의 경험을 주제로 한 것이다. 1978년 유네스코(UNESCO) 프랑스 문화 잡지 「리뷰 드 꼬레(Revue de Coree)」 가을호에 프랑스어로 번역되어 실렸었는데, 주한 독일 문정관의 부인이 나를 자택에 초대해서 어느 시대 어느 나라 사람도 공감할 작품이라 하며 독일어로 번역되기를 원하고 있었다.

나는 작품이 알려지고 유명해지는 것보다는 차라리 그런 경험도 없고 따라서 그런 작품도 써지지 않기를 바란다. 평범하고 평화롭고, 가슴 아픈 일이 없는 인생이 최고의 인생이다.

아이들이 커가며 자연 소아과와 멀어져서 문영은 박사를 오랫동안 뵙지 못하고 있다. 그러나 아이들은 감기며 크고 작은 병을 고쳐주셨던 문 박사를 결코 잊지 않고 있다.

하물며 그들의 어미야 말해 무엇할까.

1980년

나의 중학 입시

아버지의 직장 때문에 중학교 1학년 1학기까지 나는 부산에서 자랐다. 응시한 중학은 일제(日帝) 때는 '항(港)여자중학교'이고 지금은 경남여고라고 한다. 그때는 진학하지 않는 학생이 학급의 5분의 1쯤 있었다. 1944년이었다. 그 학생들이 귀가하고 나면 소위 과외 공부라는 것을 학교에서 강제적으로 한두 시간 시켰다. 가르치는 선생님도 열의가 없었고 학생들도 그렁저렁 시간을 보냈다. 집에 가서도 숙제만 하고는 놀다가 잤다. 나의 경우는 노력형이 아닌 데다가 낙천적이고 철도 나지 않아 제반 지능 발달이 소아의 영역을 벗어나지 못한 상태에, 게다가 매일 공치기나 하고 줄넘기나 하고 놀아도 부모님께서 한 번도 공부하라고 꾸짖은 일이 없으니, 요즘 세상 같았다면 중학교 합격 같은 것은 어림도 없었을 것이다. 노력은 싫어도 욕심은 많아서 성적표 받기 전날 밤은 달이 있으면 달에게, 달이 없을 때는 별들에게 한 번씩은 빌었는데, '내일 내가 일등하게 해주세요' 하는 내용이었다. 철이 없어도 유분수다. 성적표는 이미 다 되어 있는데 오늘 밤에 빈다고 그것이 바뀔 리가 있겠는가. 그러나 나는 가끔 일등도 해보고 때론 5, 6등도 해서 우등상을 못 탄 것은 1학년 1학기뿐이었다.

중학교 입시 때는 필기시험과 체능시험이 있었는데, 체능이 있은 것은 한창 제2차 세계대전 말기라 그랬던 것 같다. 필기시험을 어떻게 보았는지 그때 기분이 어땠는지 전혀 기억에 없는 것을 보니, 긴장했다거나 답을 못 써서 애탔거나 한 일은 없었던 모양이다. 한 가지 지금도 또렷이 기억에 남는 것은 체능시험 때 팔걸이를 20번 해야 하는데 일곱 번 하니까 팔꿈치가 벌벌 떨리고 아홉 번 하니까 눈앞이 캄캄해지고 당장 죽을 것 같아서 그만 벌떡 일어서버렸다. 서서 옆을 보니까 다른 학생들이 열둘, 열셋을 계속하는데 그만 분통이 터져서 엉엉 소리를 내어 울었다. 담당 남자 선생님하고 거들고 있던 재학생 서넛이 몰려와서 내 등을 슬슬 두들기면서 "괜찮아, 울지 마라, 걱정 마라" 하며 위로해 주었다. 나중에 들은 말인데 어머니하고 언니가 교문 밖에서 그 광경을 보고 있다가 어디를 삐었나, 다쳤나 하고, 한편 조바심도 나고 한편 창피해서 혼나셨다고 했다.

합격 발표 날까지 천하태평으로 잘 놀고 잘 먹었다. 학교 운동장에서 고무줄 뛰기 하며 놀고 있는데 누군가가 신문사에 방이 붙었다고 소리를 쳐서 친구들과 같이 우우 달려갔더니 내 번호도 붙어 있었다. 옆에서 울고 있는 친구들을 버려두고 또 뛰었는데, 뛰어서 학교에 가서 놀기를 계속했는지 집으로 갔는지는 기억에 없다. 별로 좋은 줄도 몰랐던 모양인 것 같다. 그때도 경쟁률이 4대 1이었고 내 아버지가 입학식 때 신입생 학부형 대표로 축사에 대한 답사를 읽으셨는데, 성적이 꽤 좋게 붙었기 때문이라고 했다. 정말 이해하기 힘든 일이나 어떻든 그 옛날에 태어난 것을 신에게 감사한다. 요즈음 같으면 감히 꿈에도 바라지 못할 일이다.

나는 순진한 아이들에게 요즘처럼 그렇게 공부를 시키는 데 대해 거의 본능적으로 분개하고 있다. 어른들은 아이들의 정신과 육체의 건강에나 힘쓰고, 나쁜 길로 빠지지 않도록 가정과 학교와 사회가 함께 돌보아 줄 생각이나 했으면 좋겠다. 지식은 학교 수업만으로도 충분하고, 좋은 책이 많으니 독서나 따로 시켰으면 한다. 예체능에 소질도 없는 아이에게 그것을 무리하게 강요하는 것은 오히려 독창적 능력을 저하시킨다고 하지 않는가.

2006년

나의 아버지

나의 아버지는 1952년 부산 피난 중, 내가 대학 2학년 때 63세를 일기로 타계하셨다. 소년 시절 일본 동경 유학 중에 반일(反日)로 일가 몰락을 겪고, 어릴 때는 고생이 많으셨다 한다. 내가 대학을 졸업할 때까지만이라도 사셨으면 하고 온 가족이 간절히 바랐는데, 사람의 목숨이란 어쩔 수 없는가 보았다.

아버지의 이미지는 한마디로 인자와 학덕이라 하겠다. 내가 자라나는 동안 나에게건 누구에게건 한 번도 화내시는 것을 본 적이 없다.

아버지의 자장가는 대학, 논어, 맹자 등의 암송이었다는데, 그 암송이 어느 음악 못지않게 차분하고 음률적이어서 마음이 안정되고 저절로 잠이 들었을 거라고 생각한다. 물론 내가 갓난아기 때의 일이니까 기억할 수 없으나, 어린 조카들을 그렇게 안고 재우시는 것을 보고 언니들이 아버지가 나도 그렇게 안고 재워 주셨다고 했다.

어느 큰 부잣집의 급사로 있었던 10대의 소년 정인석 씨가 내 부모를 존경한 나머지 우리 집으로 야반도주해 와서, 평생을 낳은 자식들보다도 더 내 부모를 받들어 모셨다. 우리는 인석 오빠라고 부르며 친형제처럼 지냈다. 청·장년 시절 경제적으로 대성한 그를 내 부모는 무척 대견해 하셨다. 6.25전쟁 피난 중 우리의 친척과 친지들은 부산에서 오빠와 인석 오빠 집에 나뉘어서 살며 편안하고 풍족하게 피난생활을 했다.

출소자의 일가족을 우리 집 뒤채에서 살도록 보살펴 주신 얘기는 내가 어딘가에 썼다. 말없이 베푸는 것을 아버지는 몸소 보여 주신 것이다.

아버지는 돌아가시기 전 걸으실 수 있을 때, 이웃 사람들을 일일이 찾아다니시며 그동안 그들이 보여 주었던 이웃 간의 정에 감사한다는 인사를 하셨다. 하루에 두 번씩 왕진을 거르지 않으셨던 박용락 박사에게도 몇 번이나 고개를 숙이시고 감사의 뜻을 표하셨다. 돌아가시고 나면 평생 아버지가 돌보아 주셨던 우리의 둘째 아버지(아버지의 둘째 형님)와 우리의 백부(아버지의 큰 형님)의 미망인이신 백모를 잘 보살피라고 외아들인 오빠에게 신신 당부하셨다. 그리고 마지막 말씀은 "효자를 보려면 애를 보라" 하시며 오빠를 가리키셨다. 나는 아버지의 그 말씀을 고희가 넘어서야 내 자식들을 보며 이해하게 되었다.

나는 오빠가 생애를 마치는 마지막 병상에 있을 때, 오빠에게 아버지의 마지막 말씀을 상기시키며, "오빠, 고마워, 아버지가 오빠 때문에 평생 얼마나 뿌듯하셨을까"라고 말한 적이 있다.

나는 고작 대학 2학년밖에 안 되는 응석꾸러기였기에, 아버지께 그 어떤 효도도 하지 못하고 말았다. 막내로 태어난 것이 안타까웠고, 맏이로 태어나서 평생 아버지에게 기쁜 소식만 갖다 드리고, 한껏 물질적으로도 효도를 다할 수 있었던 오빠가 부럽고 또 대견해 보였다.

아버지는 돌아가시던 날 아침에 나를 부르시더니, 어머니에게는 말하지 말라 하시며 "내가 오늘 죽을 것 같으니까, 단장과 신을 방 앞에 갖다 놓아라. 그리고 족자며 현판을 다 치워라" 하고 말하셨다. 저승에 가실 대비를 하셨던 것 같다. 아버지의 죽음이 가져다주는 슬픔이 어떤 것인지 짐작도 못 하던 나는 오로지 놀랍기만 해서, 바로 어머니에게 그 말씀을 그대로 전했다. 식당에서 아침 진지를 잡수시던 어머니가 파랗게 질리시며 수저를 탁 놓고 허둥지둥 이층 아버지 침실로 가셨다.

부엌 아주머니들이 쯧쯧 하고 혀를 차며 나더러 철없다고 한마디씩 했다. 철없다는 것은 모자란다는 말일 것이다. 모자란 것이 늘 부모의 사랑 속에서 그것마저 인식하지 못한 채 제멋대로 살아온 것이다. 죄송스럽기 이를 데 없다. 이것을 젊을 때에 깨달았다면 어머니에게만이라도 효도를 했을 텐데 여전히 어머니의 사랑만 받았고, 혹시나 어머니가 언니들에게 더 잘해 주시지는 않을까 하고 신경을 곤두세우는 못된 딸이었다.

'깨달았을 때는 이미 늦었다' 참 옳은 말이다. 그래서 나는 여생이 얼마 남지 않은 분들에게는 내 나름대로 사후에 부의금을 드리느니 살아 계실 때 단 한 번이라도 선물이라도 하자는 마음으로 있다.

　마침 피난 중이라 모든 친척, 결혼한 언니들의 내외 모두, 손자 손녀들이 빠짐없이 지켜보는 가운데 아버지는 주무시다가 숨이 다하셨다. 남기실 말씀은 이미 다 하시고, 이웃이며 친척들에게 인사하실 것 다 하시고, 평생 한 푼의 빚진 일 없이. 나도 죽을 때는 아버지처럼 죽는 것이 최대의 소원이다. 가까운 묘심사(妙心寺)에서는 아버지의 깊은 신심(信心)을 기려 법당에서 장례식을 거행해 주었다. 당시는 법당에서의 장례식은 금지되어 있었다고 들었다.

　적군(赤軍)의 서울 점령 동안 아버지는 서울에 남겨 놓은 어머니와 나의 무사를 기원하시느라 묘심사에 늘 들르셨던가 보다. 어머니와 나를 걱정하시느라고 혈압도 높아지셨다 했다.

　돌이켜 보건대 아버지는 경천애인(敬天愛人)을 말없이 실천으로 내게 가르쳐 주신 분이다. 돌아가신 후 아버지는 나에게 거의 신격화되어 있다. 80세를 바라보는 지금까지도 꿈에서도 내게 무언가를 암시해 주시고, 아버지가 꿈에 보이면 영락없이 다음날은 기쁜 일이 생긴다. 막내라 오래 보살펴 주지 못하신 것을 저승에 가셔서도 잊지 않으신 것일까……. 그러나 나의 형제며 아버지를 아는 친척들도 아버지가 꿈에 보이면 반드시 좋은 일이 있다고 한다.

　우리 부모는 우리 형제에게는 종교였다.

2005년

나의 어머니

　나의 어머니는 1960년 5월에 67세를 일기로 타계하셨으니까 어린 시절은 조선조 때에 사셨고, 성인이 되신 후는 20세기 전반에서 사신 분이다. 무숙 언니와 내가 작가가 되었으니, 어머니가 어떤 교육을 시켰는가 하는 질문을 받을 때가 있는데, 곰곰 생각해 보아도 딱히 내세울만한 것이 없다. 그냥 보통의 어머니였다. 굳이 말한다면 책 읽기를 좋아하시고 신문을 늘 보셨다고나 할까? 언니들은 어릴 때 어머니가 '춘향전'이나 '흥부전' 같은 우리나라 고전문학을 읽어 주셨다고 하는데, 소위 신식 교육을 받지 않았던 조선조 때에 태어났던 어머니들은 거의 다 그랬을 것이니까 그것이 딸 둘이 작가가 되는데 영향을 주었다고는 생각할 수 없다.
　어머니는 어른 앞에서 다리를 뻗고 앉는다거나, 아버지나 어머니의 세수 수건에 손을 닦는다거나, 두 분이 쓰시는 물건, 이를테면 책상 서랍 등에 손을 댄다든가, 어머니의 빗이나 가위를 허락 없이 만진다든가, 소리 내어 문을 닫거나, 어른에게 말대꾸하는 따위 등 소위 몸가짐, 말투 등에 철저히 엄격하셨다. 어머니 스스로도 아무리 더운 여름에도 버선을 벗은 적이 없고, 윗저고리 한번 벗으신 적이 없으셨다. 그 시절은 에어컨이라는 것이 없고 일제 선풍기도 귀했다.

어머니는 학교라는 것의 문 앞에도 가본 적이 없는 1891년에 태어나신 분이나, 일상의 국·한문에 불편이 없으셨고, 심포니도 오페라 공연도 아주 즐기셨다.

어머니의 모습은 자그마하고, 단아하고, 언제나 화장기 없는 깨끗한 얼굴이었으며, 돌아가실 때까지도 쇠지 않은 검은 머리를 한 가닥도 흐트러지지 않게 깎듯이 쪽을 찌고 계셨다. 어머니는 복 많고 재색을 겸비해 나이보다 10년은 젊어 보인다는 말을 많이 들으셨다. 맑은 눈 속 깊이 인자한 미소 같은 것이 늘 서려 있었는데, 내 평생 한 번도 그 눈에 노기가 등등한 것을 본 적이 없다. 뿐만 아니라 그 언행에서 희로애락을 과하게 나타내신 것을 본 기억도 없다. 어머니의 외가는 신숙주의 직계인데, 숙주나물이라고 하면 펄쩍 뛸 정도의 가풍이라 반드시 녹두나물이라 해야 했다. 종이 80명이 있었는데, 한일합방 후 40명은 이완용 집으로 가고, 40명은 뿔뿔이 흩어졌다고. 이완용 집으로 간 하인 중 복순 할멈이라는 분이 있었는데 가끔 우리 집에 들리며 50이 넘은 어머니를 작은 아씨라고 불렀다. 내가 중학 3학년 (15세) 때 복순 할멈이 "작은 아씨, 내가 막내 따님 중신 서러 왔읍죠" 하며 내 신랑감 소개를 늘어놓기도 했었다. 그 사람은 지금이 어느 시대인지 전혀 모르는 것 같았다.

어머니를 회상하면 '언제나 베푸시던 분'이라는 이미지가 맨 먼저 떠오른다. 어머니는 먹는 것을 하인들에게도 가족과 똑같이 먹게 하셨다. 전쟁이 발발해서 적군 치하에 있을 때 태순의 아버지가 딸을 데리러 천안에서 걸어서 왔는데, 태순이는 죽더라도 마님하고 죽을 테니까 아버지는 아무 염려 말고 집으로 가시라 하며 자기 집에 가지 않았다. 어머니의 추억 중 가장 뚜렷한 것은 6·25 적치하 3개월 때다. 아버지는 마침 부산에 출장 중이어서 식구는 어머니와 대학에 갓 입학한 나와 아줌마뿐이었는데, 다섯도 되고 여덟도 되는 피난 온 친척들을 아무 내색 없이 감춰둔 쌀로 먹이셨다. 나중에는 모두 죽으로 연명했는데, 9·28 수복이 되고 다들 떠나고 난 후에야 어머니는 "사흘만 수복이 늦었으면 우리는 다 굶어 죽었을 것이다"라고 말하셨다. 대범하다 할까. 지금도 그때의 어머니를 생각하면 깊이 고개가 숙여진다. 그런 상황에서 나는 과연 그 흉내라도 낼 수 있을까?

어머니는 그 시대 여성으로서는 비교적 친구도 많으시고 외출도 잦으신 편이었다. 아버지와 함께 온 가족이 외식도 자주 했고, 일요일이면 다 함께 가까운 사찰 같은 데에 구경도 다녔고, 온천도 자주 갔다. 나의 어머니에게서 희생적 모성 상 같은 것은 전혀 찾아볼 수 없다. 자식을 때리거나 큰소리로 나무라는 적도 없었고, 익애(溺愛)니, 몰애(沒愛) 따위의 모습도 찾을 수 없었다. 늘 밝고 맑고 조용하고 단정하셨다. 아버지를 비롯해서 온 가족이 어머니를 지극히 아끼고 존경하고 받들어 모셨다. 어머니가 자식들에게 교육시키신 게 있다면 '신용과 의리를 지켜야 사람'이라는 것이다. 그 교육은 뱃속에서부터 자식들의 골격을 형성했을 것이다. 어머니는 자타가 공인하는 미의(美衣), 미식가며, 언제나 아름답고 깨끗한 거처를 좋아하셨다. 어머니는 각별히 자녀 교육에 힘쓰신 건 없지 않을까? 생활 그 자체가 자녀 교육이었다고 생각한다.

2005년

아버지의 기도

내 형제는 나보다 17년 나이 위인 오빠를 선두로 오빠보다 두 살 아래인 정숙 언니, 연년생인 무숙 언니, 그리고 10년 만에 태어난 묘숙 언니가 있고 나는 그 후 4년 만에 막내로 태어났다.

내가 영아일 때의 기억은 없고, 어릴 때의 기억이 남아 있는 것은 아마도 너댓 살 무렵부터가 아닐까.

내가 마당에서 뛰어놀고 있으면 아버지는 "이쁜 말숙이, 이리 온!" 하시면서 나를 안아 올리시곤 하셨다.

초등학교에 다닐 때도 나를 부르실 때는 "이쁜 말숙이"라고 하시며 꼭 '이쁜'이라는 형용사를 붙이시며 부르셨다. 내가 언제나 어디서나 자신감이 있었던 것은 아버지의 그 사랑 때문이 아닐까 한다. 또 내가 평생 외양에 전혀 신경을 안 쓰게 된 것도 어릴 때 아버지가 이쁘다고 하신 탓이 아닐까. '나는 이쁜 아이'라는 자신감을 심어 주신 것이다. 사실은 우리 형제 중에서 내가 가장 안 이쁘게 생긴 애이지만.

아버지는 나를 안으시고 기분 좋게 흔들어 주시며,
"우리 이쁜 말숙이, 아버지가 하는 대로 따라서 해라."
"네."
"나는"
"나는"
"뱃놈의 개올시다."
"뱃놈의 개올시다."
"먹고 놀기만 합니다."
"먹고 놀기만 합니다."

아버지는 이렇게 두세 번 반복하시고 나는 따라 했는데, 그럴 때마다 어머니며 언니들이며 또 부엌 사람들도 킥킥거리며 웃었는데 나는 어려서 눈치가 없었던지 그들이 왜 웃는지 몰랐다.

아버지가 돌아가신 후 아버지를 추억할 때는 꼭 이 대목이 뚜렷이 기억에 남았다. 오빠며 언니들은 다 학교 다니고, 모든 가족들은 맡은 일이 무엇이건 나름대로 하고 있는데, 먹고 놀기만 하는 식구는 오로지 나 혼자뿐이니, 아버지가 그것을 지적하신 게 아닐까. 아버지가 나를 놀리셨구나 하고 생각했다. 그런 줄도 모르고 아버지가 말씀하시는 대로 신이 나서 따라 하는 내가 다른 가족들은 얼마나 우스웠을까.

그런데 요즈음은 아버지의 뜻이 전혀 다르게 생각되기 시작했다.

인생의 기초가 된다는 아버지의 유, 소년 시절은 1890년대 조선조 때다. 여자로 태어나면 비록 공주건 고관대작의 딸이건 일단은 남성보다는 고난의 인생이 예측되던 시대다. 또 남자로 태어났다 하더라도 걸핏하면 귀양 가거나 사약을 받거나 했다. 대부분의 서민들도 결코 평탄한 일생은 아니었던 때다. 보릿고개가 있어서 굶기가 일쑤였다. 이런 인생사의 기복(起伏)도 명암(明暗)도 아랑곳하지 않고 넓고 넓은 백사장에서 먹고는 자고, 먹고는 뛰어놀기만 하는 개가 오죽 부러웠으면 '뱃놈의 개 팔자'라는 말이 예부터 있어 왔을까.

옛날에는 환갑까지만 살아도 짧은 일생이라고는 생각하지 않았고 또 환갑이 넘으면 대개는 아무 일도 할 수 없는 사람으로 생각했다. 그래서 환갑잔치를 크게 했고, '인생 70 고래희'라고 해서 70세까지 사는 것은 자고로 드문 일로 생각했다.

나는 아버지의 40세 때 태어난 데다가 딸이었으니, 나의 앞날을 얼마나 염려하셨을까. 막내딸을 돌보아 줄 수 있는 시간도 길지 않았고, 더구나 나의 너댓 살 때는 1930년대 초여서, 늦게 난 딸애에다가 나라는 일본의 식민지여서 집안일이며 나랏일도 앞이 보이지 않은 때였다. 그래서 평생 걱정 없이 먹고 놀기만 하는 '뱃놈의 개 팔자'처럼 되라고 아버지는 내가 태어났을 때부터 간절히 기도하신 것이다. 아버지가 나를 놀리셨다면 왜 다른 형제들이 어렸을 때는 그러지 않으셨을까?

아버지가 돌아가신 후 반세기도 더 지나고, 내 나이 지천명을 훨씬 넘고 나서 비로소 겨우 그 뜻을 깨달은 나다. 숙연히 아버지께 고개를 숙인다.

2006년

프라하에서 온 크리스털 부엉이 가족

프라하에 있는 내 〈아름다운 영가〉의 번역자인 미리암 뢰벤스타인노바 교수에게 나의 근황을 이메일로 보냈다. 물론 내가 11월 중순에 베를린에 간다는 것도 알렸다. 미리암은 언니가 베를린에 살고 있어서, 자기도 가 보려던 차여서 거기서 만나자고 회답을 보내왔다. 그리고 부엉이는 더 필요 없는가, 사 가지고 갈 테니 사양하지 말고 말해달라고 했다. 나는 할머니 부엉이가 없어서 섭섭했었는데, 미리암의 제의가 어찌나 반가웠던지 서슴지 않고 바로, 귀 끝까지의 길이가 6센티미터 이하의 것으로 할머니의 느낌이 드는 것을 사다 주면 너무너무 기쁘겠다고 써 보냈다.

우리 집에 부엉이 가족이 구성되기 시작한 것은 3년 전부터다. 2001년 5월, 남편의 공연이 끝나고, 프라하를 떠날 때 공항 면세점에서 높이 5.8센티미터, 폭 2.5센티미터, 두께 8밀리미터의 크리스털 부엉이를 미화 4달러에 샀었다. 몸의 빛깔은 짙은 감빛이고 부리와 두 발은 빨갛고 머리통과 얼굴과 귀는 까만데, 커다란 흰 눈에 표정 없는 눈동자가 유난히 까맣고 컸다. 그 눈이 어떻게 보면 놀란 것도 같고, 또 어떻게 보면 무언가 다 알고도 모르는 척 시치미를 떼고 있는, 사람으로 치면 40대의 여인을 연상케 해서 재미있었다.

 귀국 후, 두 살 된 손녀가 우리 집에 다니러 와서, 보지 못하던 부엉이가 있으니까 신기하고 예뻐 보였던지 그것을 갖고 싶어 하는데, 더 값나가고 좋은 것은 아낌없이 주겠으나, 정든 지 며칠도 안 된 부엉이를 줄 수가 없었다. 나는 손녀에게 손가락 열 개를 쫙 펴서 두 번을 상하로 흔들어 보이며, "이렇게 이렇게" 스무 밤만 자면 저것하고 똑같은 것을 사다 주겠노라고 했다. 손녀는 알아들었는지는 몰라도 고개를 끄덕거리며 나의 제안을 쾌히 받아들이는 것 같았다. 그날 밤 내가 스스로 생각해도 나는 정말 '할미'가 아니었다. 나이 칠순의 할미라는 사람이 겨우 두 살이 된 어린 손녀가 원하는 4달러짜리 장식품을 주지 못한다니 말이나 될 일인가. '세 살 적 버릇 팔순까지' 가는지, 나는 한평생 자그마한 장난감이나 작은 장식품을 좋아했다.

 나는 손녀와의 약속을 지키기 위해 바로 미리암에게 내가 사 온 부엉이의 모습을 상세히 설명하고 똑같은 것을 사서 보내 주면 돈을 보내겠다고 했다. 사나흘 후에 미리암에게서 이메일이 왔는데, 그것과 똑같은 것은 아무리 찾아보아도 없어서 다른 것을 샀는데, 이웃에 사는 한국학과 학생이 어학연수로 곧 서울에 가게 되어서 그편으로 전하겠다고 했다. 뜻밖에도 일이 신속하게 진행되었다.

　손녀와 약속한 날보다 훨씬 앞서서 나는 그 학생을 C 커피숍에서 만났다. 그런데 유학생이 가지고 온 크리스털 부엉이는 한눈에 보아도 예쁜 아기 부엉이였다. 몸통 전체가 투명한데, 마치 프리즘처럼 보는 각도에 따라서 여러 가지 색깔을 발했다. 키는 3.5센티미터, 어깨 넓이는 2.5센티미터, 눈은 똥그랬다. 손바닥에 꼭 쥐고 뽀뽀를 하고 싶은 충동이 일 지경이었다. 미리암은 내 속을 미리 알았던지 똑같은 것을 두 개 보내왔다. 편지에 손녀하고 나눠 가지라고 써 있었다. 그렇게 고마울 수가 없었다. 만일 하나만 가져왔었다면 나는 아마 아기 쪽을 갖고, 먼저 것을 손녀에게 주었을지 모른다. 아니, 어쩌면 부엉이 생김새가 엄마하고 애기 같으니까 함께 있게 하자고 손녀를 설득했을지도 모른다.

　일 년 후에 미리암의 옛날 제자가 관광 차 서울에 왔는데 나에게 몸통은 회색 바탕에 흰 무늬가 있고 날개는 갈색인 크리스털 부엉이를 선물로 가져왔다. 동그란 눈이 장난기가 있고 익살스럽고 즐거워 보여서 웃음이 저절로 나왔다. 부엌 선반에 선착 부엉이와 나란히 세워 보니까, 엄마 부엉이보다 키는 1센티미터 작고 날개까지 합하면 넓이는 엄마부엉이보다 2센티미터나 넓었다. 그것을 엄마와 아기 사이에 세워서 아들로 만들었다. 그러고 보니까, 아빠는 없고 엄마, 아들, 딸만의 가족이 된 셈이다. 그것은 결코 안 될 일이었다. 나는 회색 부엉이를 맨 앞에 세워서 아빠로 하기로 하고, 엄마와 아기의 세 가족 단란하게 있으라고 속으로 그들에게 말했다.

그런데 아빠가 엄마보다 키가 작으니까 보기에 좀 어색했으나, 찰리 채플린도 부인보다 키가 작았던 것이 생각나서 그냥 두기로 했었다. 식탁에서 밥을 먹을 때나 그들 앞을 지나갈 때, 나란히 서 있는 그애들에게 "재미있게 지내지?" 하고 속으로 인사를 했다. 그럴 때는 내가 즐거웠다.

얼마 후에 내 큰아들이 해외에 갔다 오면서, 키 6.8센티미터, 몸통 두께 3센티미터, 넓이 5센티미터나 되는 먼저 온 부엉이들보다는 단연 큰 덩치의 크리스털 부엉이를 선물로 사 왔다. 몸 전체가 투명하고 그 속에 갈색 깃털들이 정교하게 투시되고, 매부리코와 위로 치켜뜬 눈이 당당하고 위엄이 있었다. 나는 그것을 할아버지로 하고 선착 부엉이들의 맨 앞에 세웠다. 하지만 할머니가 없으니까 가족의 구성상 허점이 있었다. 때때로 백화점 같은 데를 둘러 보았으나 찾지 못하고 있었다.

그런데 바로 며칠 전 미리암이 내가 주문한 대로 키가 6센티미터 이하인 할머니가 될 부엉이를 샀다고 하며 이번에 베를린에 가지고 오겠다고 했다. 나는 정말 고맙다고 답장을 보냈다.

이틀 후에 미리암에게서 메일이 다시 왔는데 할아버지가 와이프를 더 가지고 싶어 하지 않을까? 라는 것이었다. 나는 "아니, 아니, 절대로 그렇지 않다"라고 바로 답장을 보냈다. 큰일날 일이지. 그렇게 되면 이 가족은 완전히 깨지지 않겠나.

그러자 미리암의 딸이 부엉이들이 혹시 침대에서 자게 되면 침대가 필요하지 않을까 하고 묻는데 어떠냐고 물어 왔다. 나는 그 가족이 만일 자게 되면, 내가 매일 밤 그 식구들을 깨워서 세워야 하기 때문에 그 일까지는 못 하겠다고 했다. 미리암은 부엉이는 밤에는 깨어 있다는 것을 깜박 잊었다고 하며, 그런데 요리사가 필요하지 않을까? 하고 물어왔다. 나는 요리사는 필요하지만, 나이 든 여자가 또 있으면 남들이 할아버지나 아빠의 정부로 볼지도 모르니까 그만두라고 했다. 미리암은 요리사가 될 부엉이는 미인은 아니나 아주 민첩하고 재주 있고 예의 바르게 보인다고 다시 천거해 왔다. 나는 이번에는 고맙다고 했다. 나는 내친 김에 바쁠 텐데 미안하지만 엄마보다 2, 3밀리미터 더 키가 큰 아빠 부엉이가 있나 찾아보아 달라고 부탁을 했다. 엄마보다 키가 큰 아빠가 필요한 이유도 적어 보냈다. 만일 아빠 부엉이가 온다면, 지금 아빠로 있는 짓궂고 즐거운 표정의 부엉이를 아들로 삼을 것이다. 그러면 이들 예쁜 크리스털 부엉이 가족은 할아버지, 할머니, 아빠, 엄마, 아들, 딸 그리고 요리사의 단란한 가족으로 구성될 것이다. 나는 부엌 선반에 나란히 서 있는 그 조그마한 부엉이 가족을 보며 즐거운 미소를 지으며 행복감을 느낄 것이다. 행복한 순간은 이렇게 소박한 곳에도 있는 것이다.

　미리암에게서는 아직까지 내가 원하는 크기의 아빠 느낌의 부엉이를 발견했다는 소식이 없다. 쇼핑하는 데에는 시간과 돈이 들고, 무엇보다도 몸이 피로해지는데, 바쁜 미리암이 부엉이 때문에 얼마나 수고하는지는 생각하지도 않고, 내 욕심만 부린 것이 창피하고 미안한 생각이 뒤늦게 들었다.

체코는 세계적인 크리스털 제품의 나라라는 것이 내 머릿속에 박혀 있어서, 내가 원하는 부엉이는 가게 몇 군데에서 쉽게 찾을 수 있으리라는 선입견이 있었던 탓에 미리암을 괴롭혔던 것은 아닐런지?

아빠 부엉이를 미리암이 이번에 못 찾으면, 언젠가 찾을 수 있을 때까지, 하는 수 없이 엄마보다 키가 작은 아빠 부엉이와 어린 딸 하나와 조부모와 요리사로 그들 가족을 구성하는 수밖에 없다. 내가 만일 지금 한두 살짜리 어린이로 돌아 갈 수 있다면 얼마나 좋을까. 떼를 쓰고 울기만 하면 어른들이 쩔쩔매며 내 이 소박한 욕구를 들어줄 테니까…….

미리암을 체코도 한국도 아닌 제3 국인 독일에서 만나고, 이메일로 이렇게 빨리 의사를 교환할 수 있는 세상에서 지금 우리가 살고 있다. 이런 혜택을 누릴 수 있게 해준 여러 두뇌들에게 새삼 감사하고 싶은 기분이 든다.

조금만 생각해 보면 기초적인 의식주를 비롯해서 모든 것이 하늘의 덕이고 타인들이 수고하는 덕분에 내가 살고 있다는 것을 알 수 있다. 내가 쌀 한 톨인들 만들 수 있겠나, 사과 반쪽인들 만들 수 있겠나, 벽돌 한 장을 만들 수 있겠나, 실오라기 한 가닥인들 만들 수 있겠나, 아플 때 쓸 약 한 알을 만들 수 있겠나? 그리고 또 조그마한 크리스털 아기 부엉이 하나를 만들 수 있겠나?

2004년 11월

내키지 않던 만남, 의외의 선물

2004년 11월 17일 오후 6시부터 베를린에 있는 한국문화홍보원에서 나의 장편 소설 〈아름다운 영가〉(독일어: Uber Alle Mauern)의 낭독회가 있었다. 8개 국어로 번역 출판된 이 장편은 나라마다 다르지만 대체로 360쪽의 좀 긴 것이어서, 발췌한 부분을 20분간 우리 말로, 또 독일어로 20분간, 합쳐서 40분을 읽기 때문에, 참석자들이 지루해할 것 같아, 당일 아침 독일어로 읽는 프레이(Frey) 여사와 의논해서 낭독 부분을 30분 정도로 하고, 낭독 방식도 한국어로 내리 읽고 또 독일어로 계속 읽는 것보다는, 한 쪽 혹은 두어 단을 우리 말과 독일어를 바꾸어가며 읽기로 했다. 그런데 나는 독일어를 모르고 여사는 한국어를 모르기 때문에 원고에 (1) (2)…… 식으로 표시를 해두고, 후버(Hube) 교수와 독일어 공동 번역자인 유순옥 여사의 신호에 따라서 읽기로 했는데, 마지막이 (9)로 끝나서 우리는 베토벤의 9번 심포니라고 하며 즐겁게 웃었고, 유 여사는 위대한 지휘자가 되었다고 하며 또 한바탕 웃었다. 우리의 공통어는 영어였다. 유 여사는 브레멘(Bremen)에서 살고 있는데 일부러 베를린까지 왔고, 본(Bonn) 대학의 후버 교수는 학교 일로 시간이 겹쳐서 참석하지 못했다.

독일의 11월은 장마철이라고 하는데, 우리나라의 장마처럼 비가 주룩주룩 쏟아지지 않고, 내가 있던 일주일 동안은 하루 종일 맑았다가 흐렸다가 바람이 세게 불었다가 또 싸라기눈 같은 것이 간간이 뿌리기도 해서 우산을 펴 들면 멈추고 우산을 접으면 또 조금 뿌렸다. 그래서인지 독일 사람들은 비가 와도 예사로 맞고 다니는가 보았다.

나의 소설 낭독회 날은 대체로 흐렸다가 빗방울도 조금 떨어져서 날씨도 그렇고 알려지지도 않은 한국소설 낭독회에 몇 명이나 오랴 싶어 기대도 하지 않았다. 사실 국내에서 듣는 것과는 달리 이런 때에 참석하는 사람은 많아야 2, 30명이거나 10명 안팎, 그것도 거기에 거주하는 교포들이 대부분이라는 말을 이미 들어 알고 있었다. 그러나 막상 문화홍보원 홀에 가보니까 독일인과 우리나라 사람들로 꽉 차 있었다. 권영민 대사 내외를 비롯해서 김영희 공사, 김거태 원장은 물론이고, 동시통역이 거의 완벽하다는 윤일숙 양이 와 있었다. 홀 안을 보자 얼마나 우리 문화원에서 선전하느라고 수고를 많이 했는가를 알 수 있었다. 낭독할 부분은 한국어와 독일어로 된 예쁜 책자로 만들어져 있었다. 한마디로 낭독회를 위한 만반의 준비가 되어 있었다.

1997년 체코어로 이 소설을 번역 출간한 미리암 뢰벤스타이

노바 교수도 멀리 프라하에서 따님과 함께 와 있었다. 고맙고 반가웠다. 미리암은 독일어가 능숙했다. 유럽의 지식인들은 대개가 3, 4개의 외국어를 구사하는데 더듬더듬 영어 몇 마디 하는 나로서는 부럽기 짝이 없었다.

낭독이 시작하기 전에 프레이(Frey) 여사가 소설의 줄거리를 소개하고, 윤일숙 양이 나의 이력을 소개했다.

내가 먼저 (1)를 우리 말로 읽고 프레이 여사에게 마이크를 넘겨주니까 프레이 여사는 독일어로 읽고 나에게 마이크를 되넘겨주었다. 그러니까 유순옥 여사의 지휘 없이 매끄럽게 낭독이 진행되었다.

낭독이 끝나고 몇 가지 질문을 받았는데 그 중의 한국인 한 분이 "왜 '키스 했다'고 하는가, 입을 맞추었다고 하지?"라는 질문을 해서 보통 키스라고 한다고 대답했다. 그분은 한국을 떠나서 30년이 되었는데, 요즈음 한국 신문을 보면 그 어휘의 뜻을 알 수 없는 게 많다고 리셉션 때에 나에게 와서 아쉬움을 토로했다. 언어라는 것은 알게 모르게 변하고 있는 것이다. 한국인인 우리가 현재 조선조 때의 언어와 많이 다른 말을 하고 있는 것만 보아도 쉽게 알 수 있는 일이다.

〈아름다운 영가〉는 1981년 초판 때는 제목이 〈아름다운 靈歌〉였는데, 2000년 5판 때 제목을 바꾸자는 출판사의 제안을 받아들여서 〈아름다운 영혼의 노래〉로 바꾸었다.

외국어 판도 나라에 따라서 제목이 다르다. 폴란드어 판은 〈한 구석에서〉, 독일어 판은 〈모든 경계를 넘어서〉 그리고 이탈리아어 판도 그렇다.

베를린에서의 낭독회는 나에게는 뜻밖의 일이었고, 더구나 스위스의 저명한 평론가이며 시인이고 스위스 대학의 독일 문학 교수인 프레이(Eleonore Frey) 교수가 자진해서 독일어로 읽겠다고 문화원에 알리고, 취리히에서 베를린까지 숙박 등 모든 비용을 자비로 오셨다고 들었는데 나에게는 영원히 잊을 수 없는 일이다.

금년 봄, 어느 분의 소개로 약 10분쯤 만났을까? 아름답고 품위 있고 교양을 갖춘, 한눈에 유럽의 상류층 귀부인을 연상케 하는 인상을 받았었다. 여사는 프랑스어로 저서를 쓸 만큼 프랑스어와 독일어는 모국어와 같은 수준으로 구사한다고 소개를 받아서 〈아름다운 영가〉의 프랑스어 판을 한 권 드렸을 뿐, 그때 별로 한 얘기도 없이 덤덤하게 헤어졌었다. 전세의 무슨 인연이 있었다는 것은 이런 일을 두고 하는 말인지.

귀국 후, 여사는 크리스마스 선물로 스위스의 광산에서 나왔다는 산처럼 조각된 높이 5센티미터 폭 2센티미터의 조금 묵직한 덩어리를 보내주었다. 거기에는 금도 섞여 있었다. 금광석의 일부인지 수정인지 모르겠다. 그 후에 들은 말인데 여사는 유럽 각지에 별장이 있고, 젊은 예술가들을 후원도 해주는 재력이 있는 분이라고. 그런 분한테 내가 무엇을 답례로 보내야 할까 고심하다가, 웬만한 것은 눈에 차지도 않을 것 같아서 그냥 크리스마스 카드만 정성 들여 써서 보냈다.

나는 외국의 작가나 시인이 한국을 방문하면 만나 보라는 권유를 더러 받는다. 그러나 일본어 외에는 세계 공통어인 영어도 그저 그렇고, 프랑스어는 너무 오랫동안 안 써서 초보 정도도 아니다. 도대체 대학 나오고 몇십 년인가. 그리고 프랑스어를 접할 기회도 없었다. 되도록 만나기를 피한다. 그뿐 아니라 문학은 문학을 통해서 서로를 알게 되는 것이지, 만난다고 해서 도움이 되는 것은 아무것도 없다고 생각한다. 프레이 여사 때도 그랬다. 만나서 무엇 하나? 의사도 잘 통하지 않을 텐데 싶어서 "제가 바쁘니까 10분만 만납시다" 하고 미리 양해를 구했었다. 정말 내키지 않은 만남이었는데 나를 위해서 시간과 돈을 허비하며 성의를 베풀어 주셨으니, 나로서는 일찍이 받아 보지 못한 대단한 정신적 물질적 선물을 받은 것이다. 진심으로 그분께 감사드린다.

2004년

노력과 운명

　학문이, 아니 학벌이 인생의 전부가 아닌 것은 확실한 얘기다. 학벌뿐 아니라 무엇이던 '이것만이 인생의 전부다' 하고 자신이 가지고 있는 재능은 돌아보지도 않고 무작정 한 가지 일에만 골몰해서 목숨을 거는 것을 나는 찬성하지 않는다. 이런 사람은 좌절하기 쉽다. 인생에는 갈 길이 얼마든지 있다는 것을 알아야 한다. "두드려라, 그러면 열릴 것이다." "찾아라, 그러면 찾을 것이다." 그리고 일단 찾으면 최선을 다하라. 명심해라. 학벌이 인생의 전부가 아니다. 몸이 건강하고, 정신이 건강하면 안 될 게 없다.

　아이들에게 평소 나는 이렇게 말은 하나, 아이들이 지원하는 학교에 합격해 주기를 바라는 마음 또한 누구 못지않게 간절했다.

　막내아들의 대학 입시 두어 달 전 어느 날, 커피숍에서 우연히 유명한 관상가를 만나게 되었다. 내가 20대에 처음 알게 된

분인데, 거의 십여 년에 한 번씩 우연히 세 번째로 만난 셈이다. 두 번째까지 지나가는 말처럼 예언한 것이 묘하게 맞았기 때문에 십여 년 만에 그렇게 만나게 되니, 더구나 한창 긴장하고 있던 때여서 무척 반가웠다. 바로 아이의 합격 여부를 물어보았다.

그가 말했다.

"꼭 거기 아니면 안 됩니까? 좀 낮춰도 괜찮지 않습니까?"

이게 무슨 말인가? 가슴이 덜컥 내려앉는 것 같았다. 나뿐 아니라 학교에서 큰 기대를 걸고 있는 아이인데 이걸 어떻게 하나! 그러나 좌절이 있으므로 아이가 더 크고 강해질 수도 있으니까……. 하며, 자위와 희망을 교차해 가며 그저 결과를 기다리기로 했다. 그리고 좌절과 실망에 대비하느라고 혼자서 여러 가지 생각을 해보았다. 기왕 좌절을 겪으려면 나이 한 살이라도 젊을 때 겪는 것이 낫다. 왜냐하면 인생 여정의 시작부터 탄탄해질 수도 있기 때문이다. 나이 들어서 그렇게 되면 새로운 각오로 시작해 본다 해도 기회도 희박하고 또한 결실의 기쁨도 길게 누리지 못할 것이니까. 옛말에도 젊어서 겪는 고생은 사서라도 하라 하지 않았든가 등등.

그 선생의 예언은 내 아이 일에는 다행히도 빗나갔다. 그의 예언을 믿는 내 친구는 너의 아들이 혹시 방심할까 보아 정신 차리게 하느라고 그랬을 거라고 풀이를 해주었다. 예언이 맞으면 용한 사람이고, 맞지 않으면 그런 식으로 꿰맞추려고 하니, 참……. 나는 말없이 웃고만 있었다.

운명이라는 것이 있을 지도 모른다. 그러나 그것이야말로 신의 영역에 속해 있는 것이니, 어찌 사람이 그것을 알 수 있겠는가.

내가 인생을 반 이상 살고 보니, 사람의 힘으로는 어떻게도 할 수 없는 경지가 있다는 것을 막연히 느끼게 되어버렸다. 즉 99%는 노력이고 1%는 운이라고 생각하는 것이다. 99%는 있어도 결정적인 그 1%가 없으면 절대로 안 되고, 아무리 강한 그 1%가 있어도 99%가 없으면 100%는 될 수 없다는 것이다. 1%의 운이 좌우한다고 생각하는 것은 다분히 운명론자처럼 보일지도 모르나, 같은 노력과 실력이 있어도 성공하는 사람과 실패하는 사람을 많이 보아 왔기 때문이다.

흔한 예로, 하필이면 시험 날 아침에 급한 수술을 하게 된다든가 따위……. 본인의 의지로는 어쩔 수도 없는 상황이 왜 일어나는지?

운명이라는 신비를 생각할 때 나는 하늘이 두렵게 느껴진다. 그러니까 누구나 더욱 겸손하게 또한 더욱 노력해야 하지 않을까. 99%를 채워야 하기 때문이다. 준비가 안 된 사람에게 하늘이 아무리 강력한 마지막의 1%를 던져준들 무슨 소용이 있겠는가?

내가 귀여워하던 조카가 미국에서 교통사고로 타계한 일이 있었다. 27세의 의사였는데 밤새워 응급환자를 소생시켜 놓고, 그날 의사 종합시험을 치르기 위해서 새벽에 장거리를 운전하고 갔다. 고속도로에서 교통순경이 그의 차를 세우고 일렀다.

"당신은 지금 졸면서 운전을 하고 있으니까 5분 만이라도 자고 가라."

그러나 조카는 시간에 닿기 위해서 계속 운전해 가다가 차가 전복되는 사고를 낸 것이다. 졸았던 것이다. 가슴이 아팠던 말을 여기서 하려는 것이 아니다. 그때 그 순경의 충고는 신의 충고였다고 생각한다. 조카는 그것을 거절한 것이다.

그렇게 생각할 때, 남의 말 특히 나를 위한 충고를 소홀히 하면 안 된다고 생각한다. 세상을 사노라면 대부분의 사람들이 나에게 무관심하고, 때로는 심지어 해치려고까지 하고, 어떤 사람은 달콤한 말로 아첨하기도 한다. 그런데도 오로지 나를 위해 타의 없이 듣기에 거슬리는 말로 충고하는 사람도 있다. 그것은 진실로 신의 충고라고 생각할 만하지 않은가.

어린 자식이 제 발로 걸어서 대문 밖을 나갈만한 때가 되면 흔히 어머니들은 유괴당하지 않을까 하는 걱정 때문에, 누가 맛있는 것 사준다, 혹은 재미있는 것 보여 줄게 등의 말을 해도 절대로 따라가지 말라고 누누이 이른다. 자식에게 이런 충고를 하는 것은 어릴 때뿐 아니다. 어른이 되어도 거의 같다. 남녀 교제에 관해서도 미리 충고를 해둔다. 좋은 충고를 받아들여서 노력하는 것도 운명이고, 충고를 무시하는 것도 운명이라면 운명이다. 이렇게 생각하면 운명이라는 것은 각자의 마음의 항로에서 비롯되는 것 같기도 하나, 아무리 착하고 성실해도 그를 둘러싼 주위의 여건이 안타깝게도 계속 나쁘게만 돌아가는 것도 보았다. 그런가 하면 별로 큰 노력을 하지 않는 사람에게 늘 탄탄대로가 열리는 것을 보기도 한다. 아니 그뿐이랴, 이루지 못해서 크게 좌절했던 일이 오히려 후에 큰 복을 안겨 주는 예도 흔히 본다. '새옹지마(塞翁之馬)'의 고사는 영원한 진리 같다. 그러나 그 역시 운명이라면 운명이 아닐는지?

1986년

여유와 휴식

 요즈음처럼 노이로제니 스트레스니 하는 상태가 팽창하는 세상에 '마음의 여유'란 듣기만 해도 신선하고 황홀하다. 내가 어릴 때는 학교에서나 집에서나 "급하면 돌아서 가거라" 혹은 "화나면 열까지 세어라"라는 교육을 받았는데, 그 뜻인즉 '마음의 여유'를 가지라는 것일 게다.
 마음의 여유를 갖지 못해서 사람들은 얼마나 괴로워하고 잠 못 이루는 밤을 전전긍긍하는가. 심지어 쇼크로 쓰러졌다느니, 아니, 쇼크로 죽었다느니 하는 일까지 있지 않는가? 남녀노소를 막론하고 자살하는 사람도 있다.
 나더러 언제나 여유가 있어 보인다고 하며 비결이 무언가 알려달라는 친구가 있다. 비결 같은 것은 없고, 예를 들면 원고 마감 날이 지나고 또 지나서 더 이상의 연기가 어려운 때, 나는 잠 깨기 시계를 새벽 두 시쯤에 맞춰 놓고, 열 시쯤부터 잔다. 자는 중에 시계가 요란스럽게 울리면 물론 잠깐 잠이 깬다. 잠은 깨나 머리가 띵하고 컨디션이 좋지 않다. 그러면 자문자답한다.

'너는 살려고 글을 쓰는가? 죽으려고 쓰는가?'

'그야 살려고 쓰지.'

'그렇다면 푹 자는 게 낫겠다.'

'그렇지! 찬성이야.'

이런 식으로 쓰려고 마음먹고, 메모까지 완전히 해놓은 소설을 차일피일 쓰지 않고 미룬다. 이런 것을 과연 마음의 여유가 있다고 할 수 있을는지 모르겠다. 여유일까 게으름일까? 사실 소설 쓰는 것만이 인생에 있어서 대단한 그 무엇은 절대 아니니까. 건강을 해치면 쓸래야 쓸 수도 없지 않은가.

일제시대 때에 체력장이라는 것이 있었다. 그것이 중학 입시에 반영하기 위한 것이었는지 아니면 성적에 들어가는 것이었는지 모르겠다. 어떻든 절대 필수적으로 해야만 했다.

600미터 달리기가 있었는데 교정에 흰 페인트로 원을 그려놓고, 그것을 여섯 바퀴 달려야 하는 것이었다. 두 바퀴를 도니까 눈앞이 캄캄하고 가슴이 아프고 숨이 가빠서 금방 죽을 것만 같았다. 내가 열한 살 때의 일이다. 세계 2차대전이 막바지에 이르면서 교내의 모든 규율이 엄하기 이를 데 없었다. 달리기를 포기하거나 하면 그야말로 어떤 벼락이 떨어질지 모를 분위기였다. 그러나 나는 어린 마음에도 '제기랄, 달리기하는 것도 건강하기 위해서라는데 달리다 죽으면 본말전도야!' 하고 생각하게 되자, 그만 코스를 이탈해 버렸다.

심판관 선생님은 내가 여섯 바퀴를 다 돈 줄 알고 "한말숙 일 등!" 하고 소리를 치며 칭찬을 했다. 나는 어이가 없어서 그를 쳐다만 보고 있었는데, 나와 함께 달리던 친구들은 허덕거리면 서도 "아니에요, 걔는 포기한 거예요." 하고 저마다 소리를 쳤다. 그러나 심판관의 귀에는 안 들리는 것 같았다. 친구들이 약이 올라 죽겠다고 법석을 치는 통에 나는 하는 수 없이 심판관 선 생님에게로 가서 일등이 아니라, 죽을 것 같아서 포기한 것이었 다고 솔직히 말했다. 그 일본인 선생님은 "알았어, 알았어" 하며 내 단발머리를 쓰다듬고는 돌아서 가버리셨다. 무엇을 알았다 는 것인지? 지금도 그 뜻을 알 수 없다. 일등이건 포기건 마찬가 지라는 뜻인지, 체력장 같은 건 있으나마나라는 뜻인지, 전쟁도 다 끝나가는데 공연히 죄 없는 애들만 들볶는 것이 속으로는 우 스꽝스러웠는지? 지금도 그 표정을 상기하면 그야말로 여유 있는 너그러움을 감득할 뿐이다.

인생사 매사는 대소를 막론하고 다 같이 소중해서 어느 일에 건 성의를 다해서 대해야 하지만, 어떻게 생각하면 두 손바닥으 로 물을 풀 때 손가락 사이로 새 나가는 물은 그냥 흘려버리는 것처럼, 대수롭지 않은 것은 더러 잃으며 사는 것도 유연한 인 생의 멋이 아닐까? 자신의 결점은 접어두고, 타인에게는 단 한 방울의 물도 줄 수 없다고 눈을 부릅뜨며 사는 인생은 생각만 해도 끔찍하고 숨이 막힌다.

인생은 짧다면 짧고 길다면 긴 것이다. 항상 인생은 길고, 오 늘 안 되면 내일 되려니 하는 기분으로 살면 어떨까. 오늘 안 된들 또 어떠랴. 다만 성의를 다해 노력을 하고 있는가가 문제지, 결과는 나중 문제가 아닌가? 마음에 여유를 가지면 몸도 마음도 휴식을 취하게 된다. 잠시만 쉬면 오던 길을 되돌아볼 수도 있고, 외길만 보고 달리던 시야도 넓어지는 의외로 큰 이익도 얻을 수 있다. 그리고 무엇보다도 정신적 육체적 건강에 좋다.

요즈음처럼 아이들을 학교 성적에만 매달리게 해서 아이들을 한 구석으로 몰아넣지 말기를 간절히 바란다. 가정이나 학교나 사회 모두가 마음의 여유와 휴식을 갖도록, 그리고 정신과 육체의 건강에 힘쓰도록 하는 분위기를 조성해야 한다고 생각한다.

모 조간신문 'Why'라는 란에 우리나라에서 일가를 이룬 출중한 인물들을 소개하는 시리즈가 나오는데, 그중에 초등학교조차 순조롭게 나온 사람은 몇도 없는 것을 보면 학벌이 무엇인지 알 것이고, 해외에서 박사학위를 딴 대학강사가 생활난으로 최근 들어 네 사람이나 자살을 한 것을 보아도 우리나라의 교육이 잘 되어 있는지 아닌지 판단될 것이다.

1975년

인생은 만남의 연속

문학은 어느 면으로 보면 사람과 사람의 만남의 사연이다. 인생은 만남의 연속이고, 죽음은 마지막 만남이다. 세상에 태어나서 어머니와 아버지를 만났고, 또 형제자매를 만났고, 이웃과 친구를 만나고, 학교에 가서 스승을 만난다. 더 크면 이성을 만나고, 그중에서 특히 좋은 사람이 있고, 사랑하게 되어 결혼하게 된다. 그리고 다음에는 자신이 낳은 자식을 만나게 된다.

만남이란 참 이상한 인연이다. 우연한 만남이 나에게 기막힌 행복을 주는 때도 있고, 나에게 막대한 해를 끼쳐서 그 꼬리를 길게 끄는 수도 있다. 불가(佛家)에서는 길 가다가 소맷자락이 스쳐도 전세의 인연이라 해서, 만남의 소중함을 말하고 있다. 나는 불교 신자는 아니나, 만남의 인연이 너무 아름다울 때는 전생의 인연이라 생각하고, 너무 나쁠 때는 이것이 바로 그 전세의 업이 아니려나 하고 생각하게 된다.

사람과 사람이 만나게 되는 것은 생각하면 참 기이한 일이다.

그 많은 이미 죽은 사람들이며, 현재 살아 있는 하고 많은 사람들 중에 하필 살아서 같은 시간에 만나다니……. 삼국지에 나오는 유비, 관우, 장비 제갈공명의 만남의 인연과 그들과 평생을 싸운 조조의 만남을 비교해 본다. 전자들은 후세에 길이 남을 의(義)의 본보기이나, 조조와의 인연은 베풀어도 적으로 대하게 되는 인연이 되고 마니, 역시 전세의 업인지.

안나 카레닌이 기차 정거장에서 우연이 우론스키를 만나지 않았던들 그녀는 유명한 정치가의 행복한 처로서 일생을 화려하게 마쳤을지도 모른다. 아름다운 그녀가 실연의 비애와 자괴감에 젖어 달리는 기차에 투신자살을 할 줄이야 상상할 수도 없었을 것이다. 라스콜리니코프가 소냐를 만나지 않았다면, 그는 죄를 뉘우쳐서 경찰에 자수하지도 않았을 것이며, 그 죄의 당연한 벌로서 죽음보다 무서운 고뇌 속에서 기독교적인 구제도 받지 못하고 영원히 번민의 지옥을 헤맸을 것이다. 헤아릴 수 없을 만큼 많은 명작 속에서의 만남만도, 그 기이함은 너무도 많아서 여기서 인용하는 것조차 불가능하다. 하물며 사람의 일상 생활에서의 만남은 말해 무엇 하랴. 나라와 시대를 잘 만나고, 부모를 잘 만나고, 형제를 잘 만나고, 자식을 잘 만나고, 친구, 동료, 선후배, 스승과 제자를 잘 만나는 사람은 얼마나 복된 사람인가. 이웃을 만나 좋은 낯으로 인사하고, 내 차를 먼저 가도록 길을 양보해 주는 차를 만나면 그 하루는 얼마나 즐겁고 행복한가.

어느 스승의 말 한마디에 자극되어 분발해서 생애에 큰 전환을 가져온 예는 너무도 많고, 친구를 잘못 만나서 그만 끔찍한 죄인의 길로 가게 되는 경우도 많다. 나에게 있어서 셰익스피어나, 괴테, 도스토예프스키, 톨스토이, 헤세, 지드, 프루스트, 조이스, 까뮈 등을 책을 통해서 만나지 않았다면……. 과연 내가 문학을 하게 되었을까?

만일 나를 불쾌하게 하는 사람을 혹은 나에게 해를 끼치는 사람을 만나지 않았다면, 나는 아마 관용이라는 미덕을 평생 경험해 보지 못했을 것이다. 그래서 좋거나 나쁘거나, 사람과 사람과의 만남은 소중한 것이라고 생각한다.

1990년

나의 자녀 교육

나는 사석에서나 공개된 장소(예를 들어 신문이나 잡지) 등에서 내 아이들을 어떻게 길렀는가 하는 질문을 가끔 받는다. 이럴 때마다 참 난처해진다. 왜냐하면 특별히 이렇다 하고 말할만한 것이 없기 때문이다.

몇 년 전, 남편의 도쿄 공연 때, 유명한 무용가 이매방 선생님과 무대 뒤에서 한담을 하고 있었는데, 꽤 부유해 보이는 그분의 옛 제자가 찾아와서 그녀의 생활을 자랑스럽게 말했다.

"여섯 살 된 사내아이를 아침 일곱 시부터 한 시간 영어, 다음은 수학, 수영, 점심 후는 미술, 국어, 피아노, 노래 등의 레슨에 따라 다니느라고 하루가 훌쩍 가버려요. 그러느라고 진작 선생님을 찾아뵙지 못해서 죄송합니다." 그녀는 선물도 잔뜩 들고 왔었다.

험구로 소문난 그 선생님은 "지랄하네, 아 새끼 돈 들여서 미친 놈 맨들겠다!" 하고 쏘아 붙이셨다.

요즈음은 우리나라에도 그녀와 비슷한 어머니들이 늘어나고 있다고 한다. 그래서 나의 자녀 교육에 대해서 물으면 "낳았더니 제풀에 잘 자라 주었다"고 대답할 수밖에 없다.

내가 굳이 내 자식에게 가르친 것이 있다면, 초등학교에 들어가기 전에 한글과 한자를 조금 가르쳤다. 왜냐하면 내 아이들이 취학할 무렵은 60년대였는데, 문교부에서 한글 전용을 강행해서 아이들이 한자를 전혀 모르게 되어 있었다. 신문은 물론 제 이름부터가 한자인데, 학교에서 배울 수 없으면 집에서라도 가르쳐야 하겠다고 생각한 것이다. 비록 우리 사회에서 한자가 완전히 없어지더라도 배워 두어서 나쁠 것도 손해 볼 것도 없는 것이 지식이라는 것의 속성이 아닌가. 더구나 동양은 몇천 년 동안 한자 문화권에 있었지 않았는가.

중학교 1학년 수업이 시작하기 전에 1학년 1학기의 영어 교과서를 읽어 주었는데, 아이들이 한자 공부도 재미있어 하고 영어도 재미있어 했다. 그뿐 아니라 대체로 공부하기를 재미있어 했다. 내가 자식들에게 가르친 것이 있다면 오로지 그것뿐이다.

초등학교 취학 전에 피아노 선생님을 초청해서 네 아이에게(2남 2녀) 가르쳤는데, 특별히 재능이 있는 것 같지 않아서 취미로 칠 만 할 정도가 되어서는 레슨은 받지 않았다. 큰아들은 피아노 치는 것에는 흥미가 없었고 그림은 혼자서 많이 그리고 재미있어 하는 것 같았으나, 역시 그 방면에 뛰어난 재능은 발견할 수 없었다. 나나 내 남편은 예술은 아무나 한다고 되는 것이 아니라는 생각을 가지고 있었기 때문에, 이런 아이들을 굳이 예능

교육에 몰아넣을 생각은 없었다.

아들 둘이 다 이공계를 택한 것은 초등학교 시절 미국의 주간지 「타임(The Time)」에서 출판한 《물건들은 어떻게 해서 움직이나 How The Things Work》라는, 그림도 재미있게 그려진 시리즈 책 때문이 아닌가 생각한다. 감수성이 강할 때 접하는 책은 참으로 중요하기 때문에 독서한다고 아무 책이나 무조건 읽는다고 좋은 것은 아니다. 나쁜 책은 오히려 아이에게 큰 해를 끼칠 수도 있다.

학교에서 설문지를 보내서 어떤 학교 교육을 바라는가 하고 물었을 때, 나는 언제나 "정신과 육체의 건강 위주로 교육시켜 달라"고 썼었다. 사실 몸이 건강하지 않으면 그 무엇도 하기 어렵고, 정신이 건강하지 않다면 지식이 무슨 소용인가? 오히려 자기 자신이나 사회에 큰 해를 끼치게 될지도 모른다. 중, 고등학교에서도 같은 의견을 물어 왔었는데, 내 대답은 대동소이했다. "첫째, 몸이 건강하고, 스승과 친구들이 신뢰하고 아껴 줄 수 있는 사람으로 교육시켜 달라"고 썼었다. 이런 것은 보통 어떤 어머니들도 대개 다 하는 말일 것이다. 내가 굳이 좀 다른 데가 있다면, 폭풍우가 불거나 몹시 더운 날이거나 몹시 추운 날은 '학교에 가지 말라'고 했다는 것이다. "감기 들거나 아프면 손해다. 공부해서 무엇 하니?" 그러나 아이들은 고사리손에 우산을 움켜쥐고 엄마가 가지 말라고 소리를 쳐도 막무가내로 학교에 달려 갔었다. 그 때문인지 네 아이가 모두 초, 중고에서 개근상을 많이 탄 것으로 안다. 또 학교 시간에 늦을세라 걱정하는 아이에게 "늦어도 상관없다. 서두르다가 넘어져서 다치기라도 한다면 오히려 큰일 난다. 인생이 오늘뿐이냐?" 하며 서두르지 않도록 일렀다. 사실 급히 가다가 다치기라도 한다면 학교에 갈 이유가 없어지는 것이다. 학교에는 왜 가나? 행복한 인생을 열어 가기 위해서 가는 것이 아닌가?

내 남편은 큰딸애가 고3일 때 밤 12시가 넘도록 자지 않고 있는 것을 보고 깜짝 놀라서 왜 안 자느냐고 물었더니 내일이 시험이라는 대답에 "낙제하면 어떠냐? 건강이 제일이지" 하고 오히려 야단을 쳤다. 큰아들이 대학 예비고사를 치러 가는 날 아침 6시에, 식당이 조금 시끄러워 잠이 깬 남편이 왜 그리 시끄러우냐고 물어서, 아이가 예비고사를 치러 가기 때문에 일찍 일어난 것이라고 하니까, 예비고사는 우리 애만 치나, 왜 그렇게 요란스러우냐고 불평을 했었다. 어떤 아버지들은 시험 잘 치라고 교회며 법당에 가서 기도도 한다던데…….

우리 내외는 아이들의 성적표를 보면 늘 이렇게 말했다.

"참 잘했다. 그러나 너희 학교만 해도 중, 고 합해서 6학년이다. 그러니 너희 같은 애들이 여섯 명은 있을 거고, 서울에 학교가 얼마나 많으냐? 또 우리나라 전체에 학교가 얼마나 많으냐? 그러니 너희 같은 애들이 도대체 몇백 명이 있겠니? 그리고 전 세계적으로 보면 너희 같은 애가 몇천만 명이겠니? 이런 것은 아무것도 아니다."

큰딸과 큰아들은 집 가까이에 있는 안동유치원에 다녔고 작은딸은 새로 더 가까이에 생긴 가회유치원에 다녔다. 막내가 유치원에 들어갈 무렵에는 이사를 했는데, 가까운 유치원이 없어서 보내지 않았다. 큰딸이 초등학교에 취학하게 되었을 때, 사립 초등학교가 두 곳이 있었는데, 자가용차로 가더라도 10분은 걸리는 거리에 있었다. 그 무렵에는 신호등도 없었을 만치 차라는 것이 드물었는데도 그랬으니, 집에서 학교까지의 거리는 상당했다. 부모의 마음이라는 것은 자녀 교육에만은 욕심이 생기는지 나도 좀 더 좋은 환경의 학교에 보내고 싶었다. 하지만 아무리 환경이 좋다 하더라도 걸어서 5분이면 갈 수 있는 재동국민(초등)학교를 놓아두고 그 먼 데를 보내는 것에는 주저하게 되었다. 더구나 재동초등학교는 아이들의 아빠의 모교이고, 전통 있는 학교가 아닌가? 그런데 화장실이 문제여서 또 망설였다. 집은 수세식인데 학교는 일제시대 그대로였으니까. 그리고 그 무렵은 걸핏하면 전쟁 난다고 야단을 할 때여서, 멀리 있는 사립학교에 보냈다가 만일의 돌발사태가 일어나면 데리러 간다 하더라도 그 혼잡이며 엄청난 상황을 어떻게 할 것인가. 몇 번 저울질해 본 끝에 결국 가까운 사립이 아닌 공립 재동국민학교를 택했다.

연년생인 큰아들도 누이처럼 재동학교이고, 이사 온 후에 취학한 아래 아이들도 공립학교에 보냈다. 물론 집에서 가깝다는 그 이유 하나 때문이었다. 우리 아이들은 취학 나이인 7세 때에 취학했다. 일 년 일찍 취학시키려는 부모들도 있었으나 그런 것은 전혀 관심 밖이었다.

큰딸이 초등학교 4학년이 되어 점심을 싸가게 되었을 때, 어떻게 된 일인지 내 딸의 양 옆과 앞자리에 있는 학생 셋이 점심을 못 가져오는 것을 알게 되었다(70년대 초). 그래서 내 딸은 도시락을 네 개를 매일 들고 갔었다. 가방이 무거운 날은 도움 언니들이 들어다 주었다. 굶는 어린이가 있다는 것을 나는 처음 알고 놀라고 가슴 아팠다. 내 딸에게도 은연중 큰 가르침이 있은 줄로 안다. 굶는 초등생이 있다고 신문에 썼더니, 육여사(박정희 대통령의 영부인)가 전화를 주셨다. 얼마 후부터 학교 급식이 시작되었다. 육여사가 진상을 파악하고 조치를 취한 것으로 안다.

63년이든가, 우리나라에서 처음으로 어린이 유괴 사건이 보도되고 사회적으로 큰 관심거리가 되었고, 자식을 둔 부모들은 특히 가슴 아파 했었다. 그렇지 않아도 외양이 두드러지는 모습이 싫은 우리 내외는 학교에 갈 때의 아이들의 의복은 단추가 제대로 끼워지기만 해서 단정하면 그만인 옷만 입혔다. 그러고 보니 내가 자녀 교육에 무심한 것 같았으나 꽤 세심하지 않았나 하는 생각이 들기도 한다.

나의 네 아이는 과외나 학원이라는 것을 모른다. 음악 듣고 책 읽고 심지어 고3 때에도 TV로 야구건 농구건 취미 있는 것은 다 보았다. 잠도 실컷 잘 잤다. 특히 막내아들은 등산 좋아하고 운동 좋아하고 사진 찍기며 기타도 좋아해서, 친척들이 우리 집에 놀러 왔다가 집에 돌아가서, 나에게 걱정된다며 전화를 걸어 준 적도 있었다. 다른 집 애들하고 너무나 다른데 괜찮니? 하는 것이었다. 학기말 시험 앞둔 나흘 전 일요일에 자전거로 혼자서 장거리를 달리고 와서 몸살을 앓을 때는 나도 화를 냈었다. 몸살 때문에 대학에 못 들어가면 어떻게 되는가 하고 생각했을 때는 아찔했었다. 어릴 때부터 학과 성적에 치중하는 교육은커녕 그런 말조차도 한 적이 없으니, 대입 시험을 앞두고 당황해 보아야 뾰족한 일이 일어날 리도 없었다. '그래. 떨어지면 또 한 번 더 쳐보던가…….' 기회는 얼마든지 있지. 설혹 아예 못 들어간들 어떤가. 서울대학이 인생의 다인가? 조그만 가게를 하는 사람들도 재미있게 잘만 살더라. 이럴 때는 에디슨이 초등학교도 나오지 못했다는 것도 여간 위로가 되는 것이 아니었다. 그러나 에디슨과 내 아이는 하늘과 땅 같은 차이다. 에디슨은 이미 초등학교 저학년 때에 학교를 그만두고 연구와 실험을 하고 있었지 않았던가?

시험도 잘 쳐야 하나 먹은 것이 소화가 안 되거나 추울 때라 감기에 걸리지 않도록 대학 입시를 앞둔 며칠은 나도 신경을 많이 썼다. 실제로 우수한 학생이 급성 맹장염에 걸려서 입학시험을 치지 못하는 안타까운 모습을 TV화면으로 보기도 했다. 사실 건강처럼 중요한 것은 없다. 건강하면 실수가 있다 하더라도 또 다른 기회가 있는 것이다.

몸살 나서 걱정하던 작은아들은 형처럼 전교수석만 간다는 서울대학 물리학과에 무난히 합격했다. 입학한 후 등산이며 운동도 많이 했으나 음악에도 열중하는 것 같았다. 물리학이 전공인데 기타며 가야금, 전통 가곡 또 작곡을 배우느라고 음악대학에도 열심히 다니는 것 같았다. 전공을 정하고 대학까지 들어간 아이가 고등학교 때처럼 해서는 안 되는 게 아니냐고 하면, 아무 염려 마시라고만 하면서 달라지는 데가 없었다. 저애가 무엇이 되려고 저러나 하고 걱정을 했더니, 내 남편은 막내에게 딱 한마디를 했다.

"네가 그 방면에서 성공할 자신이 있으면 그렇게 해라."

우리 내외는 국내 대학원은 학비를 대주겠으나, 외국 유학 학비는 주지 않기로 작정하고 있었다. 아들 둘이 다 이공계였다. 이공계가 전공인 아이가 해외 대학에서 전액 장학금도 못 받을 지경이라면, 학문을 굳이 계속할 필요가 없다고 생각했기 때문이다. 인생이란 학문이나 학벌이 전부가 아니니까. 아닐 뿐 아니라 천만의 말씀이다.

서울대 물리학과에서 총장상을 타고 졸업한 큰아들은 대학 2학년 때부터 전국 수학경시대회 등에서 상도 타오고 하더니, 아마도 혼자서 물리학과 수학을 동시에 공부한 것 같다. 수학이 물리보다 더 재미있다고 하며 하버드 대학교 대학원 수학과에 원서를 냈다고 해서, 하버드인 데다가 전공도 바꾸고, 여기 대학원도 가지 않았는데, 되기 바라는 게 이상할 지경이었다. 그러나 하버드에서 파격적인 전액 장학금을 준다고 해서 학부 졸업하던 해 8월에 미국으로 떠났다. 가서 2주일 만에 박사학위 시험에 통과해서 공부하다가, 일시 귀국해서 석사 장교로 군복무를 마치고 다시 돌아가서 박사학위를 받고 지금은 고등과학원 교수다. 전공이 '복소수기하학(complex geometry)'이라는 것이라 하는데 나는 일찍이 들어보지도 못한 학문이다. 현재 세계 수학계의 수많은 난제 중 몇 개를 풀었나 본데 국내외에 알려진 상태다. 4년간의 유학 중 여름방학 때는 해마다 집에 왔었는데, 오가는 비행기값도 제 장학금으로 썼으니, 그애가 유학 간 후로는 의, 식, 주에는 물론이고 용돈으로도 단 10원도 부모의 돈을 쓴 것이 없다. 대학 때도 등록금 면제에, 매달 용돈도 학교에서 지급받았었다.

막내도 역시 형처럼 서울대 물리학과를 졸업하고 형처럼 전액 장학생으로 보스턴 대학교 대학원 물리학과에 가서, 형처럼 바로 박사학위 시험에 통과하고 공부하다가 귀국해서 육사 물리학 교수요원으로 군복무 3년을 마치고 학교로 돌아가서 물리학 박사학위를 땄다. 2008년 현재, 텍사스 A&M 공대 생명공학 교수다. 장녀는 이대 국문학 박사. 남편 따라 10년간 미국에 있다가 귀국해서는 이대강사도 그만 두고 전업주부다. 차녀도 미국 유학 가서 귀국 후 동국대 강사로 나가는 한편 자선 일에도 열심이다.

인생은 만남의 역사라고 생각하는데, 돌이켜보면 우리 아이들은 정말 좋은 스승을 만났다고 생각한다. 한때 사회의 지탄을 받았던 교사도 많았으나, 나는 네 아이의 스승 중에 그런 분을 한 번도 본 적이 없다. 담임을 만난 것은 학년 말이나 졸업식 때 정도였다. 잘 지도해주셔서 감사하다는 말을 하기 위해서였다. 대학에 들어간 후는 더구나 지도교수가 어느 분인지 성함조차 몰랐다. 이제 막내도 40대에 접어들었다. 변변치 않은 가정교육이었으나 나름대로 제 갈 길을 그만치라도 가고 있는 것은 전적으로 초, 중, 고, 대학의 스승의 덕이다. 나는 이름도 얼굴도 잘 모르는 그분들에게 언제나 감사하고 있다.

추운 날, 더운 날, 비바람 치는 날은 학교에 가지 말라고 야단을 쳐도 막무가내로 어린 것들이 학교에 갔던 것을 보면, 선생님이 학교에는 반드시 와야 한다고 가르친 것이 아니었을까? 어린 생각에도 선생님의 말씀이 엄마의 말보다 옳게 들렸었던가? 결석이나 지각을 하면 야단맞을까 무서워서였을까? 아니면 선생님이 무조건 좋아서였을까?

아이들은 어릴 때는 앓은 적도 많이 있었으나 정신적으로 나약한 데는 없었다. 선천적 기질도 있겠으나 모두가 다 학교 교육이 좋았던 덕이라 생각한다. 고마운 스승들이다.

남편의 암 수술과 꿈

1998년 10월, 남편의 샌프란시스코에서의 연주를 위해서 나는 짐을 싸느라고 한창 바쁜 중이었다. 남편이 화장실에 다녀오더니 "내 변이 이상해" 해서 "어떻게?" 하니까 "붉어" 해서 붉은색 주스를 마셨나 아니면 치질기가 있는가 하며 무심했다.

연주를 무사히 마치고 귀국했는데 그에게는 더 이상 특별한 징조는 없었다.

12월에 들어서 같은 증상이 한 번 있었는데 역시 우리는 무심했다. 12월 23일에 또 같은 증상이 있어서 그제야 조금 궁금해져서 서울대 병원의 외과에 갔더니, 진찰을 마친 최국진 교수가 빨리 대장 전문병원에 가서 내시경 촬영을 하라고 하며 등을 떠밀다시피 하셨다. 그 전문병원의 촬영기가 최신형이어서 촬영은 거기서 하는 것이 낫다고 하셨다. 우리는 바로 D병원에 갔으나 예약 환자가 많아서 겨우 12월 30일 것을 예약했다.

그날 저녁을 둘이서 느긋하게 먹고 있는데 D병원에서 전화가 왔다. 최국진 교수가 급하다고 하시니까 크리스마스 연휴 끝난 26일 오전 일찍 오라는 것이었다. 그 전화를 받자 나는 갑자기 무턱대고 떨리기 시작했다. 의사가 저렇게 급하게 서두르는 것을 보니, 아무래도 큰일이 난 것 같았다. 나는 더 이상 식사를 계속할 기분이 아니었다. 남편은 나더러 밥을 다 먹으라고 했다. 밥 안 먹는다고 나쁜 것이 좋게 될 리 없으니까 나라도 잘 먹고 건강해야 되지 않겠느냐고 했다. 맞는 말이나 나는 먹을 수가 없었다.

나는 아들에게 전화를 했다. 이렇고 이러니 어떻게 하면 좋으냐? 내 목소리는 덜덜 떨고 있었다. 그러나 아들은 침착한 음성으로 피의 빛깔이 검었던가 아니면 그냥 핏빛인가를 물었다. 지가 무슨 의산가 별 걸 다 묻네! 어미는 떨려 죽겠는데. 효자라고 해도 역시 한 치 걸러 두 치인가! 나는 아들의 침착한 것이 마땅치 않았다. 다른 아이들은 다 외국에 있고 저 하나 서울에 있는데……. 왜 나처럼 당황하지 않나. 아들은 내 속을 짐작했는지, "당황하지 마시고 내시경 촬영을 일단 해보시고 나서, 의사의 지시를 따르셔야 합니다"라고 했다. 물론 그애의 말이 백번 지당했다. 나는 지금도 그때를 생각하면 내 자신이 한심스럽다. 그러면 아들도 40분이나 차를 타고 달려와서 나하고 함께 떨고 있자는 말인가?

남편이 내시경실에 들어간 후 30분이 지나도 나오지 않았다. 대개 10분 내지 15분이면 끝난다고 간호사가 말했는데. 40분이 지나서야 그는 촬영실에서 나왔다. 늘 그런 것처럼 무표정이었다. 내가 "아팠어?" 하니까 아니라고만 했다. 나는 괜찮은가 싶어서 일단 안심했다. 병원에서는 출혈이 있을지 모르니까 하룻밤 입원을 권했다. 입원실에서 점심을 먹은 후 나는 졸음이 와서 보조침대에 누워서 어느새 잠이 들었다.

무숙(소설가) 언니하고 내가 보석상에 갔는데, 보석상 주인이 회색 혹 같은 돌덩어리 여러 개가 부글부글 끓는 것처럼 생긴 것을 보여주면서 "이것이 비싸기는 하지만 기막히게 좋은 보석이니까 사십시오." 했다. 아무리 보아도 아름답고 값진 보석 같지는 않았다. 오히려 보기에 흉할 지경이었다. 그 옆에 사기 꽃병을 안고 있는 소년이 서 있는 장식품이 있는데, 소년의 표정도 좋고 꽃이라도 꽂을 수 있으니까 차라리 실용성이 있어서 산다면 그것이나 살까, 하지만 그것도 별로였다. 가게를 나오려니까 주인은 어떻든지 이렇게 값진 보석은 없으니까 사라고 또 권했다. 나는 마음이 조금 동하려고 했다. 그 순간 언니가 "얘, 그보다 더 좋은 것도 얼마든지 있다. 그만둬!" 하며 나를 잡아끌어서 밖으로 나왔다. 그때 꿈에서 깨었다.

시계를 보니까 내가 쉬려고 드러누운 시간에서 몇 분도 지나지 않고 있었다. 정말 이상한 꿈이었다. 나는 누운 채 꿈풀이를 했다. 그 흉하게 생긴 보석을 안 사기를 잘했다. 그것이 암 덩어리가 아니었을까. 그것을 샀었다면 남편은 암이었을 것이다. 그것을 사지 못하게 한 무숙 언니, 언니는 죽어서도 동생을 생각해 주고 있나 보다. 고맙다. 아니 아버지가 언니를 그렇게 하도록 시키셨을른지도 모른다. 나는 좋은 일이 있을 때는 언제나 아버지의 혼령을 생각한다.

　나는 남편에게 꿈 얘기를 하며 "아무 걱정 마. 내가 그 흉측하게 생긴 보석이라는 걸 사지 않았으니까. 자기는 암이 아니야" 했다. 남편은 역시 잠자코 있었다.

　수술은 서울대에서 최국진 교수가 하셨다. 최 교수는 대장암의 권위자라고 알려져 있었다. 수술 시간은 세시간 쯤이라고 했다. 남편이 수술실에 들어가고 나서 나는 그 꿈 때문에 괜찮을 거라는 확신을 갖고 있어서 식당에 가서 커피와 케이크를 먹고 있었다. 아이들은 수술실 앞을 떠나지 않았다. 한시간 남짓 되었을 때 큰딸이 식당에 뛰어와서 수술이 끝났다고 해서 부랴부랴 수술실로 갔다. 3시간쯤 걸린거라 했는데 벌써?

　수술실 앞에 가보니까 아이들이 모두 밝은 얼굴로 서 있었다. 남편은 극히 초기의 암이었다고 간호사가 알려주었다. 수술 다음날 이비인후과의 김종선 교수(당시 대통령 주치의)가 병실에 오셔서 조금만 더 진행되었으면 일이 커졌을 것인데, 항암 치료도 필요 없다고 하며 기뻐하셨다. 김종선 교수는 우리에게 최국진 교수를 소개해 주신 분이다. 우리들은 그 내외와 오랜 친지였다. 김 교수는 내 남편을 선배님이라고 부르며 (경기고 선후배 사이) 우리 내외가 병원이 급할 때는 언제나 크게 도와주셨다. 잊을 수 없는 은인이다.

　남편은 1월 26일에 수술하고 퇴원하는 동안 링거병을 단 채 걷기 연습을 하면서 서울대병원의 그 역사적인 시계탑을 보며 '시계탑'이라는 가야금 독주곡을 작곡했다. 그 곡은 너무 아름다워서 연주자나 듣는 사람이 눈물 난다는 곡이다. 죽는 줄 알다가 살아나서 쓴 첫 번째 곡이다. 죽는 줄 알았다가 살아 났을 때의 그 기분이 어떠했을까. 그는 언제나처럼 아무 말도 하지 않았다. 그는 수술 후 1개월 후인 3월부터 국내외의 계약된 공연을 성공리에 다 마쳤다. 최국진 교수님을 비롯해서 수술에 협력해 주신 모든 의료진이며 그의 마음을 안정시켜 주신 마취과 과장 교수님께 깊은 감사를 드린다.

2002년

사랑할 때와 헤어질 때

"우리, 죽더라도 헤어지지는 말어" 신랑의 말에 "헤어지더라도 자기는 죽지는 말어" 하고 신부가 말했다. 신랑은 신부보다 5세 연하였다.

헤어진다는 것은 '변심'이라는 뜻으로 말한 것이기 때문에, 비록 변심하더라도 좋으니까 죽지 말고 살아 있기를 바라는 신부의 사랑이 양이나 질에 있어서 신랑보다 훨씬 뜨겁고 크지 않는가. 우리는 이렇게 신혼생활을 시작했다.

남편이 출근할 때 키스하고 귀가할 때도 그랬다. 그이가 만일 이 세상에 없다면 나도 살고 싶지 않았다. 지금도 그때를 생각하면 참 뜨거운 사랑을 했었구나 하고 생각한다. 그런데……

1974년 가을, 우리 내외가 난생처음으로 함께 유럽에 갔을 때다. 남편은 그전에도 초청 공연을 몇 번 했었다.

독일 쾰른(Köln) 시의 음악홀에서 있었던 그의 연주가 호평을 받아서인지 서부 독일 방송국(WDR Westdeutscher Rundfunk)

에서도 연주 청탁이 있었다. 이때는 상당한 연주료를 받았다.

쾰른 시내는 거리고 상점이고 남녀노소 할 것 없이 온통 크리스마스 축제 분위기로 들떠 있었다. 그 무렵의 서울에서는 이런 구경은 할 수도 없었고 상상도 할 수 없는 일이었다. 나는 대형 백화점에 가보고 싶었는데, 남편은 유럽에서 아름답기로 유명한 '쾰른(Köln) 성당'을 먼저 보자고 했다. 성당을 둘러보고 나오니까, 다음에는 음악 서점에 들어갔다. 나는 저녁 초대 시간까지 얼마 남지도 않았는데 흥미도 없는 음악 서점은 전혀 기분에 안 들었다. 나는 휘황찬란한 장식으로 쌓인 백화점에 빨리 가보자고 발을 동동 굴렀다. 남편은 나를 완전히 무시한 채 악보와 음악책에 골몰하고 있었다. 나는 뭐냐, 도대체? 온통 독일어로 된 음악책과 악보뿐인 공간 속에서 멍하니 서 있어야 하니……. 나는 참다못해 화가 나서 길 건너에 있는 백화점으로 뛰어갔다. 그는 악보를 몇 권 사들고 마지못해서 따라왔다. 나는 바로 장난감 코너로 갔다. "아이구!" 감탄사가 절로 나왔다. 그중에서도 약 30센티미터 정사각형 둘레 안에 있는 '장난감 공장' 앞에서는 감탄 삼탄할 지경이었다. 스위치를 누르니까 불이 켜지며 공장 안의 기계가 일제히 '찰그락 철렁철렁, 찰그락 철렁철렁' 하고 리드미컬한 소리를 내며 움직이기 시작했다. 인형 기계공들도 움직이기 시작했다. 1974년의 서울에서 온 촌뜨기에게는 미칠 만치 황홀했다. 나는 반복해서 스위치를 껐다가 다시 켜보기도 했다. 그 공장과 리모컨으로 움직이는 트랙터는 두 아들에게, 그리고 황홀하게 아름다운 서양인형은 두 딸에게.

남편은 "소위 작가라는 사람이 책방이나 박물관에 먼저 가볼 생각은 안 하고 백화점이라면 정신을 못 차린다"고 눈살을 찌푸리며 나를 분명히 모욕했다. 모욕도 한번 넘게 했다. 나는 "아니, 내가 어디서 낳아서 데리고 온 자식들인가? 제 자식, 아니지, 우리 공동의 자식들 아니야? 그 어린애들한테 장난감 사주려는데 무어라고 했지?" 하고 눈을 똑바로 뜨고 그를 쏘아보며 소리쳤다. 그리고 나는 그렇다면 아주 비싼 내 옷이나 사야지 하며 아래층 숙녀복 코너로 갔다. 나는 대형 유리 케이스 속에 무슨 보물처럼 모셔져서 걸려 있는 모자 달린 까만 비로드 망토를 샀다. 내가 입어 보니까 길이가 발끝까지 닿았다. 우아하고 아름다웠다. 햄릿에 나오는 오필리아나, 톨스토이 소설의 안나 카레닌이 입으면 딱 어울릴 것 같았다. 점원들이 선망의 눈으로 나를 보고 있는 가운데 나는 남편의 연주 사례금 중 일부를 현찰로 지불하고, 크리스마스 시즌이라 유달리 호화롭게 포장된 쇼핑백을 들고 계단을 내려갔다. 남편은 화난 목소리로 "내 것도 살 테야!" 했다. "사거나 말거나, 이제 나는 자기하고는 굿바이야! 굿바이!" 하고 속으로 다짐했다. 부글부글 끓은 속은 그렇게 비싼 옷을 샀어도 가셔지지 않았다. 이때는 정말로 굿바이를 단단히 결심했었다. 그때의 기분은 우리 결혼생활 중 전무후무였다.

택시로 호텔에 먼저 가서 내 짐을 싸고 있는데, 남편도 무엇인가 사들고 왔다. 그는 내 속을 전혀 눈치채지 못한 것 같았다.

"나도 비싼 모자 샀어" 하며 꺼내서 머리에 쓰면서 보여 주었다. 나는 물론 쳐다보지도 않았다. 옷을 챙기느라고 장롱을 열려고 하는데 거울 앞에서 모자를 쓰고 있는 그가 눈에 들어왔다. 아니 이건 또 무언가? 까만 물소 털모자인데 영락없는 영국의 백작쯤 되어 보였다. 나는 멋진 모자에 홀려서 화난 것을 깜빡 잊고 "얼만데?" 했다. 이것이 일생일대의 실수였다. 말 한마디도 하지 않고 내 짐만 싸가지고 곧바로 공항으로 달려갈 생각이었는데! 서울 가서 아이들 넷을 싹 데리고 일단 호텔에 간 후, 이혼 수속을 한다는 수순이 머릿속에서 정리되고 있었다.

남편은 "어이구, 괜히 샀어. 머리에 불 난 것 같네" "어디" 하며 나도 써 보았다. 그의 말이 사실이었다. 그러나 70년대는 서울의 겨울은 영하 15도, 어느 날은 영하 19도도 되었으니까 남편이 더워서 못 쓰겠으면 나나 쓰자고 생각하며 "잘 샀어" 했다. 나는 물소 털모자에 정신이 팔려서 이를 갈며 이혼을 다짐했던 것을 깜박 잊어버린 것이다.

자칫하면 둘 사이에 심각한 일이 일어날 뻔했는데 아무것도 아닌 물소 털모자 하나가 간단히 해결해 준 셈이다. 물소 털모자가 없었다면 나는 그에게 한마디도 하지 않고 가방을 들고 비행장으로 갔을 것이고, 빈 자리가 있었으면 탑승했을 것이고 혹 좌석을 얻지 못했으면 다른 호텔에 갔을 것이다. 그러고는 어떻게 되었을까? 그 무렵은 비행기의 좌석은 빈 자리가 많아서 아마도 탑승했을 것이다.

이런 경우 내가 표정에 속내를 드러냈으면 그가 내게 연유를 묻고, 나를 달래던지 사과하든지 했을 것이다. 그러나 나는 단단히 마음먹었기 때문에 기분 나쁠 것은 전혀 없으니까 표정에 속

마음이 나올 리가 없었을 것이다. 고요한 속에서 냉철하게 행동할 때에 흔히 큰 문제는 일어난다. 말로 티격태격하는 것은 이별의 기초 단계에 불과하다. 이런 경우는 대체로 별일 없이 끝난다. 오히려 말하는 중에 오해가 풀려서 서로의 사랑을 새롭게 확인하는 수도 있다. 그러나 언제나 말은 조심해야 한다. 말은 흘려버린 물 같아서 다시 주워 담을 수 없기 때문이다. 실수로 한 말이 물처럼 공중에 증발해서 없어져 주었으면 얼마나 좋을까마는. 말은, 특히 결정적으로 기분 상하는 말은 타인의 귓속에 들어가 박히는 것이지 결코 흘러가 버리는 물이 아니다.

값비씬 물소 털모자 때문에 나의 일인극은 싱겁게 막을 내린 셈이다. 아무려면 모자 하나가 그렇게 화난 속을 풀어버릴 수 있을까 하겠지만, 더 심각한 일도 한잔의 커피가 해결해 준 예를 여행 중에 우연히 만난 스님에게서 듣고, 인간이란 어디까지 묘한 생명체인가를 새삼 생각하게 된 적이 있다.

그 스님은 아마도 40대 전반쯤의 연령이고 키며 생김새도 흠 잡을 데가 없었다. 스님이 삭발하고 몇 년을 정진하던 중, 삶에 대한 회의가 생겨서 오랜 동안 고민하다가 드디어 자살을 하기로 결심하고, 마지막으로 커피나 한잔 마시려고 시내에 나와서 커피숍에 가서 한잔을 주문했다. 이것이 마지막 커피구나 생각하며 커피를 한 모금 마시는 순간 그 향이 너무나 좋아서 "아! 이렇게 좋은 세상을······!" 하며 크게 깨닫고 다시 산으로 갔다 한다. 커피 한 모금이 자살하려고 오랫동안 고민하던 사람의 목숨도 한순간에 구할 수 있는 것이다.

나는 내 자식들에게 가까운 사람일수록 말을 조심하라고 충고한다. 누구에게나 모욕적인 말은 절대 하지 말아야 한다. 더구나 가장 가까운 사람일수록 상처를 크게 주기 때문에 절대 금물이다. 하고 싶은 말을 해버리면 그 순간 제 속은 풀릴지 모르나 얻는 것은 아무것도 없고, 얻는 것이 있다면 상대방의 적개심뿐이다. 모욕당했다 해서 그 사람이 스스로 잘못한 것을 깨닫지는 않는다. 오히려 따뜻한 말로 충고를 한다면 서로에게 도움이 될 수 있는 것이다.

결혼하면 남편처럼 또 아내처럼 가깝고 미더운 사람은 없다. 그런 사람이 한번 뱉어내는 모욕적인 말이나 행동은 가슴에 화살로 꽂히기 쉽다. 그것이 겹치고 겹치면 어느 날 폭발한다. 그리고 그 내외는 헤어지게 되고 또 그쯤 되면 이혼해야 한다.

이혼하면 서로가 평범한 사람들이고, 좋은 벗도 될 수 있는데, 함께 있기 때문에 문제가 된다면 하루빨리 헤어져야 한다. 그렇게 해서 서로가 생활을 개선하는 길을 찾아야 한다. 이를테면 서로가 서로를 해방시켜 주는 것이다. 둘 사이에 아이가 있으면 더욱 그렇다. 부부가 늘 증오에 찬 불길을 품고 있는데 그 가정에 사랑과 평화의 분위기가 감돌 리가 있을 수 없고, 아이들에게 좋은 영향을 줄 리도 없다. 아이들은 어디까지나 두 사람의 책임이기 때문에 아이들에게만은 부모로서 최선을 다해야 한다.

처가 가출했다 해서 혹은 남편이 미워서 어린아이들에게 가해하는 사례를 매스컴에서 가끔 전한다. 그런 인간은 인간이 아니다. 인간이 아닌 인간은 인간에게 해를 주는 동물과 다를 바 없다. 이런 동물을 사회가 어떻게 해야 할 것인가 차분히 생각해 볼 일이다.

부부의 형태도 천태만상이다. 젊을 때 만나서 늙어 죽을 때까지 내 남편 내 아내만 믿고 사랑하는 사람도 있는가 하면, 남편이건 아내건 배우자 모르게 불륜의 관계를 갖는 사람도 있다. 이런 경우는 들키지 않으려고 갖은 수단을 쓰는 모양인데 끝장이 올지 안 올지는 각자의 실력에 달렸다.

우리에게는 결혼 전 긴 연애 기간이 있었다. 그는 경기고를 졸업하고 서울대 법대 입학식 전이었고, 나는 서울대 문리과대학 언어학과를 갓 졸업하고 재학 중부터 틈틈이 다니던 국립국악원에서 가야금 레슨을 받고 있을 때 우연히 만났다. 좋았다가 미웠다가, 고마웠다가 하면서 거의 50년을 지루한지 모르고 살아왔다. 앞으로 우리들의 생명은 언제까지 계속할지 전혀 알 수 없다. 10년 후일까 아니면 15년 후? 아니 어쩌면 내일?! 언젠가는 둘 중의 한 사람은 먼저 가겠지. 아니면 함께 갈지도 모른다. 어떻든 모든 생명 있는 자의 절대적인 원칙대로, 태어났기 때문에 기약된 이별의 순간이 우리에게도 차츰차츰 다가오고 있는 것만은 확실하다. 죽도록 사랑한다 해도 앞으로 길어야 20년이다.

그러나 마지막 그날이 올 때까지도 결혼 초에 남편에게 말해 두었던 것은 변함이 없다.

"좋은 사람이 생기면 고민하지 말어. 당장 이혼해 줄 테니까."
사랑하는 사람을 고민하게 할 수는 없지 않은가.
모든 남편들도 아내에게 이렇게 말하기를 바란다.

2008년

나의 삶, 나의 문학

1931년 아버지가 사천군수 때 1남4녀 중 막내로 태어난 나는 돌이켜보니 평생 별로 큰 기복 없이 그늘 모르고 살아왔다. 이렇다 할 욕구불만도 혹은 치열한 노력 끝에 성취하려는 어마어마한 야망도 없는 보통 인생이었다. 그것에 별 불만도 없는 것을 보니, 선천적 낙천가인 것 같다. 별의별 수단을 쓰고 법석을 떨어 본다고 안 될 일이 된다는 보장이 없을뿐더러 마음만 고약해지고 스스로 불쾌해질 것이다. 그렇게 하지 않아도 될 것은 어차피 된다. 그저 진인사대천명(盡人事待天命)이 최고다. 이것이 내 생활 철학이라면 철학이다.

나의 2남2녀는 모두 내 신경 쓰지 않게 하며 잘 자란 셈이다. 여태까지 전혀 부모의 도움 없이 잘해 왔으니까 앞으로는 더욱 제 힘으로 잘해 나갈 수 있으리라 믿는다. 이제 나날이 백발이 섞여가는 때에, 남편과 지난날을 회상하는 것도 낙이라면 낙이다. 아무 저항 없이 천천히 자연에 동화되어 가기를 그와 나는 바라고 있다.

 나의 친정은 두드러진 갑부도 아니고 권력을 휘두르는 집안도 아닌, 그러나 평화롭고 그늘 없고 좋은 책이 많은 집이었다고 할 수 있겠다. 아버지 쪽은 종로구 옥인동 토박이 소론 가문인데, 아버지는 낙향하셔서 하동, 사천, 동래에서 군수로 재직하셨다. 어머니 쪽은 종로구 통의동 토박이로 노론 가문이셨다. 어릴 때 가문 얘기를 귀 따갑게 들었으나 내게는 아무런 흥미도 없었다.

 흔히 엄부자모(嚴父慈母)라고 하나 나의 부모는 그 반대라 할 수 있다. 1남4녀인 우리 남매는 부모님 생존 시는 따르고 존경했고, 두 분의 사후는 거의 종교적 존재처럼 마음속에 받들어 모셔 오고 있다. 곧잘 그분들의 얘기를 하며 그리움을 나누던 둘째 언니 무숙은 1993년에 75세, 오빠는 1994년에 80세, LA에서 살던 큰 언니는 1999년에 82세를 일기로 모두 돌아가셨다. 가지가 하나씩 잘려 나가는 아픔과 쓸쓸함을 느끼는 작금이다. 70년대 후반에 미국으로 이민 간 큰 언니(丁淑)도 수필집을 두 권(《그렁저렁한 세상》, 1987, 《그래도 한 세상》 1988.)을 펴냈다. 기억력이 남달랐던 언니는 학창 시절에 배웠던 수많은 당, 송의 한시며, 일본의 와까(和歌), 하이꾸(俳句)를 줄줄 암송도 하고 세계문학이며 최근의 한국문학에 대해서도 시간 가는 줄을 잊고 재미있게 나하고 얘기했었는데, 국제 전화료가 많이 나가니까 요금 할인이 되는 한밤중에 했었다.

 언젠가 일본 여행 중, 오빠의 고교와 대학의 동창생인 일본의 저명인사를 만났었는데, 늘 수석을 하던 오빠를 자기는 존경했었다고 했다. 오빠와 그의 우정은 노후까지 변함이 없었다. 그분은 한국에 자주 오셨다. 사랑에 국경이 없듯이 우정에도 국경은 없는 것을 알았다.

오빠는 5·16 혁명 후 박정희 혁명회의 최고의장의 명령불복종이라는 죄목으로 3개월간 서대문 형무소에 수감되었었는데, 혁명재판의 최고 재판장을 맡으라는 것을 거절했기 때문이다. 오빠는 사형이라는 무서운 협박을 무릅쓰면서까지 고집을 관철했다. 자기는 변호사인데 왜 제멋대로 이래라저래라 하느냐 하며 분개했다.

1997년 「한겨레신문」에 동국대 주종완 명예교수가 오빠의 대쪽 같은 인품에 대해서 글을 쓰셨는데, 그 후 '민통련'의 회원들이 나를 초대해서 갔더니, 오빠는 법조인의 귀감이라고 하며 지방에서 오신 어느 분은 법원 뜰에 오빠의 동상이라도 세워야 한다고까지 하셨다. 나는 아무것도 한 일도 없으면서 타계한 오빠(韓宓) 대신에 융숭한 대접을 받아서 미안하고 부끄러웠다.

오빠는 법학서 외에도 방대한 문학서를 가지고 있었고, 서양 고전음악의 음반도 많이 가지고 있어서 17세 연하인 나에게 서양문화며 문학적 영향을 은연중에 끼친 장본인이라 하겠다. 무숙 언니도 오빠의 영향을 받았다고 자주 썼었고, 큰 언니도 같은 말을 하는 것을 보니, 나의 어릴 적의 환경을 짧게 요약한다면 엄격한 유교적 가풍 속에서 서양문화의 향기를 맡으며 살았다고 할 수 있을 것이다.

아버지가 몽매에도 잊지 못하시는 백부에 관한 얘기는 우리 집의 신화 같은 것이 되어 있다. 아버지 3형제가 19세기 말 해외 유학을 하고 있었는데 맏이인 백부는 항일투쟁을 하시다가 일본 관헌에 모진 고문도 당하셨고, 해외로 탈출하셨는데 소식이 감감하던 중 일본군에 의해 암살당하셨다는 말을 한참 후에 들으셨다. 백부는 이준 열사의 비서 겸 통역이었다는 설도 있고, 고종의 그야말로 절대적 비밀밀사였다는 설도 있다. 그 냄새를 맡고 일본 헌병대가 죽도록 고문했는지도 모른다. 어느 비바람 치는 밤에 도쿄의 하숙방에서 아버지와 둘째 아버지는 너무도 분명히 두 아우들의 이름을 부르는 형님의 음성을 듣고 뛰어나가 보니, 아무도 없었다고. 아버지와 둘째 아버지는 빗속에서 들은 백부의 그 목소리를 백부의 혼의 소리로 굳게 믿고 계셨다. 그날을 백부의 기일로 하고 해마다 제사를 지냈다. 그러면서도 해방 후 혹시나 백부가 살아서 유럽에서 오시지 않을까 하고 백방으로 수소문을 했었다.

어느 날 후손이 없는 큰댁과 우리 집의 공동 외아들인 오빠는 그 무렵 민족의 지도자였던 신익희(申翼熙) 선생님을 찾아갔었는데, 생면부지인 청년을 비서들이 면회를 시켜주지 않았다. 오빠는 혹시나 하고 "그러면 한길명(韓吉命)의 아들이라고 해주시오"라고 했더니, 그 소리를 듣던 신익희 선생님은 방에 계시다가 버선발 채로 뛰어나오셔서 오빠의 손을 덥석 잡으시며 첫마디가 "그 천재의 아들이냐?"고 하셨다 한다. 신익희 선생님도 백부의 소식에 대해서는 우리들이 아는 것과 같은 것뿐이었다.

백부의 장서인 영·독·불·네덜란드. 러시아어 책들 중 6·25의 전화 속에서도 살아남은 책을 환도 후에 오빠는 외국어 대학의 도서관에 기증했었는데, 조카들의 바이올린 개인교수였던 김기혁 선생님이 몇 권을 빼두었다가, 무숙 언니한테는 도스토예프스키의 《죄와 벌》을, 나에게는 레르몬토프의 시인지 희곡 같기도 한 인물화가 많이 있는 책을 갖다주셨다. 선생님은 하도 아까워서 자기가 읽겠다고 하며 몇 권을 빼두었었다고 했다. 고맙다. 1889년의 제정 러시아 판이니 무려 백십여 년 전의 책이다. 한길명이라는 백부의 도장이 찍혀 있는데 내가 세상에 태어나기 훨씬 전에 약관 26세의 나이로 그렇게 애통하게 생을 마친, 그리고 나의 아버지가 그토록 그리워하던 백부의 손때 묻은 책이라 나는 각별한 마음으로 간직하고 있다. 이것은 내가 본 적도 없는 나의 시조부모의 제사를 타계하신 효자효부였던 나의 시부모 대신 정성껏 모시고 싶은 정서와 일맥상통한다.

아버지는 1952년 2월, 6·25전쟁 중 피난지 부산에서 돌아가셨다. 63세이셨다. 내 인생에 있어 첫 번째의 슬픔이었다. 나의 대학 2학년 때다. 어머니는 1960년 5월에 돌아가셨다. 67세. 내 인생에 있어 두 번째의 아픔이었다. 그때 나는 서울대 음악대학에서 가야금 실기와 1학년 교양국어를 가르쳤고 〈신화의 단애〉, 〈장마〉 등을 이미 발표했었고 「현대문학」지에 장편 〈하얀 道程〉을 연재 중이었다. 가야금은 서울대 문리대 언어학과에 재학 중, 취미로 국립국악원에서 김영윤(金永胤) 선생님에게서 〈영산회상〉을 배우고 인간문화재 1호인 김윤덕(金允德) 선생님에게서

〈산조〉를 배웠었다. 남편 황병기(黃秉冀)는 역시 취미로 가야금을 배우고 있던 서울대 법대 신입생이었다. 우리는 같은 문하생이었다.

1960년 6월 나의 단편 〈장마〉를 일면식도 없는 당시 서울대 사대 교수이셨던 김동성(金東晟) 교수가 번역한 것이 뉴욕 반탐 북스 출판사의 세계명작 선집에 수록되었는데, 그 당시의 우리나라 형편으로는 생각도 못했던 일이다. 백낙청(白樂晴) 교수가 번역한 〈행복〉은 1968년 오후 8시에 미국 시애틀 문화 방송국에서 미국인 아나운서가 낭독했는데, 나는 서울에 있어서 듣지 못했다. 이 역시 우리 문단에서 그때까지는 들어본 적이 없던 일이다.

1985년 동서 냉전시대 때, 무서웠던 동구권 폴란드의 바르샤바 대학 조선어과의 할리나 오가레크 최(Halina Ogarek Choi) 교수가 나의 중편 〈상처(傷處)〉와 〈장마〉를 번역했는데, 장편 〈아름다운 영가〉도 번역하겠으니 허락해 달라는 편지를 받았을 때는 정말 놀랐다. 김일성 대학에서 조선문학을 전공했던 오가레크 교수는 영역본을 읽었다고 한다. 그 장편은 81년 「한국문학」사에서 연재가 끝나자 바로 출판했고, 한국문학진흥재단(이사장 毛允淑)에서 영역해서 83년에 출간되었다. 현재 프랑스어(UNESCO대표선집에 수록됨, 1995년), 독일어, 이탈리아어, 체코어, 폴란드어, 중국어, 일어 등 8개 국어로 현지 출간되어 있다. 스웨덴어는 번역이 완료되어 출판사와 출판 교섭 중이라고 한다(한국문학번역원). 프랑스어 단편집이 한 권, 폴란드어 단편집이 두 권 있다.

1964년 〈장마〉를 시작으로 성공회 러트(Rutt) 신부님이 영역해서 「코리어저널」에 실린 〈광대 김선생〉 등 단편 10여 편이 여러 언어로 번역되고, 장편 하나도 그렇게 되었는데, 그럴 때마다 에피소드가 있어서 회상하면 재미있고, 그것을 글로 쓰면 꽤 긴 얘기가 될 것이다. 언젠가 한 번 쓸 생각인데, 묘한 일은 나를 방해하는 일이 있으면 그것이 오히려 나에게 생각지도 않는 엄청 좋은 일을 갖다주기도 해서 전화위복이 된 셈이어서, 그 당시는 미웠던 사람 덕에 좋은 일이 생겼으니까, 세상에는 미워할 사람은 없는 것이 아닐까 하는 생각도 든다.

1956년 그저 문학이 좋아서 한 번 써본 단편 〈별빛 속의 계절〉과 〈신화의 단애〉를 바로 「현대문학」지에 김동리 선생님이 추천하셔서, 나는 작가가 되었다. 장편 6편 중 3편은 버렸고(모두 신문 연재), 단편은 50여 편을 썼는데 다시 읽어보고 버릴 것은 죽기 전에 버릴 생각이다. 적다면 적고 많다면 많다고 할 수 있는 작품이다. 그중에서 단 한 편이라도 오래 남는다면 글 쓴 보람이 있겠다.

「경향신문」 1994.10.21.

1995년, 프랑스 한국문학 포럼 참석기
-아름다운 이방의 작가가 되어

1995년 11월 27일 13시, 프랑스 정부에서 초청한 작가와 시인 등 13명은 KAL을 타고 프랑스로 향했다. 일행은 작가 김원일 박완서 오정희 윤흥길 이균영 이문열 최윤 한말숙, 시인 고은 신경림 황동규, 극작가 최인훈 제씨들이었다. 초대 시인 작가들 외에 추진위원에 자문위원, 문체부 문예진흥원 관계자, 또 취재기자단 등 모두 40여 명이 탑승했다. 몇십 년 만에 만나는 문인도 있었고, 나에게 전혀 낯선 젊은 작가도 있었다.

이 행사의 공식 명칭은 〈LES BELLES ETRANGERES COREE(아름다운 이방인 한국)〉이고 1987년부터 프랑스 정부가 매년 잘 알려지지 않은 나라의 문학을 대대적으로 자국에 소개하는 사업으로서 금년에는 한국문학을 종합적으로 소개하는 것이 그 목적이다. 이런 행사를 하는 나라는 전 세계에서 프랑스뿐이다.

우리 측에서는 주(駐) 프랑스 한국대사며, 참사관, 공보관, 문화원장 그 외 직원들, 그리고 한국 언론계의 특파원들과 동시통역사까지 합하면 약 70여 명이 직접 참여하고, 프랑스 교포며 우리 유학생들과 번역자까지 대단한 인원이 이 포럼에 임한 것이다.

프랑스에 가면 언제나 수도 파리건 지방이건 옛 고향에 온 듯한 아늑함을 느끼는 것은 소녀 시절이며 대학 시절 수없이 많이 읽은 그 나라의 문학 때문일 것이다. 그러기에 나는 이번 여행이 우리 문학을 소개하러 간다는, 어찌 보면 우리 문학사에서 훗날 몇 줄이라도 써질 지도 모른다는 데서 오는 책임감도 잊은 채 마냥 즐거웠다.

초청된 시인 작가 13명만의 숙소인 호텔 루테시아(Lutesia)는 파리 중심에 위치하고 있고, 오랜 역사를 가진 고급 호텔이라고 하는데, 안팎이 모두 우아한 옛 정취가 물씬 났다. 이 호텔은 2차대전 때 프랑스를 점령한 나치스의 군사령부가 있었던 곳이라 하며, 그 지하에서 고문당한 프랑스인들도 많았고, 고문으로 죽어서 나간 사람도 있었을 것이라 하는 말에 내가 기분 나쁘다고 하니까, 군사령부는 여러 곳에 있었다고 했다. '세계의 꽃'이라 불리던 파리도 전쟁에는 어쩔 수 없었던 것이다. 어떻든 살아 있는 사람은 다른 사람의 희생과 혹은 죽음을 딛고 살고 있다는 평소의 생각이 새삼 떠올랐다. 영화며 문학에서 읽고 알고 있는 당시의 레지스탕스들의 고통과 신음 소리가 귓전에서 들리는 것 같아서 들떠 있던 가슴이 별안간에 무거워졌다.

프런트에서 객실을 배정받았는데, 죽을 사(死)자 4층은 나 혼자였다. 가뜩이나 무서워서 혼자 못 자는데……. 프런트에 말해서 일행들이 머무는 방은 아니더라도 층이라도 같게 해달라고 하니까, 미리 정해져서 곤란하다고. 하는 수 없이 혼자서 4층으로 올라가서 객실에 들어가자마자 방을 살펴보니, 테이블에 엄청 큰 화환이 나를 환영한다는 Philip Picquier 카드와 함께 놓여 있었다. 작년에 서울에서 나를 점심 초대했던 그 출판사 대표임을 금방 알았다. 고마웠다. 넓은 창밖이 훤히 트여 있고, 욕실의 시설도 핸드 샤워만 없을 뿐 괜찮았다. 여행 때마다 그랬듯이 장롱이며 서랍들을 다 열어보고 완전히 비어 있는 것을 확인했다. 남편의 해외 연주 때마다 함께 가서 여행의 경험이 50회를 넘는데, 언제나 이렇게 장롱과 비상구 등을 확인했었다. 왜 그러는가 하는 것은 독자의 상상에 맡긴다.

만찬은 지난 9월에 방한해서 인터뷰 때 만나 낯이 익은 프랑스 문화성 국립도서센터 사무국장 미셸 마리앙 씨의 주최로 호텔 내의 레스토랑 브라세리에서 있었다. 우리 일행은 행사 진행표와 11월 28일부터 12월 8일까지의 무료 점심 식권을 받았는데(값은 150프랑, 원화로 약 24,000원, 아침은 물론 무료다) 식권의 크기가 가로 약 24센티미터, 세로 약 30센티미터로 LIVRE(도서)라는 뚜렷한 글씨가 찍혀져 있었다. 프랑스 체류 중의 용돈으로 현찰 2,000프랑(약 30여만 원)도 지급되었다.

쾌적한 방에서 푹 자고 다음날 아침 식사 때 일행들을 만나니, 어떤 객실은 추워서 담요를 더 덮고 속옷까지 입어야 할 정도였다 한다. 대체로 서구사람들은 추위에 강한데 피하지방질이 우리네보다 많아서가 아닐까, 라는 결론을 짓기도 했다.

  호텔 풀 푸리에서 국립도서센터 회장의 환영 오찬이 있었다. 옛날에는 공과대학이었다고 하는 아름다운 건물이었다. 거기에서 이번 행사 기간 동안 동시통역을 맡아줄 우리의 젊은 여성들을 만났는데, 모두가 세련되고 아름다웠다. 시종 우리 단체 행사에 참석했던 한국문화원장 조성장 씨는 유창한 프랑스어에 사교성도 대단했으며, 프랑스문학을 꿰뚫고 있는 것 같았다. 빅토르 위고의 연애편지까지 줄줄 외울 지경이니 문자 그대로 프랑스통이라 할까?

  저녁 7시(11월 28일), 바스티유 오페라좌 대강당에서 개막식이 있었고, 10월에 미리 우리나라에 와서 찍어간 13인 문인들의 다큐멘터리 영화 상영과 간단한 리셉션이 있었다. 대강당은 500석인데 프랑스 전역에서 일어난 총파업 때문에 버스며 지하철이 모두 불통이라 손님들이 많이 올 수 없을 것 같다는 현지인들의 염려에도 불구하고, 개막식이 시작하고 보니까 500석이 꽉 차고 초청장이 없는 사람들이 밖에서 서성이고 있었다. 손님들은 프랑스인과 우리나라 사람들이 반반으로 보였다. 개막식은 프랑스 문화성 도서국장인 장 세바스찬 듀피의 환영사로 시작되었고, 우리의 장선섭 대사의 환영사가 있었다. 다큐멘터리 영화도 서울에서 찍어간 것이었는데, 편집을 어찌나 잘했는지 재미있었고, 작가 시인들의 소개뿐 아니라 우리나라의 생활상을 짧고 요령 있게 소개한 데에 놀랐다. 내가 가야금으로 타는 세령산(細靈山)을 간간이 들리게 한 것도 기뻤다.

리셉션 때에 초청된 일행들은 모두 사인 공세를 당하기도 했다. 나는 구겨지기 쉽고 활동이 불편하나 이국에서는 한 번쯤 입어야 하지 않을까 싶어 가져간 수 놓인 옥색 치마저고리를 입었는데, 프랑스인들뿐 아니라 우리나라 사람들도 한복의 아름다움을 말해주어 입은 보람을 느꼈다.

29일 오찬은 주프랑스 한국대사 관저에서 있었는데, 숲속의 고급 주택가에 있는 아름다운 저택이, 우선 한국인으로서 만족스러웠다. 장선섭 대사 부인이 직접 지휘하여 만든 한식은 정말 맛있는 한국 요리였다. 한국 요리라고 다 맛있게 만들어지는 것은 아니다. 우리 일행은 모두 그 노고에 감사했다. 식사 중에는 한국문화를 어떻게 하면 해외에 널리 알릴 수 있는가에 대해서 영화 음악 연극 무용 문학 등 여러 분야에 대해 의견들을 말했다. 21세기는 문화가 상품이 될 것이고, 무역전쟁에서 이제는 문화전쟁이라는 말까지 나올 지경이니 누구나 나라의 문화를 생각하지 않을 수 없는 것이다.

29일 저녁부터 본격적으로 포럼이 시작되었는데, 2~3인 혹은 4인이 한 조가 되어 서점에서 '작가와의 만남'의 시간을 가질 수 있도록 진행표가 짜여 있었다.

29일에 자유 시간을 갖게 된 나는 내 장편 〈아름다운 영가(LE CHANT MELODIEUX DES AMS)〉의 표지 화가 다니엘 스토라 다르몽 여사의 초대가 있어 번역자인 지젤 메이어 교수 내외와 나와는 초면인 한국인 신부와 함께 갔다. 신축 건물인 듯이 보이는 현대식 넓은 아파트였다. 발랄하면서도 세련된 현대 감각의 실내 장치가 돋보였다. 다니엘 여사는 활달한 성격에 상당한 미인으로 행복하게 보이는 중년이었다. 부군은 사업가라 하는데 초대되어 온 손님 50여 명 중 한국 '현대그룹' 관계자도 한 명 있었다. 나와 번역자며 번역자와 친분이 있는 신부 등 책에 관련된 사람들끼리 오붓하게 만나는 만찬인 줄 알고 간 나는 뜻밖의 큰 리셉션에 어리둥절했었다. 게다가 그 손님들이 유명한 프랑스의 화가, 조각가들이라는 데에 더욱 놀랐다. 그들은 대개가 내외 동반이었으며 언제 준비했는지 프랑스어 판으로 갓 나온 내 책을 갖다 놔서 당장에 28권들이 박스 하나가 비워지고 있었다. 손님들은 그 자리에서 책을 사서 내게 사인을 요청하는데, 나는 새삼 악필임을 안타깝게 여겼다. 신비롭고 현대적인 감각이 차분하게 깔려 있는 아름다운 표지 그림이며 두툼하면서도 종이의 질이 좋아 가벼운 그 책에 남겨지는 악필 사인이 나를 당혹하게 할 수밖에……. 여주인이 '라 데팡스'에 있는 큰 조각물을 조각한 유명한 조각가라며 소개한 사람의 이름이 한스 맑스(Hans Marks)인 데에 나는 또 한 번 놀랐다. 그 이름이 한말숙과 너무나 흡사했기 때문이다. 내가 그 말을 했더니 그는 사인할 때에 그 말을 한국어라도 좋으니 써달라고 해서, 전 세계에서 내 이름과 같은 사람을 만난 것이 처음이며 더구나 이국 땅에서 만나게 된 것이 신기하고 놀라우며 반갑다고 썼다. 밤이 깊도록 손님들은 즐겁게 담소했다. 그 집을 나오면서 나를 위해 베풀어준 화가 내외의 후의에 깊이 감사했다. 다니엘 여사는 책 한 박스를 더 갖다 달라고 번역가인 변 여사한테 부탁하고 있었다. 내가 세계문학에서 읽고 또 얘기로 듣고 알고 있던 '살롱문화' 혹은 '살롱사교'라는 것을 직접 체험한 날이었다.

지겔 메이어 교수 내외가 다니엘 여사를 만난 것은 우연이었다. 작년 여름에 번역을 끝내고 여름휴가를 갔을 때 엄청난 고급 호텔 앞을 지나게 되었다 한다. 지겔 메이어 교수의 말에 의하면 자기네들은 도저히 그런 호텔에 들어가 볼 엄두도 못 내지만, 지나다 보니까 미술 전시회가 있다고 써 있어서 미술 감상과 돈은 상관이 없으니까 들어가서 그림이나 보자고 들어갔는데 어떤 그림을 보는 순간, '저거다!' 하고 직감적으로 내 작품을 연상했다 한다. 그래서 교수 내외가 화가를 만나 책 표지에 쓰고 싶다고 하니까 처음에는 딱 잘라 거절했다가, 여러 가지로 작품에 대한 설명을 했더니 겨우 허락했다 한다. 다니엘 여사는 최근 나에게 내 소설을 읽은 감상과 내 책표지에 자기의 그림이 있는 것에 대해 과분한 말을 써 보내주었다. 나는 인생이란 만남의 역사라고 늘 생각하는데 인생에 있어 만남의 우연과 필연을 새삼 생각하게 해주는 에피소드라 할까.

다니엘 여사의 저녁 초대 날, 지겔 메이어 교수의 차 안에서 만난 한국인 신부님은 나에게 지울 수 없는 깊은 인상과 함께 내가 골똘히 생각해야 할 과제를 준 것 같다. 차 안에서 〈아름다운 영가〉에 대해 잠깐 얘기가 오갔다. 신부님의 말을 들으니까 그 장편 소설을 정확히 다 읽은 것을 알 수 있었다. 가난하고 순진무구한 어린 석규의 시체를 처참한 몰골로 묘사하고, 갖은 악덕의 연속으로 부와 명예를 누리고 죽은 정임의 시체를 아름답게 묘사한 것에 대해서 1980년대에 몇몇 독자가 의아하게 여겨서 항의성 질문을 한 적이 있었다. 그 대목에서 신부님은 "시체를 안아보면 그 모습이 어떻든 간에 그 사람이 어떤 인생을 살았는가 알 수 있어요"라고 결연하게 말해서 나는 깜짝 놀랐다. 나이 사십 이후의 얼굴은 그 자신의 책임이라는 말은 상식이다. 즉 사십이 지나면 아무리 가장해도 살아온 역사가 얼굴에 아로새겨진다는 것이다. 관상학 같은 것을 몰라도 세상을 웬만큼 살아 본 사람은 사람을 보았을 때 대개는 악한 사람인가 선한 사람인가를 느낌으로 알 수 있다는 말은 흔히 들어왔으나, 시체를 안아보면 알 수 있다는 말은 처음이었다. 도대체 육체란 무엇일까? 생명의 실체는 무엇일까?

30일, 오전 아홉 시 반부터 그랑 파레스(GRAND PALAIS)에서 세잔의 전람회를 보았다. 짧은 여행 중 이런 전시회를 만나서 실제로 볼 수 있게 되는 것도 여간 행운이 아니다. 우리 일행이 도착했을 때는 개관 전인데도 벌써부터 전시회를 보려고 온 사람들이 장사진을 치고 있었다. 우리들이 아무 절차 없이 전시장에 들어가니까, 어떤 프랑스인이 강력히 항의했다. 관람 시간도 아직 되지 않았으며, 줄도 서지 않았는데 어떻게 들어가느냐는 것이다. 안내한 사람이 설명을 하니까 겨우 납득해 주었다. 그토록 우리 일행을 예우해 준 프랑스 국민에게 경의를 표하고 싶다.

파업이 계속되는 중에 데모도 있었다. 우리 호텔 앞의 아름다운 거리에서도 날이 저물 때까지 시민들의 데모가 있었는데, 가끔 소리를 함께 지르고 노란 연기 빨간 연기를 소리 없이 터뜨리는 조용한 데모였다. 그 데모는 조용하나 전국적으로 일어나고 있다 한다. 연유를 물으니 '사회복지금 인하와 세금 인상 반대'라고 하던가? 거기서 오랫동안 살고 있는 유학생의 말에 따르면 그 나라에서는 목숨만 붙어 있으면 어떻게든지 먹고살 수 있게 복지제도가 되어 있다 한다. 실업하면 실업수당도 나라에서 보조해 준다고. 1974년에 방문했을 때도 들은 말인데 지금도 그런가 보았다. 우리나라는 언제나 그렇게 될른지…….

12월 1일, 저녁 6시 반부터 호텔 풀 푸리에서 '한국문학에서의 여성의 위치'라는 주제로 포럼이 있었다. 프랑스 측에서는 아니 에르노, 클로드 프자드 르노, 이자벨 라캉, 우리 측에서는 박완서, 오정희, 한말숙 등이 참석했다.

홀은 5, 60명쯤 수용하는 크기 같은데, 좌석은 꽉 차고 뒤에 더러 서 있는 사람도 있었다. 프랑스인과 현지 거주 우리나라 사람들이 반반으로 보였다.

〈아름다운 영가〉는 1983년에 영역, 1993년에 폴란드어 역본이 나왔는데, 프랑스어 번역 역시 참 우연히 이루어진 것이다. 파리 현지에서 지젤 메이어 교수 내외가 번역을 완성한 것이 유네스코(UNESCO)와 아르마탕 출판사의 공동 출판으로 나오게 되고, 유네스코 대표문학선집에 들어가게 되었다. 유네스코 파리 본부에서 파격적인 번역과 출판 지원금이 나온 책인데, 우수한 번역이 큰 몫을 하지 않았나 하고 생각한다. 내가 파리 체류 중 유네스코 본부의 출판부장 아인사 씨가 스페인어로도 번역해 보도록 권해주었으는데, 초면의 그분에게 다시 한번 감사하는 마음 절실하다. 내가 이런 모든 일과 거기에 관련된 사람들에게 감사하게 생각하는 것은 당연한 일이다. 평소의 생각대로 나의 모든 것은 일체 다 남의 덕이다.

포럼이 끝나자 몇몇 프랑스인이 내 책을 사들고 와서 사인을 청했다. 어떻든 그 어려운 교통 상황에도 그 저녁에 거기까지 와준 청중에게 감사의 말을 전하고 싶었다.

12월 2일 토요일, 아침 일찍 김원일 박완서 한말숙의 한 팀은 벨기에 수도 브뤼셀로 떠났다. 비행장 파업 관계로 더러 지방 행사가 취소되는 일이 있다고 해서 걱정했었는데 브뤼셀 행은 다행히 문제가 없었고, 다만 공항까지 가는 길이 막힐까 해서 일찌감치 떠나기로 했다.

우리를 안내하는 발레리 투상 여사는 활기가 넘쳐흐르는 여성이었다. 영어가 유창하고 안내자로서 빈틈이 없었다. 동시 통역사도 한 사람 따라갔다. 모든 포럼은 동시통역으로 이루어졌다.

기내에서 갑자기 1970년대에 주 벨기에 한국대사였던 사촌 오빠가 생각났다. 벌써 타계한 지 4년이 되었다. 그 오빠도 가고 내 친오빠도 가고, 언니도 가고……. 아버지, 어머니는 이미 30년, 40년 전에 돌아가셨다.

'이제는 내 차례구나' 하는 생각이 들었다.

공항에는 박명동 공보관이 마중나와 있었다. 박 공보관은 시종 우리를 안내해 주었고 떠날 때는 비행장까지 손수 운전으로 배웅해 주었다. 호텔은 중심가에 있는 '메트로폴'이었는데 로비에 벽 한 면 가득한 크기의 아인슈타인이 각국의 과학자와 그곳에서 회의를 하고 찍은 사진이 걸려 있었다.

설명이 필요 없는 유명한 호텔 메트로폴은 객실도 목욕실도 터무니없이 넓고 호화로웠다. 기회가 있어 브뤼셀에 또 온다면 단연 여기서 머물겠다고 마음먹었다.

포럼은 「LE STIRE」 신문 편집장 자크 드 데커 씨가 맡았는데 우리의 남북 분단 상황이며 정치 상황 등에 대해서 우리에게 많은 질문을 한 것 같다. 내가 벨기에 역사에 대해 아는 것이라고는 우여곡절 끝에 1850년경 독립을 했다는 것뿐이었다. 그래서 내 차례가 왔을 때, 인류 역사가 시작된 이래 적에게 점령당해 보지 않은 나라는 없을 것이다. 우리도 일본에게 36년간 점령당했었다. 그러나 우리의 역사는 5천 년이다. 일본이 별의별 못된 짓을 다 했지만 36년을 가지고 5천 년의 무게를 어떻게 좌우할 수 있었겠는가. 또 나는 한국전쟁 때 동족끼리 무참히 죽이는 것을 보았다. 그래서 적이라는 것이 무엇인가를 생각해 보기도 했다. 따라서 나는 국경보다도 인류를 더 생각하지 않을 수 없다. 라는 말을 했다. 포럼이 끝나자 여기서도 책을 사들고 와서 사인을 해달라는 외국인들이 있었다. 그중에는 변호사도 있었는데 나와 명함을 교환했다. 브뤼셀에서는 약 24시간 체류했으나, 시청 근처의 박물관도 가보고 유서 깊은 거리도 걸어보았다. 유럽의 어느 나라 못지않은 대단한 문화국이었다.

유럽은 '어느 집의 된장 맛은 우리 집 것과 좀 다르다'는 말처럼 나라의 이름만 다르지 문화는 비슷비슷하다. 자가용차로 몇 나라의 국경을 넘으며 여행을 할 수 있는 곳이 유럽이다. 1993년 내 책의 사인회를 위해서 바르샤바에 초청되어 갔을 때, 폴란드의 국제 펜클럽 회장이 한 시간만 있으면 귄터 그라스(1999년 노벨문학상 수상 작가) 씨가 오는데 만나고 가면 어떠냐고 권했으나, 나는 다음 약속 때문에 응하지 못했었다. 독일에서 폴란드로 오는 것이 이웃 나들이 하는 것처럼 들려서 의아해 하는 나에게 번역자인 할리나 오가레크 교수는 국경에 가까이 있는 지역에서는 바르샤바에 오는 것이 독일 국내보다 훨씬 더 빠르다고 했었다.

떠나는 날 이태식 대사가 유명한 레스토랑 '레 트르와 쿨레르'에 우리 일행을 오찬에 초대했다. 브뤼셀 문화성 문화국장과 자크 드 데커 씨, 포럼 참석 작가 세 사람, 발레리 여사, 동시통역사, 그리고 시종 우리를 안내해 주고 돌보아주던 박명동 공보관이 함께 화기애애한 가운데 담소했다.

브뤼셀 공항에서 소년 소녀 몇 명과 어른 몇 명이 커다란 흰 천에 글씨를 쓴 것을 들고 머리에는 오리 모자를 쓰고 줄곧 빙빙 돌고 다녀서 왜 저러는가 하고 물었더니 '브뤼셀 항공 기내식 오리는 잔인하게 죽인 오리고기다' 라고 써서 그 잔인성을 고발하는 것이라 했다. 기내에서 오리고기가 나오지는 않았으나 나왔으면 아마 나는 먹지 못했을 것이다. 그 고발의 진위 여부를 확인할 수는 없다 하더라도 '잔인하게 죽임을 당한 고기' 라고 들은 이상 무심히 육식을 할 기분은 아니었다.

12월 5일에는 눈이 쌓인 길을 발레리 여사의 운전으로 세 시간 남짓을 달려 샴페인으로 유명한 고장인 랭스로 갔다. 역시 브뤼셀에서 함께했던 세 사람이 일행이었다. 시청에 가서 부시장과 기자들의 환영을 받고 4세기부터 지어졌다는 유명한 노트르담 사원을 구경했는데, 밖은 눈이 오고 성당은 크고 추웠으나 안내하는 여성의 건축과 조각의 역사에 대한 열변에 감탄하며 한 시간 남짓을 보냈다. 성당 근처의 호텔 '아비스'는 현대식 디자인으로, 좁은 공간을 충분히 활용한 지혜에 고개를 끄덕이지 않을 수 없었다. 양식을 맛있게 먹고 눈발이 휘날리는 밤길을 달려서 '텡쿼 문화센터'로 가서 포럼에 참석했다. 그곳 역시 파업이라 개인 교통수단이 없는 사람은 시 중심에서 떨어진 곳에 있는 그 문화센터까지 오려면 힘들었을 텐데도 4, 50명 정도는 온 것 같았다. 우리나라의 유학생들도 있고 프랑스 사람도 있었다. 포럼 후에는 프랑스 사람이 책을 사들고 와서 사인을 요청했다. 나중에 들은 얘기지만 랭스는 보수적인 고장이라 거기서 작품을 인정받고 받아들여지면 프랑스 전역에서 받아들여지는 것과 같다고 하는데 그 나라 사정이라 이방인인 내가 알 리가 없다.

포럼 다음날 시내 관광도 포기하고 우리는 파리로 향했다. 날씨가 어떨지 모르고 데모 때문에 길이 막힐까 염려해서였다. 발레리 여사는 눈이 쌓인 길을 익숙한 솜씨로 운전했다. 아이가 둘이고 남편이 있는 그녀는 이번 포럼에는 임시로 고용되었다고 한다. 일하는 도중 틈나는 대로 집에 가서 남편의 머리를 깎

아주고, 아이들 먹을 것을 준비해 주었다 한다. 그런데도 지칠 줄 모르고 언제나 원기왕성하며 정력이 넘쳐흘러 보였다. 이 포럼이 끝나면 남프랑스에 가서 기차 불통으로 북프랑스에 있는 아버지에게로 가지 못하고 있는 어머니를 모셔다 드려야 한다고 했다. 효심도 가상하나, 일주일밖에 안 된 여행에 몸살이 나려고 전신이 오싹거리는 나는 그녀의 건강과 정신력에 감탄과 찬사를 보내고 싶었다. 동시통역을 맡았던 최효선 씨는 포럼이 끝나자 바로 데리러 온 남편의 차로 한밤중에 파리로 떠났다. 다음날 스케줄 때문이라 했다.

  7일 저녁에는 우리 대사관에서 대사 주최 리셉션이 있었다. 우리 대사관 건물은 프랑스 정부가 지정한 문화재로서 오랜 역사와 아름다운 조형미로 잘 알려져 있는 건물이라 한다. 1974년에 처음으로 파리에 갔을 때를 생각하니 우리 국력의 급속한 신장을 새삼 실감치 않을 수 없었다. 내가 참석한 포럼의 상황에 관해서는 현재까지 국내의 어디에도 언급된 데는 없으나, 이번 여행이 나는 무척 즐거웠다. 벨기에의 「르 스와르」 신문에 난 기사를 입수했는데 만족스럽게 생각한다. 12월 8일 저녁 여덟 시 반, KAL기로 우리 일행은 무사히 서울로 돌아왔다.

  장선섭 주프랑스 대사를 비롯해서 송정철 일등서기관, 정달호 참사관, 조성장 문화원장, 주 유럽공동체 이태식 대사와 박명동 공보관, 또한 동시통역을 맡은 여성들이며 행사 때마다 한 자리라도 채우려고 불편을 무릅쓰고 참석하던 교포며 유학생들의 열성에 깊이 감사한다. 또한 보이지 않는 곳에서 이 포럼을

뒷받침해 준 문체부의 여러분과 삼성문화재단 여러분의 노고에 감사드린다. 그리고 이 포럼을 주최하고 무난히 진행하도록 해 준 프랑스 측 여러분과 포럼에 참석해 주신 프랑스인 여러분들께 감사드린다.

1996년 「한국문학」 봄호

나의 대학 시절

1950년 6월 19일에 동숭동 서울대학 문리(文理)과대학 운동장에서 신입생 입학식이 있었다. 나의 대학 시절은 그날부터 비롯했다.

해방 후 격변하는 사회 속에서 학제의 변동이 많았다. 지금은 3월에 신학기가 시작되지만 그때는 6월이었다. 문리대는 교사 신축 때문에 다른 대학보다 개강일이 며칠 늦었다.

현재 서울대는 인문계 이공계로 분리되어서 문리과대가 없어졌으나, 입학시험 시작 벨이 울리기 전에 재학생 한 사람이 시험장에 들어와서 교단에 있는 교탁을 주먹으로 꽝 치며 "대학 중의 대학, 서울대 문리대에 응시하는 제군……." 어쩌고 할 만큼 문리대는 명문대 중의 명문대로 통했었다.

그때만 해도 구시대라, 여성이 대학 가는 것을 반대하는 가정도 많았다. 특히 남녀공학에다가 경쟁률이 심한 문리대에 응시하는 것은 대체로 심사숙고가 필요했다. 그러나 나의 경우 내 생각도 그랬으나, 집에서나 학교에서나 "가려면 문리대에나 가라"고 해서 대학 선택을 하는데 망설일 것은 없었다.

그 무렵 어리석었던 나는 누가 수재라고 칭찬하면 의심 없이 그런 줄만 알았다. 그래서 나는 불합격 같은 것은 상상도 못했었다.

내가 고3 때인 1940년대에는 요즈음 같은 오디오라는 것은 전 세계 어디에도 없었고, 물론 전축이라는 것도 없었다. 손잡이를 돌려서 태엽을 감는 축음기뿐이었다. 학교에서 귀가하면 그 축음기에 베토벤이나 모차르트, 쇼팽, 슈베르트, 리스트 등의 음반을 틀어 놓고 시간 가는 줄을 몰랐다. 밤을 새다 싶이 하며 일어로 번역된 세계문학을 읽었다. 학교의 눈을 속여서 학생 관람 불가의 영화나 보러 다니고, 학교는 기분 안 나면 결석했다. 그런 주제에 감히 서울대 문리과대에 입학할 생각을 했으니 돈키호테라 할까 한심스런 바보였다고나 할까.

운이라는 것이 있다면 그 덕인지, 언어학과에 입학을 하고 나니, 하늘은 끝없이 넓고 푸르렀고, 교정의 마로니에는 한결 싱그러워 보였다. 온몸이 터질 듯 기쁘고 희망에 찼었다.

내가 흥미 없는 과목은 안 들어도 되고, 몇몇 필수과목 외에는 듣고 싶은 것을 선택해서 들을 수 있는 대학생활은 더더욱 신났다.

문과 이과를 합해서 신입 여학생이 20여 명밖에 안 된다고 들었었는데, 게다가 이과 교사(校舍)는 청량리에 있어서 동숭동의 문과 캠퍼스에서는 여학생을 거의 볼 수가 없었다. 여학생용 화장실이 미처 준비가 되어 있지 않아서 직원용을 쓰는 데 몹시 불편했다.

그 무렵에 남녀공학 서울대 문리대에 갈만한 여학생이니, 나뿐만 아니라 누구나 남학생을 이성으로 느끼지는 않았을 것이나, 화장실이 급할 때마다 참 난처했었다.

강의 시간에 조금이라도 늦으면 뒤에 서서 들어야 하기 때문에, 나는 한 강의가 끝나면 다음 강의실로 뛰어가서 막무가내로 맨 앞자리에 앉아서 강의를 들었는데 뒤에서 내 모습을 스케치해서 돌리는 짓궂은 남학생도 있었다.

지금은 돌아가신 양주동 교수의 국문학 강습(세미나)을 듣고 있는데, 교실의 벽이 쿵쿵 울려서, 운동장에서 벽에다 대고 공을 치는가 했더니, 의정부 쪽에서 공산군이 쏘는 대포 때문이었음을 귀갓길에 알았다. 희망에 부풀었던 나의 대학생활은 일주일 만에 그만 처참한 전화에 휘말리게 되었다.

6·28 공산군의 서울 장악 이후 상급생이라는 남학생들이 집을 찾아와서 등교하라고 성화를 대는 통에, 어느 날 학교에 가보았다. 이화동 네거리에서 학교로 가는 큰길 양편에 '공산주의는 자유주의를 배격한다'고 선명하게 인쇄된 표어가 거의 1미터 간격으로 쫙 붙어 있는데 기분이 팍 상했다. 공산주의는 자유주의이며 만민이 평등한 주의라고 전쟁 전에 흘려듣고 약간의 기대와 호기심도 있었는데, 이건 무엇인가? 내 평생 처음 협박을 당한 것이다. 불쾌감이 속에서 부글부글 끓어올랐다. 교문에 들어서니까 학교 본관 건물이 거의 뒤덮일 만치 어마어마하

게 큰 스탈린과 김일성의 초상화가 나란히 붙어 있었다. 스탈린은 왜 붙여 놨나? 일제의 지독한 독재정권 때도 이런 꼴은 보지 못했다. 이건 도대체 무엇인가? 그 초상화 역시 살벌하고 위협적이었다. 이것이 그 자유와 평등이라던 공산주의라고?

출석부에 학과와 입학년도와 이름을 적는데, 으스대며 서 있던 상급생인 듯한 남학생 한 사람이 내가 고등학교 때 교우지에 발표한 〈이별〉이라는 시를 조르르 암송하며 반겼는데, 그것도 비위에 거슬려서 집에 와서 그 교우지를 짝짝 찢어 버렸었다. 자유주의를 배격하는 자의 입에 내 시가 붙여지다니, 어림도 없다! 싶으며. 나는 다시는 등교하지 않았다.

적 치하 3개월은 공포의 연속이었다. 여성당원으로 잡혀갈까 보아 정보가 있는 대로 친척 집에 피신했다. 한강에 가서 밤새 모래를 파는 강제 노동 때문에 어떤 날은 고열에 시달리기도 했다. UN군의 공습 시작으로 그 동원 노동이 없어진 후로, 나는 다시 괴테며 도스토예프스키며 셰익스피어 등에 몰두했다. 몸은 식량 부족과 공포 정치에 떠는 지옥에 있었으나, 세계문학을 읽는 동안 내 정신은 유토피아를 거닐고 있는 것 같은 황홀경에 있었다.

9·28 서울 탈환 후 학교에 가니까, 손진태 학장을 비롯 몇몇 교수가 납북 혹은 월북했고, 학생 중에도 그런 학생이 더러 있다는 풍문이 돌고 있었다. 절친했던 친구를 반공(공산주의 반대)이라는 이유로 친공(親共) 학생이 죽였다는 끔찍한 비보도 있었다. 그러나 이제는 남하했던 학생들이 복수심에 불타서 살기등

등했다. 심사를 해서 공산주의에 조금이라도 협조한 학생은 복교를 불허했다. 소위 그 '빨갱이'도 아닌데 오해를 풀 길이 없어 끝내 복교 못하고 만 학생도 있었다.

한편으로 국군은 북진하고 있어 전투는 점점 치열해지고 있었다. 국군으로 나가서 목숨을 걸고 싸우는 학생도 물론 있었다.

2학기 개강도 못한 채 다시 1·4후퇴. 부산에서 연합 대학이라고 해서 피난온 남한의 모든 대학생을 한데 모아서 개강했는데, 부두의 대형창고 같은 곳에 각 지방에서 온 학생들이 너무나 많이 모여서 분위기가 어수선했고, 낯선 교수의 강의도 마땅치 않은 데다가 교수의 목소리도 들리지 않아서 강의를 듣는 게 아니라 그냥 앉아서 출석을 해서 학년만 올라가기 위한 모양새 같았다. 그 때문에 나가지 않는 학생도 많았다. 나도 그 중의 하나였다. 덕분에 1년 휴학이 되었다.

다음 해 서울대가 부산 구덕산에 판자와 천막으로 가건물을 짓고 개강했다. 나는 좋아라고 열심히 학교에 다녔다. 이때의 체험으로 나는 문과의 학문은 교수와 학생이 성실하다면, 비록 들판에서라도 교육이 된다고 생각한다. 이과는 실험 시설이 있어야 하지만.

부산은 겨울이건 여름이건 바닷바람이 세게 불었다. 바람에 판자 교실은 흔들리고 천막은 펄렁거리며 요동을 쳤다. 교실도 학생들도 송두리째 날아갈 것 같아서 가슴을 조였다.

대부분의 학생들은 피난생활의 궁핍 때문에 영양 상태며 의복이 보기에 딱할 지경이었다. 입을 것이 없어서 뚜렷이

P.O.W.(전쟁포로)라고 등에 크게 새겨진 잠바를 입고 다니는 학생도 있었다. 그래도 그때의 학생들은 가난하고 고통스러우나 순수했고, 전란 중에도 희망에 차 있었고, 교수들의 인품과 실력과 자애 속에서 비뚤어지지 않고 슬기로웠음을 자부한다.

그 힘든 피난생활 중에서도 플라토닉 연애를 열렬히 하는 학생도 있었고, 보들레르며, 베를렌, 랭보의 시를 읊으며 애수에 잠기는 학생도 있었다.

지금 생각하면 수치스럽고 통분할 일이나, 일선에서 국군장병이 죽어 가는데 피난지에서는 사교춤이 대유행이었다. 사회심리학적으로 분석하면 고통을 잊으려는 집단심리라고도 한다고 들었으나.

오빠는 사교춤 가정교사를 두 분 모셔 와서 올케언니와 나까지 세 사람이 두어 달 동안 열심히 사교춤을 배웠다. 오빠 내외는 전쟁 전에도 추었었는지 선생을 쉽게 따라 했다. 오빠는 일이 많은 변호사였으나, 오후 네 시 이후는 귀가해서 춤을 배웠다. 오빠 집에는 피난 온 친척들이 가득 살고 있었다. 나는 운전도 해보고 싶어서 우리 집 기사아저씨가 시간이 나면 집 앞 길에서 전진 후진을 반복했는데, 기어 변속 하는 것까지는 배웠으나 시내에 나가는 용기는 없어서 흐지부지되고 말았다.

오빠는 나에게 마작 놀이도 가르쳐 주며 올케언니와 셋이서 저녁 식사 후에는 잠시나마 재미있는 시간을 보냈다. 유학 가고 싶으면 미국이든 유럽이든 어디든 가라고 하면서, 국교는 없지만 일본인들 못 보내 주겠냐고 했다. 동경제대 법과 우등졸업생이었던 그는 일본 정, 재계에 쟁쟁한 동창생들이 많이 있어서 별문제는 없는 것 같았으나 나에게는 집을 떠나서 혼자 외국에 간다는 것은 무서운 일이었다.

지금 생각해 보니까 서울에서 3개월 동안 고생한 막내 동생에게 오빠는 아버지 못지않게 아낌없이 사랑을 베푼 것 같다.

2차 대전 후 전 세계를 휩쓸던 카프카, 앙드레 말로, 사르트르, 까뮈의 일역 판을 내가 만난 것도 피난 시절이었다. 그들의 문학은 전쟁 전까지 내가 읽었던 세계문학과는 또 다른 세계로 나를 몰입시켰다. 나는 그들의 문학이 없었다면 그 전란시대에 무엇을 생각하며 무슨 희망을 가졌으며 무슨 낙으로 살았을까? 그들의 문학은 나에게는 구세주였다. 고 어딘가에 쓴 것을 지금도 기억한다.

이해랑 선생님이 이끌었던 '신협'의 셰익스피어 연극도 빠짐없이 보러 다녔다. 햄릿의 망토가 너무 짧고 좁아서 전시 중의 물자 부족을 여실히 보여 주었으나 연기만은 관중을 사로잡고도 남았다. 이해랑 선생님의 부친이 우리 집의 주치의셨기 때문에 연극배우 이전에 언니와 나는 그분께 남다른 친밀감을 가지고 있었다.

뭐니 뭐니 해도 대학 때의 추억은 강의 시간이다. 그때는 국문학과 동양사 외에는 교재는 원서밖에 없었다. 책을 구하기가 어려워서 교수가 빌려주시는 책이나, 어쩌다 한두어 명 학생이 가지고 있는 것을 타이프라이터가 집에 있는 학생이 타이프를 쳐서 복사를 해서 강의 시간에 돌려서 교재로 썼다. 나도 그중의 한 학생이었다. 2002년에 발표한 〈덜레스 공항을 떠나며〉를 나는 처음으로 컴퓨터로 썼다. 실로 50여 년 만에 서투르나마 자판을 두드린 셈인데, 학생 때 타이프라이터를 친 것이 큰 도움이 되었다고 생각한다.

김상기 교수의 어느 동양사 시간이었다. 찜통같이 무더운 여름의 판자교실. 교수님은 칠판 오른쪽 위부터 어려운 한문을 내리쓰고 계셨다. 칠판은 한문으로 빼곡했다. 학생들은 그것을 노트에 옮겨 써야 했다. 1시간 20분 강의에서 5분 남아 있었다.

밤새워서 미군부대며 부두 같은 데서 힘든 아르바이트를 하는 남학생도 많아서 모두가 더위와 피로에 지쳐 있었다. 맙소사 하는 말이 제풀에 나올 지경이었다. 어느 남학생이 참다못해 "교수님 그만하시지요!"라고 했다. 교수님은 칠판에 쓰시던 것을 멈추고 뒤돌아보시면서 "누구요? 문리대 학생이요?" 딱 그 말만 하셨다. 그 한마디에 모두 아무 소리도 못 했다.

창피하고 민망스러웠다. 그만큼 문리대생이라는 긍지가 강했던 까닭이라 할까. 아니, 친구는 전쟁터에서 죽어 가는데, 강의실에서 공부를 할 수 있는 황송한 처지를 학생들은 비로소 깨달았다 할까.

손우성 교수의 '프랑스 상징주의 시' 강의 시간에는 교수나 학생들이 함께 전쟁도, 현실도 잊고, 넋을 잃고 시 속에 빠져들어 갔다. 잊을 수 없는 열강이며 명강의였다.

피난 시절의 그 가난한 교수에게서 무엇을 훔치려 했었을까? 소매치기에게 몇 군데를 찢긴 교수님의 낡은 가방은 굵은 실로 여기저기 꿰매져 있었다. 교수님은 강의에 열중해서 허름한 바지 허리춤에서 짧은 남방셔츠가 빠져나오는 것도 모르고 계셨다. 강의하는 교수도 듣는 학생들도 말라르메의 〈바다의 미풍〉이며 〈권태〉의 오뇌에 함께 허덕이며 시달렸다. '바람이 돛대를 휘어, 돛대도 없는…… 절망의 난파를 일으키는가…….' 우리는 금속성 벨 소리에 겨우 시(詩)에서 풀려났었다.

돌이켜보니, 추억에 남는 강의가 하나둘이 아니다. 그 시절에는 교수의 불미스런 소문이 전무했다. 돈, 명성, 권세에 광분하는 따위의 교수는 상상할 수도 없었다. 사도는 확립되어 있었고, 학생들은 누구나 교수를 존경하고 따랐다.

1953년 9월부터 환도와 함께 동숭동 캠퍼스에서 개강했다.

나와 함께 입학했던 학생 중 해외 유학, 납북, 월북, 전사, 복학 불능 등으로 보이지 않는 학생이 상상외로 많았다. 가뜩이나 적은 나와 동기였던 여학생은 몇 명이나 남았을까? 전쟁이 남긴 상처는 상상외로 크고 깊었고 또 오래 끌었다. 가슴 설레야 할 우리 세대의 청춘을 동족상잔의 전쟁이 깡그리 앗아가 버렸다. 전쟁, 절대로 다시 있어서는 안 된다.

부산의 바닷바람에 날아갈 뻔하면서, 또 피난생활의 가난과 굶주림과 추위와 더위에 시달리면서도, 때로는 절망의 망령과 싸우면서 구덕산을 오르내리며 열심히 강의를 듣던 그 젊은 얼굴들이 지금 몹시 그립다.

나는 3학년 여름부터 국립국악원에서 김기수 선생님에게서 단소, 김영윤 선생님에게서 가야금, 김보남 선생님에게서 고전

무용을 배웠다. 세태의 변화로 조선조 말에 태어나셔서 엄한 가정 교육을 받으셨던 어머니가 구시대의 가치관에서 조금씩 탈피하시면서 네가 좋으면 배우라고 허락하신 덕이다.

전쟁 중의 대학 시절이었으나, 나는 잠시도 맑은 감성을 잃은 적이 없었다. 그것은 내 인생에 있어 어디까지나 청명하고 아름다운 지대다. 좀 더 지식을 흡수하고, 좀 더 깊이 사고하고, 좀 더 청춘을 만끽했었다면 하는 아쉬움이 크다.

베이징에서의 나흘

우리 일행은 1997년 6월 29일 아시아나항공 편으로 약 두 시간 만에 베이징의 국제공항에 도착하고 바로 켐핀스키(Kempinski) 호텔에 여장을 풀었다. 학술회의에 참가하는 학자와 기자 등으로 구성된 일행 20여 명은 한자리에서 인사를 나누었는데, 백내장 수술 후 3주도 채 안 된 내 눈에는 먼 자리에 앉은 사람의 얼굴은 정확히 보이지 않았고, 기억력도 신통치 않아서 성함도 일일이 기억할 수는 없었으나, 처음 만나는 분들이었지만 무척 정겹게 느껴졌고, 모두가 남북 학자들이 한 자리에서 회의를 하게 된 것에 약간 흥분하고 있는 분위기였다.

베이징은 '93년 중국에서 최초로 열린 국제음악제에 남편과 함께 초청받아 갔을 때와는 많이 다른 모습이었다. 켐핀스키 호텔은 독일 항공 루프트한자가 경영하는 호텔이라고 들었는데, 베이징에서 가장 좋은 국제호텔 중의 하나라고 했다. 4년 전 묵었던 인터콘티넨털 호텔도 크기도 대단하고 객실도 호화판이었는데 아침 식단에 우유가 없던 것을 기억하고 있는 나로서는 켐핀스키 호텔의 아침 뷔페를 보고 놀랐다. 이 호텔은 애초부터 그랬었는지? 중국이 불과 몇 년 사이에 그토록 발전한 것인지……. 독일계 호텔이니만큼 사우어크라우트(saua kraut)며, 소시지며, 검은 보리 빵이며, 엄청 큰 맥주 저장통에서 만들어지며 바로 나오는 생맥주의 맛은 잊을 수가 없었다. 4년 전 200년의 전통을 자랑한다는 프랑크푸르트의 한 식당에서 먹어 본 이래 모처럼 진짜를 먹으니까 너무나 맛있어서 정신없이 먹었는데, 얼핏 보니까 내 맞은편의 북한 측 인사 두 사람이 전혀 먹지 않고 있어서 안 드시냐고 물으니까 입에 맞지 않아서 안 먹는다고 했다. 빵조차도 손도 대지 않고 있었다. 외래 음식에 익숙하지 않은 것 같았다.

베이징의 거리는 온통 홍콩의 귀환으로 축제 무드에 휩싸여 있었다. 100년 전에 영국에 빌려 주었던 그 나라의 땅을 되찾는 것이니까 당연한 일이었다. 내 소설 〈아름다운 영가〉의 번역자인 심의림 선생과 조습 선생이 베이징 사회과학원 출판사에서 내준 승용차로 나를 대접하기 위해 호텔까지 왔다. 우리는 한 시간 동안 천안문 거리 등 중요한 지역을 돌아다녔는데 화려한 조명등으로 장식된 천안문 광장은 환상적이었다. '홍콩 귀환'을 알리는 카운트다운의 탑을 가리키는 심의림 선생의 음성이 조용하나 기쁨에 넘쳐 있는 것 같았다.

당연한 일이지! 나도 기쁜데. 홍콩의 중국 귀환은 중국의 경사일 뿐 아니라 동양인의 경사가 아닐까? 서양 침략이 동양에서 종식을 고했다는 상징적인 사건이고, 지구에서 침략이 없는 평화공존으로 향하는 희망을 갖게 하는 일이라고 생각되기 때문이다.

중국어 판 내 소설을 펴낸 사회과학원 출판사는 중국의 대표적 연구기관에 속해 있는 곳이라 한다. 어딘지 고위 관료 같은 느낌을 주는 거구의 출판사 사장이 출판 축하연을 베푼 음식점은 정부의 정책을 토론하고 비판을 하는 기관의 건물 안에 있었는데, 마오쩌둥 시대에는 그런 기관이 없었다고 한다.

남북학술회의는 호텔의 3층에서 열렸다. 나는 학술회의의 정 멤버는 아니기 때문에 참석할 의무는 없었지만 역사적인 자리를 지켜보고 싶어 참관했다. 북측은 20년 전과 똑같은 주장을 되풀이하고 있었다. 또 남과 북이 통일과 평화라는 같은 주제를 두고 저렇게 다른 해석과 입장을 보이고 있나 싶어 한심스러웠다. 이튿날 마지막 회의가 끝나갈 무렵, 시내를 관광하고 돌아와서 3층 회의장 앞 로비에 앉아 있으니까 오늘이 마지막 날이고 이제 다시 남북으로 갈려져 떠나가는구나 싶으니까 저절로 서운한 감정에 사로잡혔다. 나흘은 너무도 짧았다. 남북이 서로 끝없이 평행선만 가는 회의장 밖을 한발자국만 나오면, 모두 오랜 친구처럼 정답게 소리 높여 노래도 부르고, 우리 말로 거침없이 떠들고 웃었다. 이 지구상의 어느 나라 사람들과 만나서 이토록 언어에 구애되지 않고 이렇게 즐겁게 놀 수 있을까!

회의를 마치고 나온 북측 인사들에게 마침 그날 「인민일보」 6월 11일자에 내 소설이 중국어로 번역, 출간됐다는 기사가 나온 것을 보여주자 북측 대표들은 모두 환호성을 질렀다. 중국과는 오랜 우방 관계이지만 북측의 장편이 그렇게 소개된 적은 없다고 했다. 그리고 서로 다투어 다가와서 나와 한 사람씩 사진 찍기를 원했다. 한 핏줄이 아니면 결코 있을 수 없는 축하 모습이었다. 나는 사진을 찍은 북측 사람에게 "사진 꼭 보내주어야 해요!" 하고 소리를 쳤다. 그러나 그 소리는 메아리 없이 호텔 로비의 넓은 공간에 가물가물 사라지고 있었다. 언제나 그 사진을 받아 볼 수 있을런지.

1997년 7월 「한국일보」

용서와 망각

1960년대의 일인데 울면서 사람을 용서해 본 적이 있다.
 막내 아이를 돌보아줄 17세 소녀가 시골서 왔다. 그녀의 어머니가 잘 가르쳐 달라고 하며 부탁한 소녀였다. 그 무렵은 보릿고개가 있던 때라 농촌에서는 출가 전의 딸들을 믿을만하다고 생각하는 집에 곧잘 이런 식으로 의탁하는 예가 있었다. 순이는 성격이 밝고 또래 도우미들과도 잘 어울려서 나도 그녀를 좋아했다. 내 집에 온 지 반 년쯤 되는 어느 밤이었다. 우유병을 끓이러 부엌으로 나간 순이가 밤 열 시가 넘어도 보이지 않는다는 것이다. 화장실이며 광까지 들여다보았으나 없었다. 그녀가 대문을 나간 것을 본 식구는 아무도 없었다. 이상한 일이었다. 평소에 불만스러운 표정이었었다면 살짝 나가 버릴 경우도 생각할 수 있겠으나 늘 명랑한 낯빛이었기 때문에 그렇게 감쪽같이 속일 수 있으리라고는 상상도 할 수 없었다.
 열한 시가 가까워지자 걱정이 되기 시작했다. 남의 딸을 데리고 있다가……. 하는 자책도 생겨 안절부절못했다. 혹시 나쁜 데라도 빠졌으면 어떻게 하나? 드디어 고참인 예산댁 아줌마가 밖에 나가서 수소문을 하고 들어왔다. 동네 사람의 말에 아까 어떤 여자와 가면서, "텔레비전이나 보고, 애들 학교나 데리고 다니는 집에 가요" 하고 순이가 자랑스럽게 말했다는 것인데, 데리고 가는 여자는 아랫동네에서 살며 가끔 순이와 길에서 얘기하는 것을 본 적이 있다고 했다 한다. 거처는 알게 되어서 마음은 놓였으나 순간 걱정한 것만치나 화가 났다.

"쪼끄만 애가 깜찍하다. 말도 없이 나가서 남의 속을 태우다니."

아줌마들도 한마디씩 했다.

"미리 계획해 놓고……, 눈 감으면 코 벨 계집애."

"고런 무서운 애가 제발로 나갔으니 다행이다."

예산댁 아줌마가 혹시 없어진 거나 없을까 하고 대충 물건을 조사했으나 없어진 것은 아무것도 없었다. 시끌법석 하던 순이의 가출 건은 이내 일단락이 지어지고, 순이의 집에 소식만 전하면 되었으나, 나는 믿는 도끼에 발등이 찍힌 것 같아서 기분이 맑지 못했다.

그 시절에는 서울에도 전화가 없는 집이 많았으니까 시골 순이의 집에 전화가 있을 리 없었다. 다음날 예산댁 아줌마가 순이의 집에 보내려고 자초지종을 쓰고 있는데 전화벨이 울려서 수화기를 들었더니, 들자마자 저쪽에서 '왕!' 하고 울음소리가 터져 나왔다. 순이는 흐느끼느라고 말을 제대로 잇지 못했다. 놀고 공부시켜 준다 해서 따라왔는데 내 집에 다시 오고 싶다는 얘기였다. 순이의 울음소리를 듣자마자 나도 흐느껴져서 말이 제대로 되지 않았다.

"그래, 오너라. 언제든지 와."

가정형편이 좋았다면 고등학교에 다닐 나이인데, 멀리 서울까지 와서 내 아이나 보아 주게 된 순이를 생각하니 눈물은 더 쏟아져 나왔다.

순이는 바로 와서 몇 해 동안 내 막내를 잘 보아주었다. 그녀에게 한번도 집 나갈 때의 일을 물어보지도 않았다. 무조건 가엾고, 무조건 용서한 것이다.

이런 용서는 마음이 깨끗해지고 일어났던 일이 백지로 돌아가나 그렇지 않은 경우가 있다.

이삼 년 전에 A라는 친구가 도움을 청하러 왔다. 나는 이 일을 Y라는 친구에게 상의했다. 어떡하면 더 효과적으로 도울 수 있나 해서다. Y가 놀라며, "그녀가 네게 어떻게 했었는데 벌써 잊었니?" 한다. 그러고 보니 구체적인 얘기는 잊었으나 그때 굉장히 분개했던 것이 기억에 되살아났다. 엉뚱한 말을 만들어서 나를 모략한 종류 같은데, 당시 나는 너무 화가 나서 일기에 자세히 쓰고 그래도 잊기 잘하는 성격을 염려해, 손등까지 몇 번 세게 꼬집어 두었었다. 잊지 않도록 아픔을 상기하려는 내 습관이다. 그런데 A가 내게 어떻게 했던가 알고 싶어서 그 당시의 일기를 들춰 본다 하다가 2, 3년이 그냥 까맣게 지나고 말았다.

망각은 용서의 일종인지 모른다. 용서나 망각은 무엇보다 내 마음이 편해서 좋다. 젊었을 때는 걸핏하면 화도 잘 났었는데, 나이 드니까 감정이 무뎌져서인지 손등을 꼬집어 둘만한 정열도 없어졌다. 나이 들어가는 것도 참 좋은 일이다.

잊혀지지 않는 나의 신문 칼럼

위수령(衛戍令)
(1971년 10월 25일, 「중앙일보」)

금년 가을은 이상하게 시작했다. 가을이 왔나 했더니 어느 날 밤에 갑자기 한겨울 같은 센 바람이 밤새도록 마음을 죄게 불어 젖혔다.

정가에도 된바람이 불었다 한다. 공화당원으로 유명한 의원이 당에서 쫓겨나고 의원직도 상실됐다 한다. 그런 것쯤 바람에 속하지도 않으나, 연행되었다는 것이 문제이고 또 떠돌아다니는 말들이 정가에서는 꽤 큰 문젠가 보다.

그런데 장관이 바뀌건 누가 권력을 잃건 흥미가 없다. 다만 그 권력무상의 인생철학을 잠깐 다시 느낄 뿐이다. 취임했을 때는 순진하게 기대도 해보았으나 재임 때 국민들을 위해 해놓은 게 없으니까 쫓겨나도 왔다 가는구나 하고 여길 뿐이다.

아이를 낳아서 기르고 보니 내 자식은 물론 남의 자식도 퍽 소중해졌다. 그래서 경찰이며 군인들이 학생을 때리거나 체포하고 있는 사진이나 광경을 목격하면 좌우간에 머리털이 거꾸로 선다.

공화당원이 몽땅 쫓겨나건 각료가 쫓겨나더라도 또 다른 사람이 기다렸다 되는 모양이니까 큰 야단날 건 없다. 그러나 학생이 학업을 못 한다든가 건강을 해칠 때는 사회적으로나 개인적으로나 일대 중대사다. 4·19 때 군인들의 태도에 감격했는데, 그 후의 일을 살면서 자세히 보아왔기 때문에 단 한 명의 학생의 희생도 나는 거절한다. 정부는 때로 과감한 정책을 써 왔다. 이번에는 학생들을 위해서 전원 사면의 용단을 내릴 때라고 본다. 학생들이 데모를 할 게 아니라 정 그 길이 옳다면 어른들이 하자. 나라를 위해 죽어야 한다면 어른들이 먼저 죽는 게 순서다.

위수령으로 학원에 주둔했던 군인들은 4·19 때처럼 학생들을 아끼고 사랑해 주고 보호해 준 군인이었기 바란다. 5·16이 성공한 이면에는 군에 대한 국민의 신망이 있었음을 간과하면 안 된다. 학생이 군인이 되고, 군인이 학생이 되기도 한다. 그들은 절대로 별개의 국민이 아니다. 별개의 국민이라 외국으로라도 떠나 없어졌으면 하는 사람들은 따로 있다. 권력을 미끼로 부정한 자. 이들을 위해서 정부는 무슨 '령' 같은 것을 발동하지 않을지 기대해 본다.

후기

이 짧은 글이 발표되자 꽤 많은 분들이 전화를 주었다. 어떤 사람은 중앙정보부에서 그냥 있을까 걱정된다고도 했었다. 그러나 아무 일도 없었고, 독일항공인 루프트한자에서 세계 일주 비행기표를 기증해 주었다. 몇 줄의 글에 대한 포상이라 할까? 내 평생 받은 선물 중에서 파격적인 고가의 것이었다. 그것을 가지고 있다가 1974년 10, 11월 남편의 2개월에 걸친 최초의 유럽 초청 연주 여행 때에 썼다.

요즈음은 유럽에 안 가 본 사람이 없을 지경이지만, 그때는 돈도 없었거니와 일단 여권 나오기가 힘들 때였다. 더구나 내외가 함께 외국으로 가면 북한으로 도주할지도 모른다는 눈으로 보았던지, 여권과장과의 면담에서 과장은 부부가 동시에 출국할 수는 없으니까, 며칠 간격을 두고 떠나도록 권했다.

그 시절에는 여권을 받으려면 자필 이력서 여섯 장에다가, 귀국한다는 보증인 세 사람이 필요했고, 형사가 가정 방문을 해서 인적 사항을 확인해야 했고(이때는 돈 봉투를 준비해 두는 것이 관례였다), 정보부에서 지정하는 교육을 아침 아홉 시부터 아마도 여섯 시간은 받아야 여권이 나왔다. 교육 내용은 주로 해외에서 북한에 납치되지 않도록 여러 경우의 예를 들어서 하는 것이었고, 북한 사람을 만나도 절대로 말을 하지 말라는 것이었다. 한번 들었을 때는 유익한 내용도 있었으나 똑같은 교육을 해외에 갈 때마다 받아야 하는 데에는 질릴 수밖에 없었다. 어느 나라에 가든 전염병 예방주사도 맞아야 했다. 해외에 나가려면 학질을 뗀다고들 했으니까. 지금의 젊은 세대들은 이런 일들을 상상도 못할 것이다.

전쟁, 4.19, 5.16, 5.18, 6.29, 계엄령, 위수령 등등 나의 세대가 겪었던 일련의 이런 일들이 다시는 우리 사회에는 일어나지 않으리라 믿는다.

1950년대, 굶는 사람도 많았고 GDP가 70달러 시대에 살았던 내가 현재 2만 달러가 넘는 시대에 살고 있으니까, 우리나라의 발전상에 놀랄 수밖에 없다. 빈곤층 해결, 비인간적 범죄 방지, 공교육 확립, 법과 도덕성 확립 등 몇몇 기초적인 문제가 해결된다면 우리는 세계 어느 나라보다도 희망이 있는 민족이고 국가라 생각한다.

법관과 지체장애
(1982년 8월 27일, 「조선일보」)

장애인 임용 탈락에 말한다

신문을 읽다가 가끔 소리 없이 눈물을 흘리게 되는데, 기사 내용이 억울하고, 분하고, 불쌍한 것이든, 혹은 아름다운 정에 넘치는 것일 때면, 영락없이 눈물이 흐른다.

어저께 조간에 지체부자유자라는 이유로 법관 임용에서 탈락되었다는 기사를 읽으니, 또 한 번 눈물을 흘리게 되었는데, 이번의 눈물에는 여러 감정이 복합되어 있었다.

지체부자유라는 이유만으로는 그 처사를 승복할 수 없다고 생각하기 때문에 홀로 말없이 항거하는 분노의 눈물이랄까. 그리고 당사자들과 그 가족들과 많은 장애인의 심정을 생각하니, 순수하게 오로지 오로지 슬펐다.

분하고 슬픈 마음을 가다듬고, 한마디 외치고 싶은 것은 '무엇이 인간이냐? 인간의 가치는 무엇으로 평가하느냐?' 하는 것이다. 인간의 가치는 두뇌와 행동으로 평가되어야지, 생긴 모양으로 평가되어질 수는 없다.

그릇된 생각을 갖고, 그릇된 행동을 하는 사람을 나는 두뇌에 무엇인가의 결함이 있다고 생각한다. 우리는 베토벤과 히틀러에게 동등한 인간의 가치를 부여할 수 없다. 그러니까 인간은 그 두뇌 행동에 의해 평가가 달라지고, 또한 달라져야 한다.

굳이 고대의 인물들까지 찾아 올라가지 않더라도, 1930년대 미국의 그 무서운 경제공황 때에 다리가 마비된 루스벨트 대통령이 미국의 난국을 타개해 나간 것을 우리는 너무 잘 알고 있다. 그가 휠체어에 앉아 있는 것을 사진으로 본 적이 있는 사람이 우리 국민 중에도 많을 것이다.

루스벨트의 능력도 높이 평가하나 그를 대통령으로 뽑은 그 당시의 미국 국민을 더 높이 평가하지 않을 수 없다. 그들은 정말 지혜로운 사람들이었지 않은가.

육신의 마비도 딛고 일어설 수 있는 사람이니, 능히 국난도 딛고 설 수 있을 것이라고 그의 불굴의 의지를 믿은 국민들이었다.

만일 우리나라 대통령 입후보자 중에 장애인이 있다면 어떨까? 지금과 같은 관념이 있는 형편이라면, 다만 부자유의 몸이라는 이유로 자격이 있는데도 등록조차도 취소되지는 않을지?

부자유도 정도 문제다. 움직일 수 없고, 언어도 불능, 필기도 불능이라면 혹 모르겠다. 현장검증 기타의 일로 임무 수행이 힘들다고 당국에서 생각한 흔적도 보이나, 만일 임무 수행이 힘들어서 못할 지경이라면 본인이 사표를 낼 수도 있는 것이고, 또한 임무를 충실히 수행하지 못하면 그때 가서 일을 못 했다는 이유로 사직을 시키는 수도 있을 것이 아닌가? 장애인뿐 아니라 다른 판검사며 공무원도 임무 수행을 못 하면 그만두어야지, 장애인이 아니니까 봐주기라도 한다는 말인가?

장애인에 대한 모든 분야에 있어서의 대책을 학설이나 조리 있는 이론으로 펼 재주가 나는 없다. 다만 한 사람으로서 자신 있게 말할 수 있는 것은, 사람의 미래란 단 1초 앞의 일도 알 수 없어서, 내가 혹은 내 자식이, 내 손자가, 내 부모가, 내 형제가, 내 남편이, 아내가, 친구가 언제 어디서 어떻게 하다가 지체부자유자가 될지 아무도 모른다는 것이다. 더구나 요즈음처럼 교통사고의 가능성이 많은 시대에 있어서야!

그렇기 때문에 그들의 불편을 나의 일처럼 느껴야 하고 그에 대한 대책을 세워야 한다.

도대체 누가 원해서 장애자가 되는가? 아무도 절대로 원치 않은 일이니, 그것은 하늘의 뜻이다. 섣불리 사람이 거기에 가해 한다니 말도 안 된다.

능력이 있고 없고는 그들 당사자 자신에게 맡길 일이지, 획일적으로 일을 못 하게 막는 것에 대해서 우리 모두 심각하게 생각을 모아 대처해야 할 것이라 생각한다. 더구나 우리나라는 지금 더 많은 브레인이 필요할 때다. 장애인이라는 이유로 브레인에게 브레이크를 거는 것은 발전하는 사회를 위해서 통탄할 일이다.

악조건 중에서도 지체가 완전치 못한 것처럼 나쁜 조건도 드물 것이다. 그 불편을 극복하며 떨어지기 일쑤인 사법고시에 당당히 합격한 분들은 장한 분들이다. 이런 사람들을 단 한 사람도 놓치지 않도록 해야 할 것이다.

그 정도의 불편한 상태라면 능히 판검사의 일은 할 수 있다고 생각한다. 멀리 가려면 자동차를 타면 되고, 그래도 불편한 데는 사람이 업고라도 모셔야 한다. 브레인을 대우하고 존중하는 사회 풍토가 아쉽기에 더더욱 이번 일에 관심이 가는 것이다. 예리한 판단과 깊은 통찰력을 필요로 하는 판검사의 직조차도 장애인이라는 이유로 거절된다면, 도대체 그 많은 장애인들이 이 사회 어디서 어떻게 살아가야 할 것인가? 냉철하게 이 일을 생각해 줄 것을 간절히 바란다.

후기

이 글이 발표된 며칠 후, 수필가이신 문단의 대선배 전숙희 선생님에게서 전화가 왔다. 유태흥 대법원장이 나를 만나보고 싶다고 하시니까 같이 가자고 하셨다. 나는 장애인 임용을 거절한 장본인이 내 글을 읽고 화가 나셨나? 하고 화낼 테면 내보라지, 잘 됐다! 면전에서 한바탕 해보자 하는 심경으로 당시 정동에 있던 대법원장실로 갔다. 키가 훤칠하게 크신 유 원장님은 의외로 온화한 미소로 나를 반기시며 "한 선생의 글을 읽고, 그

휴머니즘에 감동해서 전원 임관시켰습니다" 하셨다. 잔뜩 벼르고 간 나는 당황해서 그저 한마디 감사하다고 했다.

그 후 10여 년이 지나서 어느 변호사의 수필집에 나의 그 글이 실려 있다는 소문을 들었다. '펜은 칼보다 강하다'는 말이 있으나 '펜은 칼보다도 오래 간다'는 기분이 들었다.

이천 년대에 들어서였던가. 기억이 확실치 않으나, 유 대법원장이 추운 겨울날 한강에 투신자살하셨다는 기사를 읽었다. 착잡한 심경이었다. 대법원장까지 지내시고, 훤칠한 키에 온화한 미소를 띤 미남이셨던 그분이……. 정말 사람의 일은 한 치 앞도 알 수 없는 것이다.

사람의 가치는 두뇌와 행동으로 평가해야 한다고 큰소리를 쳤는데, 90년대 어느 날, 신라 호텔의 다이너스티 룸에서 영국의 세계적인 우주과학자 스티븐 호킹 박사의 강의를 들으면서 내가 공연히 큰소리를 친 것이 아님을 확인했다. 휠체어에 앉은 그분은 손, 발, 목이 뒤틀리고 말도 못 하는 가장 심한 장애인이었다. 22세 때에 희귀병에 걸려서 그렇게 되었다고. 그분을 보며 인간은 위대하다고 감탄하지 않을 수 없었다. 혹 신앙이 있는 사람들은 그런 위대한 인간도 신이 만들었다고 할 테지만. 그러나 나는 신이 어쩌면 저런 천재에게 저토록 가혹한 병을 주었을까 하고 원망스러웠다.

2008년 7월

변명하지 않는 사나이의 죽음
(1980년 11월 22일, 「조선일보」)

기름값 인상에 앞날이 염려되고, 대학 입시를 하루 앞둔 가정에서는 온 가족이 긴장하고 있던 19일. 그날 오전 7시 25분에 시내에서 불과 20분 거리의 김포공항에서는 국내 항공 사상 처음으로 여객기가 화염에 휩싸이는 참사가 일어났다.

나는 11시에 라디오로 그 뉴스를 들으며 피해자 중 행여 내가 아는 사람이 있지 않나 하고 신경을 곤두세웠다. 한 사람도 아는 이가 없어 우선 안도했다. 사람이란 이렇게 치사한 것이었다.

그러나 다음 순간, 여객들이 이제 다 왔다고 안심하며, 그 사이 보고 싶었던 가족이며 애인, 동료들 생각을 하며 짐을 챙기고, 혹은 긴 여행에 무사했음을 신에게 감사하는 바로 그때에, 굉음과 동시에 충격이 있자 바로 또 화염에 휩싸여 사망한 사람들을 생각하니까 모르는 남의 일 같지가 않았다. 가슴이 무거웠다.

사고의 속보는 TV며 석간, 또 다음날의 조간신문에서 상세히 읽었다. 사고 원인은 조종 실수로 밝혀졌다.

KAL 점보기에서는 226명이 탔었는데, 그중 사망한 분은 순직한 양 기장 등 승무원 6명에 승객 8명, 지상근무자 1명 등 모두 15명이다.

212명이 단 5분 사이에 화재 속에서 비상탈출을 했는데, 부상자는 15명이다. 사망한 분들의 명복을 고개 숙여 빌며, 부상자들이 한시바삐 쾌유해서 그리던 집으로 돌아가기를 바라는 마음 간절하다.

그 상황에서 구사일생으로 살아나온 승객들은 얼마나 놀랐으며 충격이 컸을까, 위로하고 싶은 심정이다. 명복을 빌고, 쾌유를 바라고, 놀란 충격을 위로하는 것은 인정이다.

그러나 이번 사고는 나에게 인정 이상의 무엇인가를 남겼다. 그것은 좀처럼 가시지 않는 착잡한 여운인데, 늦으나마 새삼 우리 국민에의 신뢰감 같은 것이 생겨나는 데에 스스로 놀라고 있음을 실토하지 않을 수 없다.

소방대원이 진화 작업 중 순직했거나 혹은 철도 직원의 순직 외에는 직장에서 이번과 같은 순직을 한 얘기는 들어본 적이 없다. 양 기장들이 비록 사고는 냈지만, 여객기가 화염에 휩싸였을 때, 익히 아는 비상구로 가장 먼저 탈출할 수도 있었을 텐데, 기장을 비롯한 남, 여 승무원들이 여객의 탈출을 돕느라고 책임을 다하다 순직한 일은 생각할수록 눈물겹도록 고맙고 장한 일이었다.

돌이켜보니, 지난 '74년 서울 어느 카바레에서 불이 나서 1백 명 가까운 희생자를 냈었는데, 종업원이 술값을 못 받을까 봐 출입문을 잠궈버려서 일어난 참사였다. 이 보도를 듣고 어찌나 분통 터지고 국민의 한 사람으로서 부끄럽고 한심스러웠는지……

그로부터 불과 6년이 지난 지금, 우리는 이토록 장한 사람들을 보게 되었다. 국민의 수준이 이쯤 되었다는 것에 든든한 긍지를 갖지 않을 수 없다.

 더구나 얼마든지 피할 수 있었던 양 기장과 문 부기장, 항공 기관사 김씨의 순사에는 감동의 눈물을 금할 수가 없다. 동료 기장이 조종실로 통하는 계단을 타고 내려가서 탈출하라고 소리쳤을 때, 기체와 운명을 같이 하겠다면서 기장은 조종간을 쥔 손을 놓지 않았다고 한다. 부기장과 기관사도 그를 따랐다 한다. 도대체 이런 사람이 내 동포였다는 것만으로도 이 땅에서 살 의욕이 솟는다.

 갖은 고약한 짓, 남 못할 노릇 다해 놓고도 구구하게, '여건이 그래서' 혹은 '다 그런데 뭐……' 식으로 자기 변명, 자기 합리화에 급급하던 사람들을 너무 많이 보아와서인지, 양 기장 등 순직한 승무원들이 택한 길이 주는 감동은 너무도 크다.

 인생살이 길어야 70여 년이라고 한다. 그 사이에는 뜻하지 않던 다급한 상황에 봉착하기도 하고, 뜻밖의 실수를 저지를 때도 있다. 그때에 어떻게 처신하는가로, 그 인간의 값을 우리는 평가할 수 있는 것이다.

 세계 미담 중의 하나로 영국 어느 호화선박(타이타닉 호)의 침몰 얘기가 있다. 배가 침몰하려고 할 때에, 노약자와 어린이와 여성을 구명정에 태워 탈출시킨 후에, 이미 기울어진 갑판 위에 전 승무원이, 정연히 열 지어 서서 국가를 부르며 배와 함께 순사한 사건이다. 영국이 해 뜰 줄은 알아도 해 질 줄은 모른다는 기세로 세계 정상에 군림하던 20세기 초의 일로 기억한다. 나라가 커지려면 국민의 수준이 이쯤 되어야 하는구나 생각한 적이 있었다.

양 기장 등이 살아남아서 사고의 원인을 자기들의 생각대로 상세히 알려주었으면 하는 아쉬움도 있다. 다시는 어느 비행기에도 같은 원인으로 그런 참화가 일어나지 않았으면 하는 생각에서.

1만 시간 무사고 비행의 표창까지 받은 예비역 소령 양 기장, 문 부기장, 김 기관사 등, 아직도 젊은 나이에 앞으로도 얼마든지 훌륭한 기술을 발휘할 수 있는 세 분들 부디 천국에서 편히 잠드소서.

꽃다운 나이에 책임을 다하고 간 승무원 이 양, 강정혜 양, 레베카 선 양의 갸륵한 영혼도 고이 잠드소서.

뜻밖의 사고로 숨진 우리 동포며, 외국인의 영혼도 모든 허물 널리 널리 용서하고 사랑으로 맞아 주소서.

KAL은 이런 탁월한 승무원이 있어서 비로소 KAL이 존재하는 것임을 우리는 지금 알고 있다. 이를 미루어 어느 업체의 직원도 그 업체의 직원일 뿐 아니라, 우리의 국민임을 새삼 깨닫게 된 것 같다.

불행을 슬픔에서 그치면 다만 불행일 뿐이다. 거기에서 배우고 깨닫는 것이 클 때 불행은 보다 나은 장래를 위한 한 알의 값진 밀알이 되는 것이다.

승무원의 순사, 순직……. 그 죽음은 안타까우나, 민족의 긍지와 신뢰를 심어주는 데 커다란 역할을 한 것으로 높이 평가하고 싶다. 누구나 한번은 겪어야 하는 죽음이다. 그 죽음이 어떠해야 하는가를 그들은 몸소 보여준 것이다. 근래 드물게 감동을 주는 장한 죽음이었다. 유가족들도 슬픔을 씻고 긍지를 갖고 떳떳하게 살아가시기를 바란다.

후기

어느 날 공군에서 이런 글을 써 주어서 감사하다고 하며, 이 글을 「공군」 잡지에 실어도 되는가 하는 전화가 왔다. 물론 나는 좋다고 했다. 그 순직한 분들은 모두 우리 공군 출신이다. 전화를 한 분의 선후배인지도 모른다는 생각이 들었다. 순간 우리 공군에 대해서 든든한 믿음이 생기는 것을 느꼈다.

1980년대, 신문사에서는 어디에서든 사건이 일어나면 20분 내로 글을 써 달라고 급하게 청탁을 했다. 200자 원고용지 8쪽 내지 12쪽을 20분 내로 써야 하니까, 미처 생각을 정리할 수도 없고, 문장을 퇴고할 수도 없었다. 신문에 실린 것을 읽어보면 문장을 좀 다듬을걸 하는 아쉬움도 있었으나, 솔직하게 느낀 대로 써버리는 것이 박력이 있어서 더 효과적일 수도 있겠다는 생각도 들었다.

지금 내 나이 77세에 이 기사를 다시 읽으며 생각해 보니까, 지금 같으면 순직하지 말고 살아 있어야 한다고 쓸 것이다. 여객을 구할 만치 구하고 나서, 살아날 수 있는 시간이 있었는데 왜 순직했나 하고 꾸짖고 싶다. 그 엄청난 상황 앞에서 기장은 오로지 죽고 싶었을 것이다. 그 심정은 이해하고도 남는다. 그러나 그들에게는 가족이 있다. 졸지에 가장을 잃은 가족의 심경은 어떻겠는가.

2008년 10월

한말숙 문학선집 ❸ 수필선집
새와 개와 사람과

1판 1쇄 발행 2025년 10월 1일

지은이·한말숙
펴낸이·주연선

㈜은행나무
04035 서울특별시 마포구 양화로11길 54
전화·02)3143-0651~3 | 팩스·02)3143-0654
신고번호·제 1997 — 000168호(1997. 12. 12)
www.ehbook.co.kr
ehbook@ehbook.co.kr

ISBN 979-11-6737-586-5 04810
　　　979-11-6737-565-0 04810 (세트)

• 이 책의 판권은 지은이와 은행나무에 있습니다. 이 책 내용의 일부 또는 전부를 재사용하려면 반드시 양측의 서면 동의를 받아야 합니다.

• 잘못된 책은 구입처에서 바꿔드립니다.